高等教育の質とその評価

日本と世界

山田礼子 編著

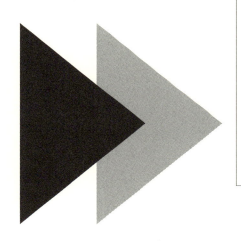

東信堂

はじめに

山田礼子（同志社大学）

　本書は、平成 22 年〜25 年の科学研究費基盤研究（A）「大規模継続データの構築を通した大学生の認知的・情緒的成長過程の国際比較研究」の研究成果が基盤となっている。一連の研究を通じて、学士課程教育がいかに学生の成長や学習成果につながるかというカレッジ・インパクトを実証的に検討することに主眼を置きながら、そのための方法として学生調査を開発し、国内での継続的な実施とともに国際比較を行うことも視野に入れながら、研究を推進してきた。国際比較という側面では、日本版大学生調査の翻訳による韓国版大学生調査を 24 年と 25 年に韓国の共同研究者を中心に実施し、日韓のデータを結合させて分析することができた。これにより、韓国では学生の自主的な学内外での活動が学習成果に結びつき、日本では教員の学生への関わりが学習成果に影響を与えているというカレッジ・インパクトの差異が知見として得られた。25 年には UCLA からデータの供与を受け、日米韓のデータを結合させる 3 地点での国際比較分析が可能となった。国内面では、10 年間継続して科研研究として実施してきた日本版学生調査（参加機関は 866 校、参加人数は約 13.8 万人）は、25 年で開発を終了し、各大学の教育改善に資する「全国大学共通型」学生調査プロジェクト（JSAAP = Joint Student Achievement Assessing Project）として事業化（26 年から）している。

　一方で、日本および国際版学生調査の開発を通じて学習成果の間接評価の有効性は、カレッジ・インパクトの知見からある程度検証することができたが、間接評価による限界も確認した。「大学教育の質と学習成果」との関係

の検証とその測定には、学生調査という間接評価だけでは限界があることは、近年米国の多くの研究者が指摘している。こうした指摘に対応して、現在米国では、大学教育の質と学習成果の測定には、学生調査と標準試験やルーブリック、ポートフォリオ等の直接評価の両方を多用している。私たちも、韓国との共同研究を通じて、グローバル化した21世紀の知識基盤社会で求められる学習成果には、国境を越えて共通性があるのではないかという課題を認識した。日本発の学生調査を海外で実施し、その中に直接評価を統合し、クロスナショナルに検証することが大学教育の質、より焦点を絞った場合の学習成果の評価研究の次の挑戦であると認識している。

さて、直接評価と間接評価が測定する「もの」の一致は確実ではないし、簡単ではない。そこには解釈の難しさと対象とするレベルの差異が存在する。そうした差異をどう乗り越えていくのか、あるいは評価手法をどう併用していくのかが重要である。自分の授業の改善に使うのか、プログラムレベルで使うのかで求められる手法は異なるのが当然だろう。科目、プログラム、機関といった階層の違い、さらには組織文化の共通性や差異を視野に入れて評価研究を進めていかねばならないだろう。

実証研究だけでなく、本研究では国際的なネットワークの構築をめざして開催した4回の国際会議の知見も大きかった。テーマは、一貫して「グローバル化社会における高等教育の質」、「質の評価」、「教育を通じての学生の成長」に置き、学生の認知的・情緒的な成果の測定と大学教育の関係性、それらを通じて見えてくる高等教育の質とその評価について海外研究者とともに本質的な議論を行い、世界の動向や政策の共通性を確認することもできた。こうした議論を通じて、高等教育の質の評価には、「外部質保証」と「内部質保証」の仕組みが有機的に連携しなければならないことを実感した。「外部質保証」あるいは「内部質保証」のいずれかだけが進捗したとしても心もとないのではないか。外部質保証の進展だけでは、高等教育機関の自立性もしくは自律性が担保できない。一方、内部質保証のみに頼るとすれば、しばしば自己満足という陥穽に陥る危険性もある。いかに両者をバランスよく進展させることが大事であるかも、海外研究者との議論を通じて把握できたこ

とであった。

　高等教育を巡る環境の変化は著しく早い。本研究に着手した当初においては、標準的な学生調査を開発することに重点を置いていたが、現在では学生調査のみならず、ベンチマークができるような直接評価モデルの開発が求められるようにもなってきている。同時に、ICTを利用してのベンチマーキングシステムの開発の深化も期待されるようになってきた。しかし、未だにベンチマーキングは平坦なレベルを超えるには至っておらず、とりわけ、国際的なベンチマーキングは大学ランキングを含めても改善すべき点は大いにあると考えている。学習成果の国際的なベンチマーキングの開発に至っては、横断的な研究の蓄積が不足していることもあり、今後も重点的に注力していく必要があると思われる。そのためにも、国際的なネットワークの構築と充実は必至であると認識しており、継続的な努力を積み重ねていきたい。

　本研究を推進してきた研究グループの皆さんおよび国内外の研究協力者の皆さんに御礼を申し上げたい。標準的な学生調査の開発やその実施、国境を越えて調査を実施し、国際会議を開催するという大変な作業には、それぞれの担当者や協力者の強い意志と協力がなければ実現することは不可能であったと思う。また、東信堂の下田勝司社長には、著書の構成、方向性についても的確なアドバイスをいただいた。心からの感謝の意を示したい。

　最後に、本書が高等教育の質と大学教育の成果の評価の研究に少しでも役立てればと願っている。

2016年7月

編　者

目次／高等教育の質とその評価——日本と世界

はじめに……………………………………………………………… i

序章　間接評価の開発とその効果の検証 ……………山田礼子…3
　　はじめに——本研究がめざしてきたもの　3
　　1　本研究の到達点　7
　　2　本研究が乗り越えるべき課題　10
　　3　本書の構成　12

第1部　質保証　高等教育の質　国際比較……17

第1章　高等教育における質のアセスメント………… 舘 昭 …19
　　　　——動向と課題
　　はじめに——質のアセスメントの動向と本章の課題　19
　　1　評判によるランキング　20
　　2　容易に収集可能なデータによるランキング　21
　　3　恣意的な重みづけ　25
　　おわりに——より根本的な問題とアセスメントの課題　27

第2章　高等教育と質の問題………J. N. ホーキンス（森 利枝訳）…31
　　　　——内部質保証と外部質保証の視点
　　1　世界的競争力の追求と評価文化　31
　　2　アクレディテーションと学習成果——背景にあるもの　32
　　3　学習成果とアクレディテーション　36
　　4　内部からの質保証と学習の改善　46
　　おわりに　52

第3章　オーストラリア高等教育における基準の明示化への
　　　　挑戦 ……………………S. アルコウディス（沖 清豪訳）…55
　　はじめに　55

1　高等教育における質保証　55
　2　オーストラリア高等教育基準枠組み　58
　3　現在の開発状況　59
　4　オーストラリアにおいて教授学習基準を開発するための課題　61
　おわりに　66

第4章　大学の質保証と大学ランキング ……………… 小林雅之 … 69
　1　本章の課題　69
　2　大学の質保証と大学評価　70
　3　市場型と制度型大学評価　72
　4　市場型大学評価と大学ランキング　77
　5　制度型と市場型大学ランキングの比較　79
　6　世界大学ランキングと大学ランキングへの向き合い方　85

第5章　東ヨーロッパの高等教育における
　　　　国際競争 ……………………… V. D. ラスト（中世古貴彦訳）… 89
　はじめに　89
　1　旧ソビエト時代における東ヨーロッパの高等教育　90
　2　国際的な大学ランキング　91
　3　ワールドクラスになるという圧力　93
　4　質の保証　98
　5　国際化と学生の流動性　101
　おわりに　103

第6章　大学・政府・社会 …………………………… 山本眞一 … 105
　　　　――日本における近年の大学改革の背景
　はじめに　105
　1　高等教育改革の理由と動機　106
　2　規制緩和と説明責任　110
　3　政府全体の行政改革の一環としての高等教育改革　112
　　　　――国立大学の法人化

4　大学と政府との新たな関係　114

第7章　質保証のための学生参画 …………………田中正弘…117
　　　　──イギリスの事例から

　はじめに　117
　1　戦略 2011–14　117
　2　学生参画の在り方　119
　3　NUS との協同プロジェクト　122
　4　学生参画の現状　126
　まとめ　129

第2部　学習成果、学習成果の測定方法……131

第8章　JJCSS に続く新たな短期大学生調査の開発 ………………山崎慎一・堺　完…133
　　　　──ヒアリング調査の考察を中心に

　はじめに　133
　1　研究対象と目的　136
　2　これまでの JJCSS の利用状況と問題点　137
　3　ヒアリング調査の実施　138
　4　JJCSS を利用した学習成果の評価の可能性　140
　5　おわりに　144

第9章　短期大学学生の進学動機と将来展望 …森利枝・堺　完…147
　　　　──JJCSS の結果から

　はじめに　147
　1　調査の概要　148
　2　進路選択のモチベーション　150
　3　将来への希望　154
　おわりに　159

第 10 章　JCSS に見る大学教育におけるアクティブ・
　　　　　ラーニングの状況 ………………………… 安野舞子…161

　はじめに　161
　1　分析の概要　163
　2　アクティブ・ラーニング型授業の専門分野別取組み状況　164
　3　アクティブ・ラーニング型授業と授業外学習時間　167
　4　アクティブ・ラーニング型授業と学習行動　169
　5　アクティブ・ラーニング型授業と学習成果　172
　おわりに　175

第 11 章　継続・複数学生調査の不変性と可変性に
　　　　　関する探索的研究 ……………………… 杉谷祐美子…177

　はじめに　177
　1　データの概要と分析方法　178
　2　不変性のある項目と可変性のある項目の特徴　180
　3　不変性の高い項目例に見る回答の分布状況　186
　4　可変性の高い項目例に見る回答の分布状況　190
　おわりに　194

第 12 章　項目反応理論を用いた大学満足度項目の等化… 木村拓也 …199

　はじめに──大学満足度の問題構図　199
　1　先行研究の整理と本研究の課題　200
　2　データ概要　203
　3　方法──項目反応理論を用いた大学満足度項目の等化　204
　4　結果　207
　まとめ──大学満足度の経年変化の可視化　208

第 13 章　どのような学生が「主体性」を伴う学習行動を
　　　　　してきたか ………………………………… 西郡　大…213
　　　　　──日本人版新入生学生調査（JFS2013）を活用した要因分析

はじめに　213
　1　データ概要　215
　2　分析の視点　216
　3　結果　217
　4　考察　226

第14章　学習成果志向の高等教育政策における日本人大学生の学習成果の検証 ……………………………山田礼子…229

　　はじめに　229
　1　日本における最近10年間の高等教育政策動向　230
　2　中央教育審議会2012年答申における新たな視点　233
　3　先行研究の整理と問題の設定　234
　4　分析に用いるデータと研究の枠組み　236
　5　調査結果　238
　　考察とまとめ　243

終章　高等教育の質評価の将来 ……………………山田礼子…247

執筆者紹介……………………………………………………253
事項索引………………………………………………………257
人名索引………………………………………………………261

高等教育の質とその評価——日本と世界

序 章　間接評価の開発とその効果の検証

山田礼子（同志社大学）

はじめに——本研究がめざしてきたもの

　2008年の中教審の答申『学士課程教育の構築に向けて』において、各専攻分野を通じて培う「学士力」が提示されて以来、21世紀の到来とともに、大学教育の成果、いわゆるラーニング・アウトカム（以下学習成果）を提示することが強く高等教育政策にも反映され、かつ社会からも求められる新局面に高等教育機関は直面している。こうした認識は、各高等教育機関のみならず、多くの専門分野においても共有されている。学生に学習成果を身に付けさせるための方策として何をすべきか、そして教育改善を実質化するには何が必要かについて多くの高等教育機関が議論を重ね、実際に、日本の高等教育は初年次教育やFDの進展などさまざまな努力を重ねてきた。教育改善を進めていくには、学生の高校時代の学習行動や生活行動等の背景や、学生生活を通じての学習面および人間的な成長を客観的なデータに基づいて、現状評価することが効果的であるとされているが、現状評価に当たっては実際には教員の経験値に基づいている場合が未だに多い。

　我々研究グループは、学士課程教育がいかに学生の成長や学習成果につながるかというカレッジ・インパクトを実証的に検討することに主眼を置きながら、そのための方法として学生調査を開発し、実施してきた。Japanese Cooperative Institutional Research Program (JCIRP)（大学生調査研究プログラム）は、新入生調査（JFS）、大学生調査（JCSS）と短期大学学生調査（JJCSS）の

3つの学生調査からなるプログラムである[1]。それぞれの調査票は、学生の入学以前の背景、大学や短期大学での経験、満足度、獲得したスキルや能力、生活習慣、自己評価、価値観等の項目から構成されており、自大学・短期大学の学生の全体像が把握できるようになっている。JCIRPプログラムに参加した場合、参加大学・短期大学の個別調査データを返却することにより、参加機関にとっては、当該大学・短期大学の学生に関する詳細なデータが得られるとともに、同じ調査に参加した他大学を含む全体の学生の統計データとの比較が可能になる。2013年10月の時点で、延べ866大学・短大から約14万人がJFS、JCSSとJJCSSに参加するなど、標準的調査として浸透してきた。いわば、間接評価の手法が本研究を通じて定着してきたといえるだろう。

我々研究グループが2004年から2014年まで10年をかけて蓄積してきた研究は、何を明らかにしようとし、またどこまで到達し、そして何が課題であるのかを本章で提示してみたい。

一貫して学生調査を通じて日本におけるカレッジ・インパクト研究を実証することを主たる研究目的としてきた。第一段階の研究は2004年から2006年の間に行った研究が相当する。この期間では、①学生の学習や発達は学生の関与の量と質に比例する。②教育政策、教育実践、教員の学生への関与は学生を関与に導き、成果につながる。という関与理論と大学の影響というカレッジ・インパクト理論を確立したアスティンのI（インプット）-E（環境）-O（成果）モデルおよびパスカレラの成長モデルに依拠しながら、UCLA高等教育研究所（以下HERI）が開発した大学生調査（以下CSS）と互換性のあるJCSSを開発し、22大学5400人の学生を対象に調査を実施し、日本でのカレッジ・インパクトがもたらす教育効果を検証した（図0-1）。日本においてもアスティン等の研究成果である情緒面・認知面の成果における学生および教員の関与そして大学という環境の及ぼすインパクトの有効性の検証が可能となった。

第二段階は2007年から2009年の間に行われた研究が相当する。この間においては、①米国および韓国の学生との比較、②学生の成長を測定する学生調査の意味、③学生の成長を支える高等教育機関の効果の測定の開発とい

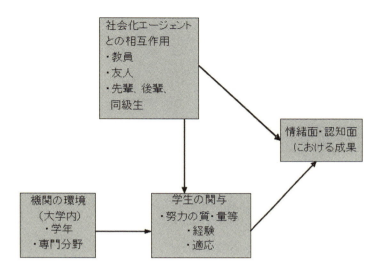

図 0-1 JCSS 調査によって検証された大学環境と学生の成長

う研究目的を掲げ、HERI の新入生調査（以下 TFS）と互換性のある JFS と日本独自の短期大生調査（JJCSS）を開発し、2007 年には 16 大学約 6,500 人を対象とした JCSS、2008 年には 164 大学約 20,000 人を対象とした JFS と短期大学基準協会の依頼により本研究で開発した JJCSS を 9 短期大学、約 2000 人に実施した。2009 年の JCSS については、UCLA、HERI の研究協力者（CSS 公開データ）との連携により、日米学生の国際比較を行った。2009 年に JCSS2009 を韓国語に翻訳し、延世大学において実施することを通じて、韓国の大学でのカレッジ・インパクト研究の検証への足がかりを築いた。

　本時期の研究の成果として、①学生の成果を測定する科目試験、標準試験等の直接評価に加えて、学生の学習行動や認知的・情緒的成長の過程を測定する間接評価および学生の成長を支える教育プログラムや機関評価としての学生調査の効果を示し、評価の関係性を提示した（**図 0-2 を参照**）。②日米の調査により、学習行動や経験に共通項がある一方で、日本の学生の大学教育を通じての認知面での獲得成果の自己評価と学習経験の頻度が低いという差異を確認した。同時に自己評価には文化差を考慮しなければいけないという

図 0-2　教育アセスメントの関係図

課題も確認した。米国人学生は高い自己評価を示す傾向があり、日本人学生は控えめな自己評価をする傾向が見られた次第である。③ JFS と JCSS を実施し、多量で複雑な要因構造を可視化する多様な分析を通じて、JFS と JCSS を間接評価アセスメントとしての標準的調査に発展させる基盤を形成した。

　第三段階は、2010 年から 2014 年の間に行われた研究であるが、本研究では、第一・二段階の研究から得られた知見をベースにしつつ、残された課題の解明と発展的研究を追求することに主眼を置いた。すなわち、① 2007 —09 年調査の日米比較分析では、米国データは公開データを利用し、日米のデータを結合した同一データベース上で統計的に厳密な手法を用いて分析できなかった。そこで、本研究では、米国版 TFS あるいは CSS データを HERI より購入し、日本版データと結合させ、分析することにより、日米の学生の認知的・情緒的成長過程の共通性と差異をより精緻に解明し、それらを促進する教育環境の特性や機能を検討する。同様に日韓のデータを結合させて分析する。その際、理論研究の進捗と平行して、分析の際には、膨大な調査データの効果かつ安定性および調査の標準化をめざして、マルチレベル分析、潜在クラス分析、項目反応理論等の本研究領域への応用では先進的な統計手法の開拓に着手する。国際比較を通じて、カレッジ・インパクト研究

の普遍性の検証と学生の認知的・情緒的成長をもたらす環境と機関特性との関係性の解明につなげ、効果的な教育環境の形成のための機関ベンチマークの可能性を拓く。② JFS と JCSS を安定性・信頼性の高い標準的調査として根付かせるために、本研究での技術的検討と開発成果を用いて学生調査群項目の標準化を行うという計画である。標準化項目結果を本研究成果のデータベース上に公開することで、本研究の調査に参加した各大学は自大学の詳細な分析データの確認が可能となるという副次効果が期待されるとした。

　国内・国外の先行研究動向を参照すると本研究は、アスティン、パスカレラ、クー等による米国の優れたカレッジ・インパクト研究に依拠しつつ、米国人学生のみを対象としてきた一連の研究に欠如した視点である「国際比較」という視点が加えられているという点で独自性がある。日本における従来のカレッジ・インパクトに関する研究は、小方直幸（2001）や吉本圭一（2004）等のコンピテンシー研究へと拡大している。また、金子元久等により、高等教育グランドデザイン策定を目的とした大規模学生調査が実施されている。本研究は、実証的国際比較研究によりカレッジ・インパクトの共通性と差異を把握し、学生の認知的・情緒的成長過程と機関との関係性を解明すること、継続調査により国際比較可能な大学生調査の標準化モデルを開発し、調査データベースの構築という点で、国内の他研究とは目的および予想される成果が異なるといえる。

1　本研究の到達点

　計画に沿って研究を進めた結果としての成果は、次のようにまとめられる。第一に、KCSS（韓国版大学生調査）を 2012 年に韓国の共同研究者を中心に実施し（参加者数約 6,000 人）、日韓のデータを結合させて分析することができた。これにより、韓国では学生の自主的な学内外での活動が学習成果に結びつき、日本では教員の学生への関わりが学習成果に影響を与えているというカレッジ・インパクトの差異が知見として得られた（Rhee, 2013 AIR, Yamada, 2013 KEDI 国際セミナー）。2013 年は UCLA、HERI データの供与を受け、日米韓の

データを結合させる3地点での国際比較分析が可能となった。日本国内では、2013年10月の時点で、延べ866大学・短大から約13.8万人がJFS、JCSSとJJCSSに参加するなど、標準的調査として浸透しつつある。さらには2012年には上海外国語大学で中国版CSS（日本版翻訳）が試行され、その後上海市の4年制大学を中心に中国版CSSの実施へと進展し、日本発の標準的調査のアジアでの展開への基盤が形成された。これまでの理論に関する成果は、日本のカレッジ・インパクト研究を図0-3のような理論モデルにまとめることができる。

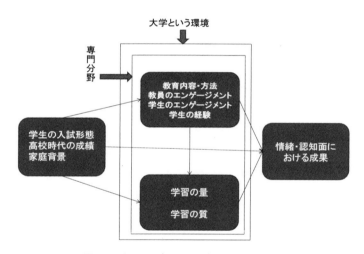

図0-3 カレッジ・インパクトの理論枠組み

もうひとつの目的であるDB構築については、データベース班によるデータベースをほぼ完成することができた。データベース構築に向けてのニーズ調査は、オンライン上および紙ベースで2012年10月から12月にかけて実施し、過去の一連の調査に参加した四年制大学267大学・学部に送付し50大学・学部から回答を得た。その結果および得た新たな知見を反映して、参加大学がより使いやすいデータベースの基本設計を完成することができた。その成果をまとめるとWarfield (1973) の提唱した Interpretive Structural

Modelingを用いた分析を基に、試作DBに2004～12年まで集積された過去すべての調査票の異同を整理、調整したうえで、全データから成るDB構築を完成し、オンライン画面上での統計分析用システムを制作した。このDBをパスワードが個別に付与された参加大学が利用することで、ベンチマークとして利用することが可能となった(http://jcirp-db.doshisha.ac.jp/jcirpdb_test2/)(図0-4)。

　我々の研究の目的と成果を示してきたが、基本的には日本におけるカレッジ・インパクト研究の実証を通じて、成果を蓄積することに加え、米国で蓄積されてきたカレッジ・インパクトの理論が日本においても検証ができるかどうか、そして、日本で検証してきたカレッジ・インパクト研究を他のアジ

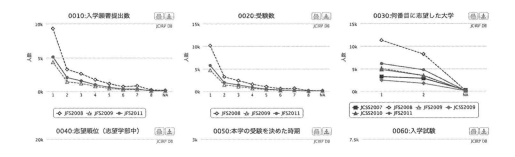

図0-4　データベース・サンプル

ア諸国の高等教育にも適用できるかどうかを実証することに注力してきた。日韓の比較研究を通じて、アジアにおけるカレッジ・インパクト研究の発展の可能性につながる基盤を築くことはできたのではないかと考える。

　もうひとつの研究の目的は、学生の学習成果のプロセスを測定する学生調査を間接評価として使用できるような標準的な学生調査を開発することでもあった。その意味では、約14万人の学生が参加したJCIRPを通じての分析により日本のカレッジ・インパクト研究を拡げたことにより、標準的な学生の成長や学習成果をみるプロセス評価、言い換えれば間接評価としての基礎

を構築したことが現時点での到達点であるといえるだろう。

2　本研究が乗り越えるべき課題

　一方で我々が今後到達していかねばならない課題は決してすくなくない。これまでにもさまざまな文献を通じて指摘してきたが、学習成果を測定するには直接評価と間接評価の 2 種類が存在する。バンタは、学習成果の評価方法は成果に対する直接評価の一種である科目試験やレポート、プロジェクト、卒業試験、卒業研究や卒業論文あるいは標準試験（テスト）による検証と学生の学習行動、生活行動、自己認識、大学の教育プログラムへの満足度等成果に至るまでの過程を評価する学生調査に代表される間接評価に分類できるとしている (Banta, T.W. (Ed.) 2004)。評価には、教員が単位を認定するための基準として多用している学期末試験やレポート、プロジェクトの評価、ポートフォリオ、卒業研究や卒業論文、大学によっては実施されている卒業試験もこの範疇に当てはまる。学習結果のパフォーマンスレベルの目安を数段階に分けて記述して、学習の達成度を判断する基準を示す教育評価法として定着しているルーブリックも直接評価の一種と位置付けられ、ひとつあるいは複数の直接評価結果を反映したものが GPA という指標となる。

　直接評価は学習成果を直接に測定し、評価するのに適している。標準試験結果を包括的に 1931 年から 84 年という長期間にわたってレビューしたパスカレラとテレンジーニは、大学での入学時から卒業時までの間に、言語能力は 21% ポイント、数理能力は 9.5% ポイント、専門分野での知識・技能は 30.8% ポイント上昇するという結論を提示している。しかし、同時に、どの時期に能力・技能が伸長するかについての合意がないことも強調している。彼らによる 1984 年以降の研究レビューでは、90 年代以降に実施された学習成果に関する直接評価の研究結果が検証され、90 年までの研究結果と整合的な結果が再確認されている。さらに彼らは前期課程で習得する一般教育に関する知識や一般教育を通じて習得するとされている技能を測定する標準試験を用いた場合、4 年次生の得点が 1 年次生の得点よりはるかに上

回っていることを検証している (Pascarella, E.T. & Terenzini, P.T., 2005)。

　しかし、一方で直接評価は学生の学びのプロセスや行動を把握するうえでの限界性を伴っている。なぜなら、試験結果に基づき、学習時間や予習、復習を十分に行ったと推定し、成果と結び付けたとしても、試験対策やあるいは標準試験（テスト）対策としての問題集への対処により高得点をあげるケースも少なくなく、こうしたケースでは、学習の過程（以下プロセス）と成果の関係性が弱いことになる。そこで、直接評価では測定できないプロセスを検証するため、学習行動、生活行動、学生の自己認識、教育プログラムへの満足度等成果に至るまでのプロセスの把握が可能な間接評価が存在する。間接評価の代表例が 2012 年答申で記述されている「学生調査」である。直接評価の方が適切に学習成果を測定できるような印象を持ちやすい。しかし、パスカレラとテレンジーニは、直接評価の結果と間接評価である学生が自己評価した学習成果の結果が整合的であると論じている (Pascarella, E.T. & Terenzini, P.T., 2005)。実際に、間接評価結果の有効性を提示する研究も蓄積されてきている。アナヤは直接評価である GPA、GRE（大学院入学適性試験）と学生の自己評価による成長度合が整合的であることを知見として示している (Anaya, 1999)。

　一方で、アメリカでは NSSE (National Survey of Student Engagement) や CIRP (Cooperative Institutional Research Program) 等の間接評価を導入している大学機関は数多いが、間接評価に対する疑問を巡っての議論が常態化していることも看過できない。ポーターは、NSSE の回答の妥当性に疑問を呈し、参加者の回答が大学における学生のエンゲージメントのレベルを真に反映していないと批判した[2]。その根拠として、ポーターは、85% の新入生が参加している標準試験およびその標準試験の一部を構成している学生調査の項目に対する回答者の有効性・信頼性は統計的に 25% 程度と主張し、NSSE 等の学生調査単体ではなく、多肢選択式項目から成り立っている CAAP (Collegiate Assessment of Academic Proficiency) や MAPP (Measure of Academic Proficiency and Progress)[3] 等標準試験と併用した利用を推奨している。事実、アメリカにおいても、学士課程教育の成果を測定するために新たに開発された CLA (Collegiate Learning Assessment) に代表される標準試験を導入している大学の多

くは、同時に NSSE や CIRP といった学生調査をプロセス評価として位置付け、活用し、教育成果を測定している。つまり、アメリカでは、学生調査は、現在では単体で利用される教育評価というよりは、直接評価と組み合わせて利用される評価としての合意が形成されていることも付加しておく必要があろう (Gonyea, 2005)。

学習成果を測定する直接評価の中でも、「標準試験」の種類の多様性および先進的な開発においては、アメリカは世界のなかでも群を抜いていると評価できる。アメリカの標準試験の多くは、一般教育の成果測定や文章力や批判的思考力（クリティカル・シンキング）の測定を意図して開発されている。

測定研究の蓄積も多いが、特に多くの学生に適用されることを目的として開発されたテストに、教授内容とその結果として学生が習得した能力やスキルが偏りなく反映されているかという妥当性の検証に関する研究の蓄積が豊富である。しかし、標準試験の信頼性と妥当性を巡る議論が活発に行われ、とりわけ妥当性についての方向性は一定ではない。つまり、学生の成長や学習成果を測定するには直接評価と間接評価という2つの評価を関連づけること、いうなれば、両者を併用することが不可欠である。残念ながら、我々の研究では大規模データを蓄積し、それらを分析することで間接評価の視点からのカレッジ・インパクト研究を進捗させてきたが、もうひとつの直接評価と併用あるいは関連づけることでカレッジ・インパクト研究をより詳細な視点から進捗させるまでには至っていない。今後は、直接評価と間接評価データを併用し、関連づけることでカレッジ・インパクト研究の新たなステージへと持っていくことが不可欠であるといえよう。

3　本書の構成

さて、我々研究グループが研究を推進していくうえで、重きを置いてきた視点として国際比較がある。そのため、2011年、2012年、2013年そして2014年という4年にわたって、海外から研究者を招いて、「高等教育の質保証とアセスメント」、「高等教育の質とは？」、「21世紀のグローバル市

民を育成するための学士課程教育の役割」「高等教育のグローバル化あるいは国際化とは？」というテーマのもとで、4回の国際会議を開催した。この国際会議では、米国のカレッジ・インパクト研究の第一人者であるデータ分析を主たる研究手法とする研究者のみならず、高等教育の政策研究者、質保証の専門家等を米国、オーストラリア、イギリス、中国、韓国、台湾そして日本から招いて密度の濃い議論を行うべく、各年度において2日間にわたる国際会議を開催した。この4回にわたる国際会議では、一貫して、高等教育の質あるいは学士課程教育の質とその成果、グローバル化した社会のなかでの高等教育の質を巡る国際的な動向に焦点を当てて議論してきた。そうした議論の成果をまとめたものが本書の第1部の核となっている。

　第1章では、高等教育の質をどう測定するのかについて、現在行われているさまざまなアセスメントを提示しながら、その方法に内在する問題あるいは課題について分析している。ランキングという極めて現在多くの世界の高等教育関係者が一喜一憂する手法に伴う疑問を通じて、アセスメントには絶対性がないことを理解することができる。

　第2章では、高等教育と質の問題を内部質保証と外部質保証の視点から論じている。現代あるいは現代以降の大学が生き残り繁栄しその中心的な使命である「教育と研究」を改善するためには、外部からの質保証にむけての取り組みと大学内における内部質保証が協働することによって、初めて高等教育の質を維持あるいは向上することができるという論点を提示している。

　第3章では、高等教育の質保証が世界的に共通して進捗している背景の証左ともいえるオーストラリアの最新動向を示している。オーストラリアでは、これまでの高等教育の成果測定基準は質保証ないし継続的な改善を目的として構築されたものであったが、今後提案されるオーストラリア高等教育の基準枠組みでは高等教育部門の明確な基準の開発が重要な点となる。そうした基準枠組みの開発状況と直面しつつある課題について本章は考察している。

　第4章では大学の質保証と新しい大学評価の形態として普及しつつある大学ランキングという2つの関連するトピックを検討している。特に、大学の質保証枠組みが事前から事後チェックへと移行するなかで、批判を受け

ながらも、新しいタイプの大学評価として浮上してきている大学ランキングの意味といかに質保証に関係しているかについて検討している。

第5章では、日本ではあまりよく知られていない東ヨーロッパにおける高等教育が現在直面している質を巡る動向についての報告がなされているが、東ヨーロッパの大学が変化が遅いながらも質保証と研究力アップのために改革が進められている状況が提示されている。

第6章は、日本の高等教育、大学改革を巡る、大学、政府、社会という3つのステークホルダーとの関係性から論じた内容であり、特に政府のコントロールの強化、社会へのアカウンタビリティに答えなければならない大学の実情が具体的な国立大学の法人化以降にどのようになってきているかについて分析がなされている。

第7章はイギリスにおいて、学生が参画することでいかに質保証を行っているかの事例を提示している。日本では学生の参画がFDとの関連で語られることが多いが、イギリスでは質保証という制度の中に学生の参画が捉えられていることが示されている。

第2部は、これまでに蓄積されてきたJCIRPデータを用いての分析あるいはそこから浮かびあがった課題への見通しを中心にした論考から成り立っている。

第8章は、短期大学基準協会との連携により短期大学生を対象に四年制大学を対象にしたJCSS調査を参考にしながら短期大学生版を開発し実施してきたが、短期大学生には当てはまりにくい項目が多々あった。そこで短期大学のニーズ等についてヒアリング調査を行いながら明らかにし、新たな短期大学生調査の開発へとつなげた過程が示されている。

第9章は、これまでの短期大学生調査のデータから短期大学生の進学動機と将来展望に焦点を当て、短期大学生の実態を提示している。

第10章は、現在多くの大学の教員がティーチングとラーニングを一対で捉え、そのための教授法として注目を浴びているアクティブ・ラーニングの状況についてJCSSデータから明らかにしている。

第11章はJCIRPは標準的な学生調査をめざして開発されてきたが、標準

的な学生調査を開発するには質問項目の精査と検証が不可欠な作業となる。そうした項目間の検証を行い、標準調査の開発に不可欠な視点を提供している。

　第12章は、実施した対象により、どの質問項目に変化が見られるか、あるいは安定した項目であるかを精査した結果を提示している。IRT つまり項目反応理論を用いて大学満足度項目の等化を試みた成果である。第11章と第12章は標準的調査を開発するうえで必要な作業全体につながる基盤を提示している。

　第13章は、現在注目の的となっている高大接続改革の動向を題材に、学力の3要素である「主体性・多様性・協働性」、特に「主体性」に注目し、JFS データを活用して、高校時代に「主体性」を持った行動をしてきたと考えられる大学新入生にどのような特徴があるのかを明らかにすることで、高校教育と大学教育の「主体性の接続」を考えるための視点の提供を試みている。

　第14章は、JCSS データを用いて、学習成果と学習行動のレリバンスに関する分析結果を示し、グローバル化した社会において日本の学士課程教育が学生への教授法など教育改善に対応しているかどうかの検証を試みている。

注

1　ただし、JCIRP は 2014 年から JSAAP (Joint Student Achivement Assessing Project) として事業化し、短期大学学生調査（JJCSS）は短大生調査として短期大学基準協会が主体となって実施するようになっている。
2　2012 年度にニューオリンズで開催された AIR (Association for Institutional Research) の年次大会でのシンポジウムでの発表を参照している。
3　MAPP は現在では ETS Proficiency Profile という名称に変更している。

参考文献

小方直幸（2001）「コンピテンシーは大学教育を変えるか」『大学・知識・市場高等教育研究』第4集、玉川大学出版部、71-91 頁。
吉本圭一編（2004）『高等教育コンピテンシー形成に関する日欧比較研究』平成14・15 年科学研究費補助金報告書。
Anaya, G. (1999). "College Impact on Student Learning: Comparing the Use of Self-Reported Gains, Standardized Test Scores, and College Grades", *Research in Higher Educcation*, 40 (5), 499-526.
Banta, T, W. (Ed.). (2004). *Hallmarks of Effective Outcomes Assessment*, San Francisco, Calif: Jossey-

Bass. A Wiley Company.
Gonyea, R, M. (2005). "Self-Reported Data in Institutional Research: Review and Recommendations", *New Directions for Institutional Research, Survey Research Emerging Issues*, 127, 73-89.
Pascarella, E. T., .& Terenzini, P. T. (2005). *How College Affects Students: A Third Decade of Research*. San Francisco: Jossey-Bass.
Rhee, B. S. (2013). Gains in Learning Outcomes of Korean and Japanese College Students: Factors Affecting the Development of Generic Skills in Undergraduate Students (paper presented at AIR2013, Long Beach).
Warfield, J. N. (1973). "Binary Matrices in System Modeling", *IEEE Transactions on Systems, Man, and Cybernetics*, Volume: 3, Issue, 5, pp.441-449.
Yamada, R. (2013). Assessing and Improving Undergraduate Education in Japan: University Students' involvement in Learning Based on the Data of Japanese College Students (paper presented at KEDI (Korea Educational Development Institute), Higher Education Policy Forum).

第Ⅰ部

質保証　高等教育の質　国際比較

第1章　高等教育における質のアセスメント
――動向と課題

舘　昭（桜美林大学）

はじめに ―― 質のアセスメントの動向と本章の課題

　過去四半世紀にわたり、世界中で、高等教育界での質保証が大きな課題となってきた。それは、その全体像が明らかになってきた2000年代半ばに高等教育の質保証について総合的に考察した著書の中でローザたちが指摘したように、「高等教育の大衆化、（国の管理モデルから国の監督モデルへの）高等教育機関と政府との関係の変化、市場原理の増大、機関の自律性とプリンシパル＝エージェント問題の増大、新パブリックマネジメントにおける大学の信用の失墜といったさまざまな要素の発現」（Rosa & Amaral 2007:183）と結びついている。これらの要素には、グローバリゼーションの進展と経済における高等教育の役割の変化も加えることができる。今や、高等教育は、さまざまなステークホルダーに対してアカウンタブル、つまり投入された資金に見合う成果を上げていることの説明責任を果たしてのみ、その存続を許される。アカウンタブルであることの証明にはエバリュエーション、評価が必要となる。そして、適切な評価は、その活動の実態に対するアセスメント、査定を通して実施されなければならない。

　より具体的には、今日の複雑な社会では、高等教育は健全なガバナンスとマネジメントがあってのみ行いうる。そして、健全なガバナンスとマネジメントは、適切な情報を使ってのみ成り立つ。適切な情報は的確なアセスメント、査定によってのみ生み出される。質の高いアセスメントは、高等教育の

実施者にとってのアーマメンタリウム、つまり必須の装備品のひとつとなっているのである。

ところが、高等教育については、「他の全ての専門分野と同じように、測定と評価の分野で実践を導くための多くの重要な概念、原理、方法が開発されてきているけれども」(The National Academy 2011)、現在の評価に使われている大部分の測定は現実の質と異なる事象を計測しており、多かれ少なかれ非効果的で、非効率で、有害でさえある。もっともポピュラー、つまり大衆受けのよい高等教育における評価は、大学ランキングである。そして、大学ランキングは、高等教育の質をアセスメントしていると主張しているが、実際にはそうした能力はなく、高等教育の質に対して極めて有害性を持っている。さらに、それは、高等教育の他のタイプの評価に対して影響を与えている点でも、有害である。

本章では、大学ランキングが行っているとするアセスメント方法の分析を通じて、本来あるべきアセスメントの在り方を考える。

1　評判によるランキング

USニューズ＆ワール・ドレポート (USNWR) の『ベスト・カレッジズ』は、アメリカの高等教育機関に対する最初の、そして最も有名な全米大学ランキングで、2014発行の2015年版で30版を数える。USNWRのランキングの方法は毎年のようにいくらかの変更がなされているが、何種類かのデータを引き合わせて統合し、全国型大学 (ユニバーシティ)、全国型リベラルアーツ・カレッジ、地域型大学、地域型カレッジの分類の下に、タイプごとの単一のランキングを行い、以下のように、高等教育の質を査定していると主張している。

2010年8月17日にオンラインで発行の『USニューズ・ベストカレッジズ』ランキングは、下記の16の要となるメジャー、測定を基にしている。USニューズは、各大学のアカデミックな質の多様な次元を把握するため、これらの測定を用いている。測定は、ピア (大学人) による査定、

卒業および継続率、教員資源（例えば、クラス・サイズ）、学生の選抜度（例えば、新入生の共通入学試験の点数）、財政資源、卒業生の寄付、そして全国型大学と全国型リベラルアーツ・カレッジのみで卒業率実績（予想卒業率と実際の卒業率の差）と高校のカウンセラーの卒前教育への評判、の7つの広範囲の項目からなっている。これらの指標（indicator）には、学生および教員の質と教育にもちいられる他の資源を反映するインプット測定と、個々人が受ける教育の結果を把握するアウトカム測定の両者が含まれている（USNWR 2010）。

このように、そこでの評価には、インプット、アウトカム、そして評判に渡るいくつもの指標が用いられているが、総合点に最も効いているのは評判である。表1-1でわかるように、2011年版の場合で、卒前課程の教育への評判が全国型で22.5％、地域型で25％と、前者では単独で、後者では卒業および継続率と並んで一位の座を占めている。その中で、全国型では66.7％で地域型では100％と最も高い重みづけがされているピア（大学人）による査定は、同一カテゴリーの機関に所属する学長、教学担当副学長（プロボスト）、入学担当部長（ディーン）に「際立っている」から「周辺的」までの5段階での質問をして、すべての回答者の平均点を当該機関の点数としている、といった程度のものである。そして、ある意味では評判の反映ともいえる学生の選抜度に両者とも15％の重みが当てられている。

他の指標はインプット又はアウトカム測定に属するが、極めて外形的なデータのみで、ベネットが指摘するように、それは学生が実際に何を学んだかについて何も教えてくれない（Bennett 2001:6）。結果として、有名な大学とさらに有名にするだけの「評判」が、ランキングの結果に大きく効いてくる。

2　容易に収集可能なデータによるランキング

次に国際的な大学ランキングについて見てみると、タイムズ高等教育（THE）と上海交通大学（SJT）の実施する大学ランキングは、2つの、最もポピュ

表1-1 USニューズの『ベストカレッジ』(2011年版)の卒前課程ランキングの基準と重みづけ

ランキング項目	項目の加重値 全国型大学＆全国型リベラルアーツ・カレッジ	項目の加重値 地域型大学＆地域カレッジ	下位要素	下位要素の加重値 全国型大学＆全国型リベラルアーツ・カレッジ	下位要素の加重値 地域型大学＆地域カレッジ
卒業課程の教育者の評判	22.5%	25%(22.5%)	ピア(大学人)査定調査	66.7%	100%
			高校のカウンセラーの格付け	33.3%	0%
学生の選抜度(2009年秋入学者)	15%(12.5%)	15%(12.5%)	受入率	10%	10%
			高校成績上位10%	40%(25%)	0%
			高校成績上位25%	0%	40%(25%)
			SAT読解力＆数学の順位及びACT総合点	50%(65%)	50%(65%)
教員資源(2009-2010学年)	20%	20%	教員報酬	35%	35%
			教員当該分野での最高学位保持者数	15%	15%
			フルタイム教員率	5%	5%
			学生/教員比率	5%	5%
			クラスサイズ(学生1～19名)	30%	30%
			クラスサイズ(学生50名以上)	10%	10%
卒業及び断続率	20%(22.5%)	25%(22.5%)	平均卒業率	80%	80%
			平均1年生継続率	20%	20&
財政資源	10%	10%	学生当り財政資源	100%	100%
平均同窓生寄付率	5%	5%	平均同窓生寄付率	100%	100%
卒業率実績	7.5%	0%(7.5%)	卒業率実績	100%	0%(100%)
合計	100%	100%		100%	100%

注1) 卒前課程:Undergraduate(学士課程相当)、全国型大学:National Universities and National Liberal Arts Colleges、地域型大学:Regional Universities and Regional Colleges、卒業率実績:Graduation rate performance(予想卒業率と実際の卒業率の差)
 2) ( )内は、2015年版で2011年版から変更があった場合の数値。

(USNWR 2010, 2014により作成)

ラーな国際的大学ランキングである。まず THE のランキング方法は、やはり毎年幾分かの変更がなされてきており、2010 年には調査実施のパートナーを当初のクアクアレリ・シモンズ (Quacquarelli Symonds、QS) からトムソン・ロイター (Thomson Reuters、TR) に変えてもいる。THE の元のランキング方法は、QS のワールド・ユニバーシティ・ランキングに見ることができる。そこでは、教育に対するピア・レビュー、雇用者／リクルーターのレビュー、学生教員比、教員当たりのサイテーション、国際的要素の 5 個の指標が使われていて、それぞれに 40％、10％、20％、20％、10％ の重みが付けられている (QS 2011)。つまり、ここでも評判がピアと雇用者等の合計で 50％ と、支配的な要素になっていたのである。

　THE がトーマス・ロイターと組んでの、最初の 2010-2011 年版では、5 個のカテゴリーの下で 13 個の指標が使われた。各カテゴリーおよび指標ごとの重みは、**表 1-2** のようである。ここでは、評判は依然高い重みづけを与えられているものの 50％ から 34.5％ に減じている。そして、他の要素はインプットとアウトカムのものであり、そこでの重点は、教育ではなく研究に置かれている。そして、研究については、サイテーションに 32.5％、研究の規模・収入・評判に 30％、産業界からの収入 2.5％ で合計 65％ の重みづけとなっているのである。中でも、サイテーションの比重が最も高くなっている。

　世界大学学術ランキング（ARWU）は、上海交通大学高等教育研究院（前身は高等教育研究所）によって、2003 年以来毎年発表されている。ARWU では、世界の大学をランキングするのに、卒業者および教員のうちのノーベル賞とフィールズ賞の受賞者数、トムソン・サイエンティフックによってサイテーションが多い者に選ばれた研究者数、ネイチャーとサイエンス誌に掲載された論文数、サイエンス・サイテーション・インデックス - ソーシャルサイエンス・インデックスに掲載の論文数、機関の規模を考慮した一人当たりの実績の、6 つのいわゆる客観的指標を用いている。ARWU は評価の重みの 40％ を研究に、他の 40％ をノーベル賞やフィールズ賞の授与者という高実績の教員に与えている。他の 40％ をノーベル賞やフィールズ賞の授与者という高実績の教員に与えている。そして、ピア・レビューといったカテゴリー

表 1-2　タイムズ高等教育の『世界大学ランキング』(2010-2011 年版)の方法

分類	配分	項目	配分
サイテーション〔研究の影響力〕	32.5%(30%)	サイテーション・インパクト(標準化した論文当り平均引用数)	32.5%(30%)
研究：規模、収入、評判	30%	評判調査（研究）	19.5%(18%)
		研究収入(教員数、購買力で標準化)	5.25%(6%)
		教員＆研究員当り論文数	4.5%(6%)
		全研究収入における公的研究収入の割合（――――――――）	0.75%(0%)
教育：学習環境	30%	評判調査（教育）	15%
		教員当り PhD 授与数	6%
		教員当り卒前学生受け入れ数（教員・学生比率）	4.5%(4.5%)
		教員当り収入	2.25%
		学士授与数に対する PhD 授与数（博士・学士比率）	2.25%(2.25%)
国際性〔教員と学生〕（国際性〔人、研究〕）	5%(7.5%)	自国教員に対する外国人教員比率	3% (2.5%)
		自国学生に対する外国人学生の比率	2% (2.5%)
		（外国人の共同執筆者のいる雑誌論文）	(2.5%)
産業界からの収入〔革新〕	2.5%	産業界からの研究収入(教員当り)	2.5%

注 1) 卒前学生:Undergraduates（学士課程学生相当）
　2)（　）内は、2014-15 年版で 2010-11 年版から変更があった場合の項目名、数値。

(THE 2010, 2014 により作成)

は設けていない（SJT2011）。

　トンプソン（Thompson, L.）は、2008年の論文で、研究、そしてサイテーションに重きを置くランキングの有害性を、次のように指摘している（2008: 1）。

> 　（ランキングは、）長らく、研究、学術出版物と専門誌のおけるサイテーション率に重きを置きすぎており、教育と学習に対して不十分だと批判されてきた。あるコンファレンスのスピーカーのダブリン・インスティテュート・オブ・テクノロジー長のエレン・ハゼルコム（Ellen Hazelgom）によって指揮された国際調査に対しての一人の答弁者がこう発言した。「研究はセクシーである。」「不幸なことに、評判はいつも研究を基礎としたものであり、研究が最高の才能を引き寄せる。」研究、特にサイエンスの研究が使われる理由のひとつは、指標として、それが測定しやすいからである。ネイチャーやブリティシュ・メディカル・ジャーナルに掲載の数千のサイエンス論文に比して、人文学の研究はわずか5%しか論文の形を取らず、残りは本の形を取っている。ハゼルコム教授の調査の一人の答弁者が認めたように、「安易な方法でのランキングの使用は、人文学を破滅させる。」……重みづけがバラバラなことは、健全な理論的基礎が欠けていることを示唆しており、それは単に発行者の見解の反映でしかない。仮にデータが確かなものであったとしても、往々にして解釈が誤っている。STIは大学の全体的査定としてそれを用いることには注意するようにいっているが、もちろん、それこそが人々がやってしまっていることである。

3　恣意的な重みづけ

　このように、大学ランキングは、評判というすでに有名なものを有名にするだけの評価に重きを置く、それを避けたとしても使えるデータは容易に収集可能なものばかりである、といった問題があるが、さらに、恣意的な重みづけという問題もはらんでいる。

例えば、表1-1にあるように、USNWRの2011年版のランキングでは、全国型大学＆全国型リベラルアーツ・カレッジと地域型大学＆地域カレッジの間には、「卒前課程の教育者の評判」の項目で前者の12.5％に対して後者が25％、「卒業及び継続率」で20％に対して25％、「卒業率実績」で7.5％に対して該当項目なし、という具合に基準の差があった。しかし、2015年版では、両者とも「卒前課程の教育者の評判」は22.5％、「卒業及び継続率」で22.5％、地域型大学＆地域カレッジにも「卒業率実績」の項目が加わり7.5％と、「卒前課程の教育者の評判」と「学生の選抜度」での下位要素で構成に違いがあるものの、同じ重みづけになった。こうして、全国型と地域型として異なる型ごとの評価をするはずの指標は、似通ったものになっている。そのことから、実は、もともと全国型と地域型の双方に、大学型とカレッジ型の異なる型を設定しているのに、その両者を評価するものさしは同じという奇妙さにも気付くのである。

そして、25％から22.5％に、15％から12.5％にといった2.5％という変更は、もし、そうした変更が意味のあるものならば、かつてのランキングの計算結果は間違ったものなのであるから、再計算して訂正版を出さなければならないはずである。

これは、THEの世界ランキングにおいても同じことであり、表1-2にあるように、2010–11年版で32.5％とされていたサイテーションの重みが2014-15年版では30％に引き下げられ、そこで減じられた2.5％分が「外国人の共同執筆者がいる雑誌論文」のサブ項目を新設した「国際性」の5％から7・5％への増加に当てられている。その他、「研究：規模・収入・評判」の項目のサブ項目で、0.75％と少ないながらあった「全研究収入における公的研究収入の割合」のサブ項目がなくなり、「評判調査」が19.5％から18％に減じられ、その分が「研究収入」の5.25％から6％へ、「教員＆研究員当り論文数」の4.5％から6％への増加に当てられている。（なお、「教育・学習環境」のサブ項目では、重みづけ数値に変化はないが、名称に若干の変更がある。）この場合も、変更が正当なものならば、過年度のランキングは誤りであり、再計算してのランキングを示すべきものである。

しかし、問題はそれにとどまらない。そこに見えてくるのは、数字で示されているので何かもっともらしい少数点二桁まで示した重みづけが、実はそれらが大した根拠なく目の子で設定され、さじ加減で変更されているものであるということである。USNWR の評価方法の説明では、2011 年版では表1-1 に示したような全国型大学 & 全国型リベラルアーツ・カレッジと地域型大学 & 地域カレッジに区別した表が掲載されていた。しかし、2015 年版の説明ではそうした表を用いた提示はなく、数字は説明文の中に埋没している。(USNWR 2010, 2014) それは、型による評価の基準がほとんど同じになっていることを目立たなくするように作用している。そうした傾向は、THE においても同様で、2010-11 年版では評価の項目ごとの重みづけをサブ項目にまで含めて円グラフでわかりやすく示していたもので、2014 - 15 年版では円グラフでの重みづけは項目段階にとどめられ、サブ項目段階の重みは文章をよく読み込まないとわからないようになっている。(THE 2010, 2014) これは、実際に取られている方法に対する、実施者自体の自信のなさを表すものといえよう。

つまり、毎年のように変更される重みの変更は、一見、より良い評価への改善に見えて、実は大学ランキングに用いられている重みづけの恣意性を表しているものに他ならないのである。

おわりに ── より根本的な問題とアセスメントの課題

こうした問題に加えて、ランキングには、より根本的な問題がある。それは、それらが、本来的に不可能なことを、できていると主張していることにある。人間活動のランキング、つまり階層的な順位づけは、スポーツゲームのように、対象者が単一のスケールのもとで互いに競争している状態のみで可能となる。

ところが、高等教育機関は、教育、研究、パブリックサービスを含む、多様な機能を果たしている。トンプソンがいうよう (Thompson 2008:1) に、高等教育機関は、教育だけとっても、例えば、学力の達成と人格発達、認知的特性と感情的特性といった、多様な側面を持っている。教育は、カリキュラ

ムによっても、エクストラ・カリキュラムの両方で構成されている。したがって、教師は教室内で事を完了することなく、学生の学習を援助するのである。「一つの数字で、高等教育のすべての面を要約することは不可能である。」個々の指標ごとに、何らかの測定値は得られたとしても、それはそれだけのことであり、そのまま使わなければならない。それらを総合して順位づけすることは、学問的根拠をもってはできない。つまり、アカデミズムの眼をもって見れば、ジャーナリズムの行っているランキングなるものは、そもそも成り立たないことを行っているのである。

ところが、アカデミックな機関であるはずの大学の多くがアカデミックには意味を持たないはずの評価に協力し、そんなランキングの結果として、フラッグシップとかエリート大学とされる大学が高い地位にランクされ、より多くの資源を得ている。ランキングが我々の高等教育の質への判断を曇らせている。

今日では、アウトカム査定が最も強調されているタイプの査定である。しかし、アウトカムの査定は極めて困難なもので、教育の多くの側面では意味ある実施はできない。出口での能力は必ずしもプログラムの結果ではない。ある能力は学生が入口ですでに持っていたものかもしれない。そして、あるものはプログラムの外で育まれたものかもしれないのである。

それで、ベネットは「高等教育の質の査定の問題を注意深く考察して人は、実際的には誰でも、『付加価値』が唯一確かなアプローチであることに同意するだろう」(Bennett 2001: 3) と指摘している。しかし、彼は、「それは言うのは易いが、付加価値の査定を実施するのは難しい。」(Bennett 2001: 4) とも言い、主な困難性として次の事を挙げている。

- 価値は多くの側面を持っている。学生の単一の能力だけを開発しようとする大学は存在しない。すべてが、一連の能力を開発しようとしている。それ故、付加価値の測定には、多くの異なる次元の価値が並ぶ。おそらく我々は、付加価値のいくつもの異なる測定を開発し、個々の機関に合った測定を選択できるよう機関を誘わなければならないだろう。

・機関は、それぞれに異なっている。大学はすべてが学生の発達に同じ種類の価値を追求しているのではない。リベラルアーツ・カレッジでさえ、すべてが同じミッションを持っているわけではない。我々は、個々の大学が選んだ抱負、つまりミッションに即して付加価値を査定する必要がある。大学を単一次元でランクづける行為は、根本的に見当違いである。
・効果はあとから見えてくる。大学教育の結果のあるものはそれ自身を表現するのに年月を要する。我々は、ある種の側面の付加価値を、卒業年次生ではなくて同窓生で査定する必要があるだろう。
・複雑性とコスト。付加価値の測定は複雑で高価なものである。しかし、我々が学生に学ばせることに成功しているかどうかをしっかり査定できないことは、社会にとってより高額なものであるに違いない。

　高品質の査定とは、教育の本当の質を判断できる査定を意味する。教育者には、その基本的な使命を達成するために、効果的で効率的で無害な、このデリケートな分野における巧妙な知識、道具、技能査定を開発する、さらなる努力が必要とされている。そうした努力の中には、大学ランキングの誤用の停止がある。高いランクに置かれて機関は決して自慢げにそれを使ってはならない。もしそうした大学があるならば、彼らのアカデミックな質、学問性そのものが疑わしいのである。

参考文献

Bennett, D.C. 2001, "Assessing Quality in Higher Education", Reprinted from *Liberal Education,* 87(2).

National Academy for Academic Leadership, The, 2011, "Assessment and evaluation in higher education: Some concepts and principles", http://www.thenationalacademy.org/readings/assessandeval.html, 26 Feb. 2011.

Quacquarelli Symonds, 2011, "World-university-rankings Methodology Standardization-weightings-and-aggregation", http://www.topuniversities.com/university-rankings/world-university-rankings/methodology/standardization-weightings-and-aggregation, 21 Feb. 2011.

Rosa, M.J. and A. Amaral, 2007, "A Self-assessment of Higher Education Institutions from the Perspective of the EFQM Excellence Model." in Westerheijden, D.F., B. Stensaker, and M.J. Rosa eds. *Quality Assurance in Higher Education*. 181-207.

Shanghai Jiao Tong University, 2011, "About ARWU", http://www.arwu.org/aboutARWU.jsp, 21 Feb. 2011.

Times Higher Education, The, 2010, "Weighting Scheme for Rankings Scores", http://www.timeshighereducation.co.uk/world-university-rankings/2010-2011/analysis-methodology.html, 21 Feb. 2011.

Times Higher Education, The, 2014, "World University Rankings 2014-2015 methodology, https://www.timeshighereducation.co.uk/world-university-rankings/2014-15/world-ranking/methodology. 31 May 2015.
Thompson, L. 2008, "BRAKING RANKS: ASSESSING QUALITY IN HIGHER EDUCATION." *Imhe INFO*, December 2008, 1-2.
US News and World Report, 2010, "Methodology-undergraduate Ranking Criteria and Weight", http://www.usnews.com/education/articles/2010/08/17/methodology-undergraduate-ranking-criteria-and-weights-2011, 21 Feb. 2011
US News and World Report, 2014, "How U.S. News Calculated the 2015 Best Colleges Rankings", http://www.usnews.com/education/best-colleges/articles/2014/09/08/how-us-news-calculated-the-2015-best-colleges-rankings, 31 May, 2015

第2章　高等教育と質の問題
―― 内部質保証と外部質保証の視点

J. N. ホーキンス（カリフォルニア大学ロサンゼルス校）

（翻訳 森利枝 大学改革支援・学位授与機構）

1　世界的競争力の追求と評価文化[1]

　世界中のあらゆる政府が、自国の高等教育システムの競争力を高めることを目標として、包括レビュー、評価、評定、アクレディテーションなどの方法を用いて、システムの再構築の計画を実行に移し始めている（Mok and Welch, 2003）。この世界的な動きによって、個別高等教育機関における外部からのアクレディテーションと内部質保証の在り方には大きな変化がもたらされた。時を追って大きくなるグローバル化への圧力を受けて、現代の国家は福祉国家のモデルを脱し、競争国家へと変貌しようとしている（Gill, 1995; Moran, 2002; Jordana & Levi-Faur,2005）。この競争の力は世界のどの地域にも及んでおり、それを受けて各国政府は規制緩和を行い、例えば郵便局や大学といったこれまで国有や公立であった機構を私有化ないし法人化したり、あるいは個別の法整備の下に新たなサービスの提供者に対して市場への門戸を開いたりしている（Drahos & Jospeh, 1995; Scott, 2004）。近代国家においては、公共政策や公共経営の効率を高めるためにいくつかの領域で規制緩和を行って競争を促進することによって、市場化を促したり、ことによっては市場を新たに作り出したりすることすら可能である。このようにして、市場の再編が行われるとき、その背後には往々にして政府の強い統制力と起業家としての役割が行使されていて、規制をどの程度強めたり弱めたりするかを決めるうえでの鍵は政府が握っているのである（Chan & Tan, 2006; Ng and Chan, 2006,

Hawkins, 2005)。この競争国家というものについて、サーニーは、基本的にリベラルな国家であると性格付けをしているが (Cerny, 2008)、それに対してレヴィ・ファーは、競争国家は矛盾を抱えた国家であるとしている。すなわち「競争国家が競争を促進しようとして介在を深めるほど、結局は規制が深まってしまう」(Levi-Faur, 1998, p.676) からである。さらにいえば、競争国家が市場における競争を促進するという使命を十分に果たしてしまえば、国家が市場から撤退することになるかといえばそうとは限らない。むしろ、社会経済状況が変化する中で、国家の役割がそれまでに増して強固にされることすら考えられる (Levi-Faur, 1998, p.676)。

　このような社会経済的および社会政治的環境の中で、高等教育に対するガバナンスや、評価や、アクレディテーションが影響を受けないということはあり得ない。政府と高等教育機関が、国際的な競争力を獲得するために、新たなガバナンスや質保証の戦略を求めており、その過程で大学を法人化したり、あるいは統合したりといった戦略を採ることはアジア諸国でも北米でも見られることである。さらに、アジアでも北米でも、国際的な競争力を向上させるためであるとして、大学の国際ランキングが非常に重要なものとして受け止められている。その結果アジアや北米の大学はいわゆる「世界クラス」の大学に仲間入りするという目標を追い求めるようになっている。そこで重要性を発揮するのが外部のアクレディテーションと内部質保証である (Hou, 2009)。以下、外部質保証と内部質保証の双方について、世界規模の状況にも触れながら、米国、特にカリフォルニア大学に焦点をあてて議論することにしたい。

2　アクレディテーションと学習成果 —— 背景にあるもの

　米国で高等教育のアクレディテーションが公式に始まったのは、高等教育機関の多様化が進行し始めた頃であった。そもそも米国の高等教育の成り立ちを見れば、機関のほとんどが私立のカレッジであった。それが、今日の、公私入り交じり、機関のタイプも総合大学、宗教系、小規模リベラルアーツ・

カレッジ、コミュニティ・カレッジほかの短期高等教育機関、多様な職業教育機関からオンライン大学に至るまでの多様なひとつの「システム」を形成するに至っている。このシステムにおける多様な機関の構成比は常に変化しており、同時にその中の学生の多様性も常に変化している。

　アクレディテーションの歴史は、19 世紀の末に遡る。アクレディテーションの初期の形態は地域ごとの適格認定であったが、現在米国の高等教育のアクレディテーションは少なくとも5つの類型に分類される。ひとつ目が6地域からなる地域アクレディテーションで、例えばカリフォルニア大学を所掌する WASC は地域アクレディテーション団体である。この地域アクレディテーション団体の中には複数の評議会があり、高校や、短期高等教育機関、四年制高等教育機関を別々の評議会が適格認定している。本章で議論するアクレディテーションは、この機関レベルのアクレディテーションである。このような地域アクレディテーションを受けている高等教育機関は米国内におよそ 3,000 校あり、一般に Tier 1 [2] と呼ばれる有名校はすべてこの 3000 校に含まれている。地域アクレディテーションという類型のほかにも、職業訓練教育を対象にするアクレディテーションや、宗教教育、法学、医学、工学といった専門分野に焦点を当てるものなどがある (Wolff, 2009)。

　地域アクレディテーション団体は、それぞれ別の基準とガイドラインを持っており、それら基準やガイドラインは地域アクレディテーション団体相互に異なり、同時に専門分野別アクレディテーションの基準やガイドラインとも異なっている。このため、地域アクレディテーションのプロセスは多様であり、ときに実験的なことすらある (Ratcliff, Lubinescu, Gaffney, 2006)。米国には連邦規模でアクレディテーションを行う中央の教育省は存在しない。米国のアクレディテーションは、中央政府型ではなく、団体への加盟資格の如何を問う協会型で行われてきた。しかし近年になって、連邦教育省はいくつもの方策を用いてその権力と影響力を拡大する傾向にあり、地域アクレディテーション団体を認証して信用を保証するにとどまらず、アクレディテーションに一律の質のコントロールをかけようとしているように思われる。

　これとは別に、米国には全米高等教育アクレディテーション評議会 (Council

for Higher Education Accreditation: CHEA）が存在し、地域アクレディテーション団体に認証を与えている。CHEA は非政府型の団体で、特に学位授与権を持つ高等教育機関に対するアクレディテーション団体の活動に関する機能を果たしている。これら連邦教育省と CHEA という２つの機関が、主要なアクレディテーション団体を後見し、定期的なレビューを行っている。

　このように、米国ではアクレディテーション団体ごとの多様性が大きく、また中央官庁の調整を欠くとはいいながら、ここ数年来の CHEA と連邦教育省の間の緊張関係は相当大きくなっている。このことの背景には、特に連邦教育省がアクレディテーションのプロセスにこれまでにない強いコントロールをかけようとしているという実態がある。連邦教育省が米国の高等教育機関への財政支援を強化したのは 1944 年の復員軍人援護法（GI法）が最初であるといえる。その後 1958 年の国家防衛法から今日の機関対象および学生対象の各種の補助・奨学制度を通して、連邦教育省は地域アクレディテーション団体を認可する機能をテコに、各団体が持つアクレディテーション基準の標準化を図る動きを見せるようになってきた（Wolff, 2009; Davies, 2007）。2007 年度には 800 億ドルの連邦予算が、高等教育機関およびアクレディテーションを受けた高等教育機関の学生を支援するために支出された。この財政支出を足がかりにして、連邦教育省はアクレディテーションのシステムに対する発言権を強めている。連邦教育省のねらいが、アクレディテーションによって評価される焦点を、いわゆる「インプット」から「アウトプット」へと移行させること、すなわち「学習成果」重視のアクレディテーションへと転換させようとしていることは明らかである（Wolff, 2009; Ratcliff, Lubinescu and Gaffney 2006; Stolffle, 2007）。このように、米国ではアクレディテーションにおける学習成果の問題に連邦教育省がテコ入れしようとしているが、このようなことが行われている原因はアクレディテーション団体そのものにある。2001 年にブッシュ政権が船出して以降の米国では、アクレディテーションを改革して、高等教育機関の連邦政府及び州政府へのアカウンタビリティを高め、全体として連邦教育省の影響力を強めようという努力が払われてきた。この努力は、地域アクレディテーション団体がそれまで行ってきた自己改革

の流れと軌を一にするものであり、なおかつ高等教育機関というものは何よりも自己モニタリングによってその営為をよりよいものにすべきだという論陣を張る大学人にとっては議論の火種となった (Greenberg, 2008; Davies 2007; Volkwein, Lattuca, Harper and Domingo, 2006)。

　しかし連邦教育省は、2007年になって、その強硬姿勢を和らげるに至った。その背後には学術界および地域アクレディテーション団体からの強い批判があった。当時の教育省長官マーガレット・スペリングズはこのように述べたとされている。「繰り返しますが、ひとつの物差しですべてを測ることしません。標準テストを課すことはありえません」(Basken 2007, p. A20)。スペリングズ長官がこの発言をしたのは、全米高等教育機関質と誠実性に関する評議会 (National Advisory Committee on Institutional Quality and Integrity: NACIQI) の評議委員会においてのことであったが、この評議委員会の委員はスペリングズ長官自身によって任命され、大学の説明責任に関する論争に油を注ぐよう指示されていた人々であった。長官はさらに、「わたしがお願いしたいことは、高等教育機関が学生に何を与えているのかをもっとはっきりと見えるようにしてほしいということだけです。そのためには、アクレディテーションの制度を通して、政府にできることがあります」(Basken 2007, p. A 20) といったとされる。その前年、長官はアクレディテーションの制度に関する連邦法を改正して、標準テストのような特定の指標を用いて米国の高等教育機関の質を測ろうという強硬な態度を見せていた。しかしその後、長官の強硬な態度に対する高等教育界からの強い反発を受けて上記の発言のように態度が変化し、最終的に高等教育機関は自ら評価の方法を選択すべきであるという結論に落ち着いた。この間、特に NACIQI は、カリフォルニア州を所掌する地域アクレディテーション団体である西部協会 (Western Association for Colleges and Schools: WASC) を名指しして、WASC のアクレディテーションは大学がもたらす学生の学習成果をあまりにも軽視しているという批判を行った。NACIQI は地域アクレディテーション団体を5年おきに認定する立場にあるため、NACIQI のこの発言は連邦政府のアクレディテーション制度に対する権力の相当な強化を意味するものであった。だが、この政府の動きには

大きな反発があり、最終的にはアクレディテーション制度の国による一元化という方針の撤回に至ったわけである。この経緯を見れば、これまでアクレディテーション制度が堅持してきた、分権化された自律的なピア・レビューの考え方が大いに支持されたことが如実に理解されるといえよう。しかしながら、NACIQIの主要メンバーの一人は【大学間のピア・レビューに関して】次のようにも述べている。「これは大学が自分でテストを作り、自分でテストを受け、自分で採点するようなものだ。そして全大学が『合格』するとなれば、いずれ学生が読み書きもできないような事態にもなるだろう。すでに、米国の大卒者の学力は必ずしも高くないという調査がいくつか出ている。これはすなわち、米国のアクレディテーションが必ずしもよく機能していないということである」(Basken 2007, p. A 21)。2009年前後、米国のアクレディテーションに関する議論はこのようなものであった。

　ここで、具体的な例を見ることにしたい。ここでの論点は、学習成果の測定をアクレディテーションの最も主要な機能として位置づけるにはいかにすればよいかというものである。議論のための実例として、UCLAの経験を用いる。

3　学習成果とアクレディテーション

　大学の「質の高さ」を決めるものを測定しようという考えは、あらゆるレベルの政府の官僚（とりわけ財政支出の担当者）、大学の理事、職員、教員、学生、親、地域のリーダーなど、高等教育のステイクホルダーならば誰しも抱く考えである。そして、彼らステイクホルダーは徐々にひとつの合意を形成するに至っている。すなわち、質の高い高等教育機関を持つことは望ましいゴールである、という合意である。ここで問わなければならないのは、何をもって質の高い高等教育であるとするのかという問いである。1980年代中葉以前のアクレディテーションや評価と呼ばれる活動の多くが、これに関してはかなり明快な答えを持っていた。高等教育機関に対する多様なインプットとインプットの方法（使命、予算、教員の資質、卒業率、図書館の蔵書数など）が設定され、

高等教育機関はこれらに関して地域アクレディテーション団体や全国アクレディテーション団体にデータを提供し、アクレディテーション団体の側ではこれらのデータに基づいて適否を決定するという流れであった。

　1980年代中葉に、アクレディテーションの景色はやや複雑化する。高等教育機関を評価するうえで、より効果的で価値付加的なモデルとしてアウトカム指標の採用が唱導されるようになったためである。このとき「学生の到達度」を測定する指標を創出しようという声は、アクレディテーション団体や高等教育機関そのものよりもむしろ連邦教育省から強く発せられた。この「学生の到達度」という指標の重要性は時を経るにつれて強く主張されるようになり、やがて指標の重要度トップ10に入るようになり、最終的には最重要事項としての地位を占めるに至った（Wolff, 2009; Beno, 2004; Ewell, 2001）。2000年までには、全米公共政策高等教育センターが、"Measuring up" という表題の報告書を発表して（Carey, 2008）、全米の高等教育界に大きな衝撃を与えた。この報告書の結論が、一般には世界一の水準を有すると考えられてきた米国の高等教育が、多くの指標において劣化を示しているというものだったからである。いわゆるトップ校はこれからも順調であろうが、いったん二番手の大学群に落ち込めば、見えてくる景色は大いに異なるというのである。同センターのセンター長の言葉を直接引用するならば、「米国高等教育のこれまでの偉業にもかかわらず、その恩恵の配分は不平等であり、ときに不公平ですらある」（Carey 2008, p. 88）。しかし、あらゆる点からいって最も重要なのは、全米50州において「学習」の測定が不完全であるということである。すなわち「学生と納税者は次代の市民と次代の学者を育てるために年間何千万ドルという金額を費やしている。それにもかかわらず、学生が実際にどれくらい学んでいるかを示す証拠はほとんどない。大学の教育が良いのか、悪いのか、あるいはどのくらいなのかについて信用に足る比較可能なデータを示せている州はひとつもない」（Carey, 2008 p. 88）。

　この指摘は、近年米国において進んでいる、アクレディテーションの実践の中に重要な指標として「学習成果」を含もうとする試みのありさまをよく示している。では、学習成果を指標として用いることのどこがそれほど困難

で、またこれまでの数年間にどの程度の実現を見たのか。合理的かつ総合的な学習成果の指標を開発し、運用し、かつ維持する上での課題はあまりに多く、本章の議論はそれをごく短く切り詰めたものにならざるを得ない。ここで注目すべきは、米国のコミュニティ・カレッジにおける学習成果の指標の開発、運用、維持に際しての課題をまとめた有用な言説である（Friedlander and Serban, 2004）。この言説はコミュニティ・カレッジを念頭に置いたものだが、同時に米国の高等教育全般についてもよく言い表している。この言説の唱道者たちは、高等教育機関とアクレディテーション団体がはっきりと学習成果への指向を打ち出す上での課題を4点にまとめている。

まず1点目は「20年以上にわたって学生の学習成果を測ろうという試みが進められてきたが、コミュニティ・カレッジの当事者たちには未だに学生の学習成果を効果的に計測するための総合的なプログラムを運営する方法がはっきりしない」(p.104)ことである。彼らはまた、学生の学習成果を効果的に計測する方法について、アクレディテーション団体ごとに異なる方針が打ち出されていて、そこで引き起こされた混乱が高等教育界に対して相互に矛盾するメッセージを送っていることも指摘している。アクレディテーション団体にとっては、学生の学力を計測する方法を決めることが困難であるだけではなく、そもそも何が学生の学力なのかを決めることすら困難であるというのである。学生の学習の評価に関する先行研究を見ても同様にさまざまなことがいわれているが、いくつかの研究が、学生の学習成果として知られていることと高等教育段階における教育の方針とは関連が低いという指摘をしている。したがって、高等教育機関には、まずもって「学生は何をできるようになるべきか」という定義を行い、かつ「学生がそれをできるようになっていることをどう測るか」という方法を開発しなければならないということになる。さらにアクレディテーション団体は、伝統的なアウトプット（学位授与件数、卒業率、卒業所要年数、就職率など）の測定を脱し、高等教育機関とより近しく協働しながら、望まれる学習成果とは何かについてのはっきりした合意に至らなければならないとされている。

課題の2点目は、効果的に学習成果を測る仕組みやモデル、方法につい

ての理解や知識が全般的に欠如していることである。各高等教育機関において、このような領域でさまざまな課題に対応できるような訓練を受けている教職員の数はごくごく限られている。学習成果として取り上げるべき能力を設定するためには、各高等教育機関において、さまざまな部署の人員からなるチームをつくる必要があるように思われる。そのチームには、学習成果の計測に関する訓練を受けた人々と、これからそのような訓練を受ける余地のある人々から混成されるべきであろう。ここで地域アクレディテーション団体が果たしうる役割は、このような訓練を提供することであろう。かつ、政府の認定のことを考えれば、地域アクレディテーション団体が高等教育団体にそのような研修の機会を提供することは、地域アクレディテーション団体にとっても利益のあることである。

　課題の第3点目は、高等教育機関の教員に関するものである。一般的に、大学教員は自分たちがどのような評価基準で評価されているかを理解していないし、評価されることそのものに抵抗を見せる人々も少なくない。外部から何かをいわれることのみならず、自大学の経営陣から指図されることも嫌われる。そうはいっても、調査によれば米国の大学教員はおおむね、よい教育者であろうと意識していることは事実である。ところが、よい教育者になるためにはどうすればよいかの手引きは存在しないか、あるいは存在しないも同然なのである。大学教員が、自らの授業がどれほどうまくいっているのかを知るためには、あるいは地域アクレディテーション団体が提示する学習成果というものにせいぜい呼応する形で意味がありかつ測定可能な学習成果を挙げるために授業を改善するにはどうすればいいのかを知るためには、現状で得られている授業に対するフィードバックは十分ではない。

　そして、最後の課題として挙げられているのが、各高等教育機関に学生の学習成果を効果的に測定するために必要なデータを収集するために必要な訓練を受けた人材が備わっていないことである。UCLAにおいても、評価のために必要なデータを収集する専門部署ができたのは2002年のことであった。人的資源にしても経済的資源にしても、現有のものをどう振り分けるか、あるいはどう振り分け直すかが成功の鍵であるように思われる。かつ、すでに

述べたように、地域アクレディテーション団体もこのままいくと、現代の大学の多様性や新規性を理解しきれないまま、学位授与件数や卒業率といったアウトプットへの着目を続けるケースが続くだろう。繰り返しになるが、ここに、学習成果を定義し効果的に測定するという営為において、高等教育機関とアクレディテーション団体の利害が一致していることを確認しなければならない理由が指摘できるのである。

　米国の高等教育機関が、高等教育全般を改善し、また数多のステイクホルダーからの説明責任の要求や各種の評価をこなすために、地域アクレディテーション団体と意味のある協働を行おうと思うのなら、いくつかの困難な選択をしなければならないことは疑い得ない。この点をよく理解できるように、そもそもアクレディテーションと学習成果が関連づけて語られるようになったことの背景について説明することにしたい。

3-1 アクレディテーションにおける学習成果

　過去20年近くにわたって、アクレディテーション団体と高等教育機関は、高等教育が効果を上げていることの重要な指標としての学生の学習成果の問題に取り組んできた。ユーウェルの整理においては、この取り組みは「学習成果の問題は、高等教育の効果を図る主要な物差しとして、急速に問題関心の中心を占めるようになった」と評されるものである (Ewell, 2001: 1)。学生や親、あるいは教員はいうに及ばず、卒業生の雇用主から政治家に至るまで、ステークホルダーと名のつくものは、高等教育において学生が実際に今日の社会経済状況に応じた能力を得ていることを望んでおり、またアクレディテーションがそのことを何らかの形で証拠だてることを望むようになっていることが明らかになっている。高等教育機関といってもさまざまだが、仮にコミュニティ・カレッジからいわゆるTier 1と呼ばれるトップ校に至るまで、ミッション・ステイトメントをすべて調べてみれば、「学生の学習」ということばは頻繁に現れるが、その意味するところや測定方法について明確に述べられていることはほとんどないことがわかるだろう。

　米国のアクレディテーションは、自律的なピア・レビューに基づいて行わ

れるものであるため、学生の学習成果をいかに定義しその達成をいかに支援しようとしているのかに関して、アクレディテーション団体と高等教育機関が意思を疎通し、かつステイクホルダーとも意思を疎通することは、ますます重要になっている。しかし近年になって、学生の学習成果に関しては徐々にひとつの合意が形成されるようになってきている。すなわち、単一の標準を指向するのではなく、多様な方法やアプローチを可能にして、高等教育機関が互いに学び合い、高等教育機関の多様性にあわせて学生の学習成果を定義し、米国の高等教育システムの基礎を形成することが求められるということである。

　ユーウェルが述べているとおり、この学習成果の問題について、各地域アクレディテーション団体は最初の段階から異なるアプローチをしている。この問題に最も早く手を付けたのが南部協会 (Southern Association of Colleges and Schools: SACS) である。SACS は 1986 年に、機関効率性基準 (institutional effectiveness standard) を採用し、次いで北中部協会 (North Central Association: NCA) が、研修会やワークショップを熱心に行って、各高等教育機関が次のアクレディテーションのサイクルを迎える際には学生の学習成果に着目するような支援を行っている。その中で、ハンドブックが作られ、ワークショップが催され、評価ツールその他の道具立ても用意されて、高等教育機関が学習成果指向へと移行するような手立てが打ち出されている。さらにこの移行には連邦教育省の後押しもある。しかし、先に述べたように、米国には全国の教育を一元的に管轄する中央省庁はなく、全体的にいって分権化モデルを採っていると見ることができる。それにもかかわらず、近年連邦政府は連邦教育省を通じて、学生奨学金の受給資格を足がかりに、地域アクレディテーション団体と高等教育機関への影響力を強めている。すでに 1989 年には、連邦教育省による地域アクレディテーション団体の認定の方針の中に「学生の学習成果を要求する」ことが盛り込まれていた。

　1990 年代までには、米国の全州の半数以上が、学生を計測の対象とした高等教育機関の評価方法を採用していた。この評価方法には、学生に包括的な標準テストを課すというものから、個別機関主導の学生評価までさまざま

あった。さらに、さまざまなコンピテンシー基盤のアプローチが、専門職プログラム（工学、保健衛生学、教育学など）で試みられた。

多くの学士課程教育と多くの地域アクレディテーション団体にとって、学生の学習成果を測る単位は学士課程全体の学びの総体であり、それだけに定義は困難である。ユーウェルは学士課程の学習成果の計測に関してはいくつかの「果てしない問題」があり、この果てしない問題に対処するために地域アクレディテーション団体と高等教育機関が考慮すべき点は3つある、とまとめている。まず、この、果てしない問題について、高等教育機関の質に関しては一定のエビデンスが求められるべきだという社会の了解がある。次に、この了解に関連して、アクレディテーションのために高等教育機関が費やす時間とエネルギーを考慮すれば、アクレディテーションを受けることそのものが付加的な価値を生むべきだという了解がある。さらに、アクレディテーションを受けた結果が高等教育機関におけるカリキュラムや教授法にどのような改善をもたらすのかという問いに答えなければならないということが共通認識になっている。ここで重要になるのは、大学教員がアクレディテーション結果を学生の学習成果に結びつけることについて主体的に関わるようにさせるにはどうすればよいかということであり、その関わりのいかんによってアクレディテーションを受けたことが成功に結びつくか否かが決められるのである。

米国の高等教育においては、UCLAのような、一般にTier 1と呼ばれるトップ校に分類される研究大学のほとんどが、学生の学習経験や学習成果を評価することに特化した方法論を新たに開発しようとしており、各地域アクレディテーション団体もそのような試みに協力している。例えば、UCLAは2008年度にアクレディテーションの再受審年に当たっていたが、地域アクレディテーション団体のWASCは、UCLAが学習成果について打ち出した3つの柱に関して、学生の学習を評価する方法を開発するプロセスに深く関わって協力している。この3つの柱とは、1「学士課程教育をキャップストーン学習によって構造化すること」、2「専門分野融合的な教育と研究を推進すること」、3「授業でのテクノロジー利用により学生の学習を促進するこ

と」である。1点目のキャップストーンは、UCLAのような大学よりもむしろ小規模リベラルアーツ・カレッジにおいてより広く用いられている。しかし、UCLAが学士課程を改革して学生の学習経験をこれまでよりも探求・研究型に組み替えるためにキャップストーンを採用するという方針を打ち出したことには明確な理由がある。キャップストーンを定義する5つの主要な要素を見ることによって、どのような学びが可能になるのか、その特徴を検証してみることにしたい。

・学生は探求型の創造的な学習経験を通して、専攻分野に関する知識と総合的な視座を深めることができる。
・個々の学生の関わりの重要性が担保され、他の学生の関わりから弁別して評価の対象になりうる場合には、キャップストーン・プロジェクトをグループ学習で行うことができる。
・キャップストーン・プロジェクトの結果は具体的な成果物として結実する。したがって学部や学科は最低3年間、その成果物を保管することができる。
・キャップストーン・プロジェクトは最低でも4単位の専門科目として、学生の専攻ないし副専攻の構成要素として位置づけられる。
・キャップストーン・プロジェクトの成果は、学生発表会や学会などの機会を通じて、広い範囲に公表できる可能性がある。

UCLAが打ち出した柱の2点目は、専門分野の融合で、これは直近のアクレディテーション受審を視野に入れつつも長期計画として次の3点を目標にしている。

・専門分野融合型の教育の在り方に関し、全学的な意識の統一を図ること。
・教員が専門分野融合型の教育と研究に参加する上での障壁を除き、柔軟で風通しの良い環境を創造して、分野の境界を超えた人と発想の交流を促進すること。
・多元・融合分野のカリキュラムに対する学生の意識を高め、専門分野融合型の教育の効果についての評価方法を確立すること。キャップストーン制度や授業へのテクノロジー導入は、この目標と関連している。

最後に、授業へのテクノロジーの利用については、教育と研究におけるテクノロジー利用に関する過去数十年に亘る UCLA の経験を集約して、学生により豊かな学習経験を提供しようというものである。これについても3つの主要な目標が設定されている。

- UCLA での授業におけるテクノロジーの役割を変革するに当たっての意識の統一を図り、授業でのテクノロジー利用が教育・学習環境を自然に構成する必要な要素として、教員と学生に受け入れられるように先導すること。
- 教員とティーチング・アシスタントがテクノロジーをどの程度利用・対応し、また利用の援助をしているかを評価し、テクノロジーが学生の学習にどれほどの効果をもたらしているかを計測できるような、指標ともなるシステムを開発すること。
- テクノロジーを教育に利用することによって、明確な学習成果につながるような、研究に裏打ちされた教育環境を創造すること（UCLA's Institutional Proposal, 2008）。

これらの3つの柱は、WASC などの地域アクレディテーション団体が新たに採用した学習成果指向の機関別アクレディテーションの方向性を示す例であり、かつ、米国の高等教育において学習成果をどのようにとらえるかの議論の一端を見せるものでもある。ここで起きていることは、地域アクレディテーションの、従来のインプット重視モデルからの変貌であり、かつ従来の量的アウトプット重視モデルからの変貌でもある。

地域アクレディテーション団体には、さまざまな高等教育機関がそれぞれの方法で試みている学生の学習成果の計測を、すべて包括して言い表せるような表現方法を編み出すことも求められる。かつ、地域アクレディテーション団体による各高等教育機関の試みの説明は、高等教育機関のステイクホルダーに理解されるものでなければならない。学生の学習成果を焦点とした内部質保証の動きは、実際には米国の高等教育機関ではすでに始動している。そのような実践を始めている機関のほとんどで、大多数の教員と職員が、自大学は学習成果を指向する内部質保証において十全な成果を挙げていると感

じている。ここで地域アクレディテーション団体が行わなければならないのは、高等教育全般に対してステークホルダーから要請されていることのレベルは、各大学が設定した目標のレベルを超えていることを、大学に対して効果的に伝えることである。また、米国の高等教育機関の職員の大多数は、アクレディテーションに割くべき時間と労力が大きいことを踏まえ、各高等教育機関が共通して使えるようなアクレディテーション受審の方法論や、基準ごとの自己評価書の書き方、学生の学習成果の計測ツールなどがあれば、地域アクレディテーション団体と連携して学習成果の活用の方法を学んでいくことができると考えていることを最後に付言しておきたい。

3-2 アクレディテーションへの批判

　ここまで述べてきたように、アクレディテーション団体と高等教育機関は歩調を合わせて協働しようという努力を続けている。それにもかかわらず、2007年以降、従来のアクレディテーションの手法は、連邦政府と周辺ロビー勢力からのこれまでにない厳しい批判の矢面に立たされている。2007年に、連邦政府は「高等教育将来構想委員会」を立ち上げた。この委員会が創設早々に発表した報告書において、ミラー委員長は、アクレディテーションを、高等教育の「改革を阻む最も厚い壁のひとつ」であると指摘している（Blumenstyk 2007, p. 1）。さらに同委員長は、アクレディテーションを大学どうしの内輪の仕事でしかないと批判し、学習成果を無視してインプットばかり重視していると述べている。この批判と同様の批判を行ったのが米国理事・卒業生協会（American Council of Trustee and Alumni:ACTA）で、従来のアクレディテーションは「方向性を誤った失策」であると糾弾している（Basken 2007; Greenberg 2008; Bollag & Salingo 2006）。

　アクレディテーション制度に対するこれらの批判は、当時のブッシュ政権やスペリングズ教育長官の存在を後ろ盾にして巻き起こったものであった。これらの批判に対してはアクレディテーション関係者からの反論が起きた。また、全米の高等教育関係者のうちには、現行のアクレディテーションにおいても学習成果がインプットと比肩しうるほどには重要視されていると主張

し、連邦政府のやり方は行き過ぎであるという論陣を張る向きもあり、彼らの中からも反論の声が上がった。2009年に政権交代が起きたあともこの論争は続いたが、議論の焦点は連邦政府の直接の関与の如何から、高等教育機関が既存の地域アクレディテーション団体と協働してアクレディテーションを学習成果指向のものに形成してゆくにはどうすればよいかという点に移ってきた。この、論点の移行が起きたことにより、俄然注目を集めたのが高等教育機関の内部質保証である。高等教育機関では長年にわたって学生の学びの向上をめざして、内部質保証に努めてきており、そこに焦点が当たったのである。これによって、アクレディテーションの実施においては各高等教育機関の内部のステークホルダーといかに連携するかという新たな課題も生まれた。

4　内部からの質保証と学習の改善

　もし大学の教員と大多数の職員を（そしておそらくは学生をも）対象にして意識調査を行って、彼らに最も大きな影響を与えている質保証の手法は何か、また大学での学習を改善しうる最良の方策は何かと問うてみても、それがアクレディテーションであるという答えは多くは返ってこないだろう。それよりも、高等教育機関の内部で定期的に行われている多種多様なレビューや評定の実践が、学習の質を高く保つ方策であるという意見が圧倒的に多くなるだろう。これらレビューや評定は、アクレディテーションのサイクルが始まるときに、地域アクレディテーション団体のWASCとの調整の下で、アクレディテーション制度そのものを評価する上でも役に立つ。このような学内のレビューがどのように行われているか、米国の研究大学をとりあげてもう少し具体的な例を見ることにしたい。ここでは特にカリフォルニア大学モデルに着目するが、同様の実践は多くのTier 1と呼ばれる米国のトップ大学においても見ることができる。

　学内のレビューは、大きく2つの部分に分けることができる。ひとつは教職員の人事に関わる部分、もうひとつが教育プログラムに関わる部分であ

る。これらは定期的に実施され、学内のステークホルダーの大多数に対して何らかの改善をもたらしている。この学内レビューのためには途方もない量のデータが集積され、学内の教員も、学生も、職員その他のスタッフも誰もがその結果に注目する。それは、学内レビューの結果が彼らの日常に大いに影響するからである。なお、ここで集積されたデータはアクレディテーションにも役立つ。このようなわけで、学内レビューの基準は他の評価基準よりも頻繁かつ直截に大学の学習環境に影響を及ぼし、学内のさまざまな課程におけるカリキュラム改革や組織改革に結びつくのである。

4-1 人事レビュー：トップダウンからボトムアップへ

　米国のおおむねの高等教育機関に勤務する人々にあって、人事査定を免れる者はいない。人事レビューの実効については異論もあるだろうが、人事レビューの時期が巡ってくると、教員も職員もそれを非常に重く受け止める。学内の最高責任者（カリフォルニア大学システムの場合、各キャンパスの長をChancellor【学長】と呼び、システム全体の長をPresident【総長】と呼ぶ）から教員個人に至るまで、定期的なレビューを受ける。このレビューのサイクルは通常、一般の教員が3年ごと、学科長、学部長、学長、副学長が5年ごとといったように違いがある。これらの人事レビューのうち、学生の学習成果に最も直截に影響するのが、教員、学科長、学部長といった、教科の内容や、方法およびタイミング、さらには評価の方法に直截に関わるステークホルダーへの人事レビューである。

　高等教育研究者の多くが述べているように、高等教育機関の質の維持向上の鍵は、教員の採用、留任、昇進、解任のいかんに大きく左右される。カリフォルニア大学システムには、教員の人事に関して非常に厳しいガイドラインがある。学科長ないしその他の職員が選考過程に責任をとり、彼らが主導して個々の候補者の評価が行われる。教員の採用、承認、査定はすべて、学科長が推薦するという形を取り、その内容は格式張った長い手紙の形で学部長に、そして最終的にはキャンパスの長である学長にまで送られる。

　カリフォルニア大学での教員の採用に関して詳述すると、候補者に関して、

前任校の同僚その他適切な立場にあって本人および本人の業績を知る人々による評価や、採用しようとしている大学の教員および学生の意見を含めた意見書が作成される。ここで、大学の伝統や学内の大学評議会の方針により、候補者本人と他の教員も選考プロセスに関与する。意見書は学内にも学外の専門家にも求められる。このような意見書はいわゆる推薦書でなければならないというものではない。むしろ、客観的な評価の視点を以て書かれることが求められる。さらに、採用にあっても昇任にあっても、学生からの授業評価が提出され、また当人に最も近しい教員による、当人の授業の効果に関する書類も提出される。昇任の場合には、当人が担当しているすべての授業に関して、学部が承認した評価方法を用いた標準レビューのプロセスが採られなければならない。学科長と人事委員会は、候補者が行う教育の長所と短所を議論し、短所が優る場合には何らかの措置が採られる。若手教員（テニュア取得以前）の場合、若手指導委員会が形成され、研究と教育の両面での支援を行う。この支援においては、教室内の実態を把握するために、委員による授業観察が行われる。したがって、教育の効果すなわち学生の学習成果はごく明確な形で直截に評価される。このように、教室内の実践が採用や昇任に関連づけられているのである。採用や昇任の場面に限らず、教員が教育の効果や彼らが学生を評価するうえでの能力を向上させるための支援策は、米国内の多くの高等教育機関で準備されている。このようにして、採用や教員レビューの際に収集されたデータは、アクレディテーションに必要な資料を作成する上で重要な基盤となっている（The UCLA Call, 2007）。

　ここで注目すべきは、学生の学習成果の向上の問題は何よりも教員の資質と不断の研鑽および彼らに対するレビューの問題であり、アクレディテーションを受けた結果大学がアクレディテーション団体から得た勧告の効果はそれほどまでは大きくないということである。教員が、自らの改善のために耳を傾けるのは学内のレビュー委員会が厳しい意見を付したときであり、地域アクレディテーション団体であるWASCのような外部団体が学習成果の効果を計測することを提案しても、教員はさほど熱心にその話を聞こうとはしない。これはただし、内部質保証と外部質保証が協働できないということ

ではない。カリフォルニア大学に限らずどこの大学でも、内部質保証と外部質保証は組み合わさって機能している。ただ、政策立案者や政治家、あるいは学内のアドミニストレイターも、あまりにアクレディテーションを重視しすぎており、一方個々の教員はアクレディテーションを自らの問題とは捉えていないようであるということが問題なのである。

　学習成果に関して、学内レビューに次いで重要なのは学科長と学部長である。学科長と学部長は大学の教育と研究の質を維持するうえでの直接の責任を負っている。米国の大学関係者の多くが述べているように、米国の大学は伝統的に学科（department）が強い力を持っており、カリキュラムや授業方法だけでなく教員の採用や採用後の人事に対する発言力は大きい。個々の学科長と、すべての全体を総覧する学部長こそが、学習の効果の向上をめざした活動と大学全体の質とを関連づける重要な結節点であるということができる。教育と学習の成果の向上を図るうえで、学科長と学部長がどれほどよく機能して、同僚教員の尊敬を集めているかは重要な鍵になる。学科長と学部長の任用の過程は、すでに述べた教員の新規採用時と同様の、厳格かつ多数の参加するプロセスを経る。学科長や学部長は、任命されるやいなやその任務を開始する。彼らの任務のほとんどは部局内の学習を向上させることである（しかし、学部長にとっては、やはり学習成果の向上のための外部資金獲得の責任も年々大きくなっている）。『カリフォルニア大学教員マニュアル』には、「学部長および教務担当学長補佐の業績のレビューは、着任以内5年以内に行われ、その後5年ごとに行われる」とされている（UC Academic Personnel Manual 2009, p.1）。学科長の任用は、多くの場合学部長よりも民主的な方法で行われ、留任のいかんも教員の投票によって決められる場合が多い。いずれの場合も、大学の執行部が公式ないし非公式なレビューを5年ごとに行う。学部長の場合、レビューは外部評価書や教員の投票、教員による評価書のほか、「学部長の活動と、その活動の成否を把握するために充分な広範かつ精緻な知識」を得るために必要なあらゆる情報が参照される（UC Academic Personnel Manual 2009, p. 2）。学科長の場合、学科長の活動の成果をレビューする教員委員会が構成され、教員は再任の是非を問う投票を行う。このほか、学科長はレビューを受

けず、教員間で5年ごとの持ち回りにしている場合もある。

　最後に個別キャンパスの学長であるが、学長も学部長と同様に、規定に則り5年ごとにレビューを受ける。学部長の場合と異なるのは、学内の大学評議会のメンバーが評価委員会の下に小委員会を設け、教員、学生、卒業生、他のキャンパスの幹部からの意見を聴取することである。学長は自己評価書を作成し、また評価委員会がカリフォルニア大学システムの総長に提出する評価書に対して意見を述べることができる。総長は学長と面談し、評価書の内容および最終的な勧告について討議を行う。このような質保証のプロセスが行われる場所が教員から遠くなればなるほど、教員側の関心は薄くなり、ある意味で学習成果との関連も弱くなるといってよいだろう。学長が再任されないということはめったに起こらない。学長に対するレビューは、州政府からの援助と予算および外部資金をどれだけ得られるかという問題に極めて強く焦点化されている。

　このような「評価する文化」においては変革と改革が重視される。特に学習成果に関する領域ではその傾向が強い。さらに、大学はそもそも正しいことを行うという信頼の文化があいまって、学内には強固な内部質保証の過程が形成され、同時に外部からのアクレディテーションとも共同できるようになっているのである。

4–2 学科のプログラム・レビュー[3]

　学科長のレビューと同様、学科のレビューもまた学習成果の維持と向上に強く関連したレビューである。学科のレビューは8年に1回行われる。ここでレビューの対象になるのは学生の学習、カリキュラム改革、教授法の改善に限られるといってよい。レビューを行うのは大学の大学評議会で、各学科では学科長がレビューを推進する責任を負う。学科のレビューが、学科内の機能や個々の教員に関する、学科の自己評価報告書や学内外の評価書などさまざまなデータに基づいて行われることは他の多くのレビューと同様である。しかし、こと学科のレビューについては、内部のレビューと外部（分野別アクレディテーション団体）からのレビューが統合され、相互に補強する場で

あるということができる。

　学科のレビューにおいては、レビュー委員会と学科長の双方に下記の段階を踏んだ作業を行うことが求められる。これは、WASC の方針と学内の方針を整合させるための手続きでもある。
 1. 学士課程の教育目的を文章化し、それを公表して学生自身が自らに何が期待されているかを理解できるようにすること。
 2. 学士課程の教育目的を達成するために学科においてどのような実践がなされているかを明文化し、かつ状況の変化に応じてどのような将来計画を立てているかを明らかにすること。
 3. 学科として目的が達成されていることを示す証拠であると考えている事項が、実際に証拠として有効であるかを検討すること。ここでいう証拠とは、例えば主要な科目における学生の提出課題であったり、あるいは大学院への進学率や、教員の研究活動への学生の参画のようなものであったりする (Academic Senate Executive Office Internal Memo, May 1, 2007, p. 1)。

　このように、学科のレビューは、学生、教員、幹部および職員が組織的に協働して、学科の目的と目標を明確化することを促すものであり、このことはしばしば、彼らが当該学科の関わる専門領域の目的と目標を明確に認識することにつながる。これがさらに組織の透明化や、学科による目的達成方法の再考にもつながってゆくのである。これらの検討結果が自己評価書に書き込まれると、地域アクレディテーション団体の WASC が学科の実践の実態を理解できるようになる。したがって、これらの質保証のための実践は、内部からのものと外部からのものが相補的に作用するものであり、かつて内部質保証と外部質保証が独立に遂行されていた頃よりも改良された方法であるといえる。この相補的なアプローチをとることによって、すでに述べたキャンパス全体の機関別アクレディテーションの目的（複合専門分野での学習、キャップストーン学習、教育テクノロジーの利用）により整合的な実践をすることができる。

　以上をまとめると、UCLA の内部レビューの実践においては、自己点検と組織的な調整が組み合わされて行われている。内部質保証は部局単位で行われ、実施しているのは学内のステークホルダー自身である。学科のレビュー

が近いことが発表されると（本章執筆中の筆者の学部がまさにその状態なのだが）、すべての教員と学生に通知が送られ、レビューはにわかに学科内の関心事になる。教員も学生も学科のレビューは「自分たちの」レビューであると感じ、自分個人の問題であると認識している。大学が、学習環境の改善のプロセスに学内の教員や学生といったステークホルダーを参画させるのは、大学が示す信頼の証でもある。

おわりに

　このように論じてくると、高等教育機関は自らの質保証を完璧に行うだけの能力があり、アクレディテーションにはそもそも米国の高等教育の改善を先導する力はひとつもない、と結論したくなるかもしれない。実際マーチン・トロウはそのように結論している（Trow, 1994）。さらに正確に言えば、教員にしても学生にしても、そのほとんどがアクレディテーションというものが機能していることを認識しておらず、アクレディテーションは単に大学の「運営側」だけが相手をするもので、教員や学生の日々の生活にはほとんど何の関係もないと結論することもできるかもしれない。それとは対照的に、学内のレビューの実施については教員、学生、職員の誰もが極めて重視しているし、その重視の度合いはいや増している。学習成果に関する学内レビューの結果は、およそ大学が受ける評価の中心を占めている、という結論もありうる。しかし、このような考え方からは、現代あるいは現代以降の大学が生き残り繁栄しその中心的な使命である「教育と研究」を改善するためには、外部からのアクレディテーションと学内のレビューが協働しなければならないという、迫り来る現実への認識が抜け落ちている。

　現在の経済状況では、学生奨学金を提供する連邦政府の役割は大きくなっており、学術界が機能していくうえでの連邦刺激資金の緊要性は疑うべくもない。そして、地域アクレディテーション団体が全米の多様な高等教育機関との協働を通じて蓄積した経験から、大学が学ぶことも大きい。地域アクレディテーション団体の経験と、学習が生まれる現場で行われる学内の通常の

定期レビューとを組み合わせれば、米国内と、おそらくは米国外の、あらゆるレベルの高等教育機関の教育研究環境の改善が可能になるだろう。このような内部質保証と外部質保証の協働は現在進んでいるところであり、この協働が今後いかにアクレディテーション団体、職員、教員、学生という四者がどのような理想と革新をめざしているのか、常に注視する必要がある。UCLAの視座から見れば、内部質保証と外部質保証を組み合わせることには相当な潜在力が予見できる。

注

1 本章は、Mok & Hawkins (2009) に大幅に依拠している。
2 ここでいう Tier1 とは、米国における最も有名な一連の研究大学を指す用語である。どの大学が Tier 1 に相当するかということは、アリゾナ州立大学の Center for Measuring University Performance が複合的な指標に基づいて定義している。
3 本項では、議論の対象を、大学において最も基本的な組織である学科に限定する。ただし、近年になって、組織化された研究単位の枠を超えた複合専攻分野のプログラムの重要性が、高等教育における知識と学習の環境にとって重要性をいや増していることにも注意が必要である。このような複合専攻分野においても、学科に類似したレビューの手続きが取られていることを付言しておきたい。

参考文献

Academic Senate Executive Office Internal Memo (2007). Academic Senate, University of California, and Los Angeles: Los Angeles CA p. 1.
Baskin, P. (2007). "Colleges and Their Accreditors Escape Tougher Scrutiny for Now," *Chronicle of Higher Education*, Vol. 54, Issue 18, A20-A21.
Beno, B (2004). "The Role of Student Learning Outcomes in Accreditation Quality Review," New Directions for Community Colleges, no. 126, Summer, pp. 65-72.
Basken, P. (2007). "Accreditation System is a Misguided Failure, Lobbying Group Says," *Chronicle of Higher Education*, Volume 53, Issue 40.
Bollag, B. and Selingo J. (2006). "Federal Panel Floats Plan to Overhaul Accreditation," *Chronicle of Higher Education*, 4/14/2006, Vol. 52, Issue 32, pp. A1-A23.
Blumenstyk, G. (2007). "Commission Chairman Blasts Accreditation," *Chronicle of Higher Education*, Vol. 53, Issue 41, p. 1.
Carey, K. (2008). "Measuring Up: The Right Report at the Right Time," *Chronicle of Higher Education*, 12/5/2008, Vol. 55 Issue 15, p. A88.
Cerny, Philip. (1997). "Paradoxes of the Competition State: The Dynamics of Political Globalization," *Government and Opposition,* 32, pp. 251–274.
Chan, D. and J. Tan. (2006). "Privatization and the Rise of Direct Subsidy Scheme Schools and Independent Schools in Hong Kong and Singapore." Paper presented at the Asia Pacific Educational Research Association 2006 International Conference, Hong Kong, 28–30 November.
Davies, K (2007). "Accreditation for the People," *Chronicle of Higher Education*, 5/4/2007, Vol. 53, Issue 35, p. B 13.
Drahos, P. and R. Joseph. (1995). "The Telecommunications and Investment in the Great Supranational Regulatory Game," *Telecommunications Policy,* 188, pp. 619–635.

Ewell, P. T. (2001). "Accreditation and Student Learning Outcomes: a Proposed Point of Departure," *CHEA Occasional Paper*, September. Washington D.C.: Council for Higher Education Accreditation.
Friedlander, J. and A. M. Serban (2004). "Meeting the Challenges of Assessing Student Learning Outcomes," *New Directions for Community Colleges*, no. 126, Summer, pp. 101-109.
Gill, Stephen. (1995). "Globalization, Market Civilization and Disciplinary Neoliberalism," *Millennium*, 24(3), pp. 399–423
Greenberg, C (2008). "How to Reinvent Accreditation (and Not by Using Geography), *Chronicle of Higher Education*, Vol. 55, Issue 14, p. 27.
Hawkins, J.N. (2005). "Walking on Three Legs: Centralization, Decentralization and Recentralization in the People's Republic of China," chapter in *Decentralization and Education: A Comparative Approach*. Ed. C. Bjork, Hong Kong: Springer Press.
Hou, A.Y.C. (2009). "Quality Assurance and Excellence in Taiwan Higher Education -An Analysis of Three Taiwan Major College Rankings," paper presented at the University of Indonesia Conference on Rankings.
Jordana, J. and D. Levi-Faur. (2005). "Preface: The Making of A New Regulatory Order." *The Annuals of the American Academy of Political and Social Science*, 598 March, pp. 1–6.
Levi-Faur, D. (1998). "The Competition State as A Neo-mercantilist State: Understanding the Restructuring of National and Global Telecommunications," *Journal of Socio-Economics*, 27(6), pp. 655–686.
Mok, K.H. and J. N. Hawkins (2009), "The Quest for World-Class Status: Globalization and Higher Education in East Asia," Forthcoming chapter in: N.C. Burbles and C. A. Torres, *Globalization and Education*, N.Y.: Springer Press.
Mok, K.H. and A. Welch, (eds.) (2003). *Globalization and Educational Restructuring in the Asia Pcific Region*, Basingstoke, Hampshire: Palgrave Macmillan.
Moran, M. (2002). "Review Article: Understanding the Regulatory State." *British Journal of Political Science*, 32, pp. 391–413.
Ng, Pak-tee and David Chan. (2006). "A Comparative Study of Singapore's School Excellence Model with Hong Kong's School-based management." Paper presented at the Asia Pacific Educational Research Association 2006 International Conference, Hong Kong, 28–30 November.
Ratcliff, J. L., E.S. Lubinescu, M. A. Gaffney (2006). How Accreditation Influences Assessment, *New Directions for Higher Education*, Number 13, Spring. New York: Jossey-Bass.
Scott, C. (2004). "Regulation in the Age of Governance: The Rise of the Post-regulatory State," In *The Politics of Regulation: Institutions and Regulatory Reforms for the Age of Governance*, edited by J. Jordana and D. Levi-Faur, pp. 145–176. Cheltenham: Edward Elgar.
Stoffle, C. (2007). "Learning Outcomes, Research Outcomes, and Institutional Accreditation," Association of Research Libraries, November 2, 2007, pp. 1-4.
Trow, M. (1994). *Managerialism and the Academic Profession: Quality and Control*, London: Open University.
UC Academic Personnel Manual (2009). Office of Academic Personnel, UCLA, Los Angeles CA.
The UCLA Call (2007). Los Angeles: Academic Personnel Office, UCLA.
UCLA Institutional Proposal (2008). Internal Document, May 12, Chancellor's Office. UCLA: Los Angeles CA.
Volkwein, J., F. and L. R. Lattuca, B. J. Harper, R. J. Domingo (2006), "Measuring the Impact of Professional Accreditation on Student Experiences and Learning Outcomes," *Research in Higher Education*, Vol. 48, No. 2, March. Pp: 251-282.
Wolff, R. A. (2009). "Future Directions for American Higher Education Accreditation," chapter in: T. Bigalke and D. Neubauer, *Public Good and Quality in Higher Education in Asia Pacific*. Series Editor: J. N. Hawkins. New York: Palgrave MacMillan Press.

第3章 オーストラリア高等教育における基準の明示化への挑戦

S・アルコウディス（メルボルン大学准教授）

（翻訳　沖清豪　早稲田大学文学学術院）

はじめに

　オーストラリアでは現在、高等教育の成果測定に関する変化を経験している。現在の成果測定基準は質保証ないし継続的な改善を目的として構築されたものであるのに対し、今後提案されるオーストラリア高等教育の基準枠組みでは高等教育部門の明確な基準の開発に集中することになる。質保証から基準に焦点を移行させることは、部分的には、新たな教育供給者の登場、カリキュラムの多様化、そして高等教育に入ってくる社会・経済的背景が低い出自の学生の増加を通じて、多様性の増加へと高等教育が向かうことにより、連邦政府や公共に対する高等教育機関の説明責任を遂行することに対する認識の高まりを示すものである。本章はオーストラリアの高等教育における現在の基準枠組みの開発状況に焦点を当て、直面しつつある課題を考察する。重要な課題を検証するために、はじめに現在の質保証の測定状況に関する概況を説明することとしたい。

1　高等教育における質保証

　現在のオーストラリア高等教育の質保証枠組みには、全国的な資格枠組み、高等教育の資格となる講座を提供する機関の認証に関する登録手続き、学費

を支払っている外国学生への消費者保護、外部の独立監査、および機関、講座、卒業後の進路、および満足度に関する公的な情報が含まれている。連邦政府によって活用されてきた説明責任を制度的に追求する機構のより詳細な説明は、Baird (2010) に記されている。本章の目的を踏まえると、多様な測定法が存在していること、および基本的に「合目的性」という点から、質によって高等教育の目的が想定されていることに言及すれば十分であろう。2000年3月には、教育・訓練・若者問題に関する連邦・州政府教育大臣審議会 (MCEETYA) がオーストラリア質保証機構 (AUQA) を設立した。オーストラリアの大学に対するAUQAの監査は主に、当該機関が設定した目標と、それを達成するために機関が採った政策とその過程の最適な調整を検証するように構成されていた (Baird,2010)。AUQAの第1回の監査における主な焦点は、大学内での監査工程に関するものであった。こうした条件に制約された質保証は、主に内部の基準点に関して機能することとなった。

しかし2000年代中盤以降、オーストラリアの高等教育の質に光が当てられることとなった。その理由の一部は外国学生数が急速に増加したことにある。例えば、オーストラリアの大学を卒業した外国学生の英語力習熟度 (ELP) の水準に対して大きな関心がもたれてきたことが挙げられる。卒業生の英語力の基準に関しては公表されている情報がほとんど見当たらないが、学生が大学を卒業する際には、適切なELPの技能を有していることが想定されている。しかしこの想定に対して、雇用者は卒業生が労働に当たって必要となるコミュニケーション技能の点で劣っていると主張し (Arkoudis et al., 2009; Graduate Careers Australia, 2008)、研究者は英語が獲得言語である学生の場合、大学で学習している間にELPの技能が必ずしも改善しているわけではないと論じており (Birrell, 2006)、あるいは教科の評価に当たってELPがあまく評価され、あるいはその課題が見逃されていると主張する人々もいる (Baik, 2010; Bretag, 2007)。こうした懸念からはオーストラリアの学位の質に関する疑問が生じる。加えて、外国学生のための講座を提供している民間の高等教育機関の相当数が経済的問題に直面し、運営停止となっている。こうした状況で、授業料を支払い済みだが講座を修了していない学生の間に多くの不安

が生じている。改めて、オーストラリアの教育の質に対する疑問が生じているのである。

　Baird（2010）によると、卒業生の学術的な到達度と学習成果の水準を直接測定する方法が欠如していることにAUQAは着目しており、2008年には連邦政府がこの問題を取り上げようとした。AUQAによる監査の第二サイクルでは「内的な質保証制度と同様に、成果、ベンチマーク、および基準に」(Baird, 2010, p.35) 焦点が当てられている。連邦政府はまた、オーストラリアの高等教育に対する詳細な検証を委任した。検証報告は質保証の手続きが「複雑で断片化しており役に立たない」(Bradley, Noonan, Nugent, & Scales, 2008, p.115) ものであることを明らかにした。報告では以下の点が指摘されている。

- 質保証枠組みはインプットとプロセスに注目しすぎており、成果と基準を保証し論証することに十分に配慮してはいないこと。
- 高等教育機関の質と認証、職業教育・訓練機関の運営、オーストラリア内で学ぶ外国学生の消費者としての保護、および学生ローン補助を目的とした機関の承認について、多様で重複する枠組が規制していること。
- 責任が連邦政府と州・地域との間で分かれており、多様な法制上の枠組に対して、行政内の異なる部局が個別に責任を有していること。
- 高等教育内で枠組みの適用が不均衡であるために、すべての高等教育機関が定期的に認証を受審するわけではないこと。そして、
- 学生が講座や機関を選ぶに当たって活用しうる信頼に足る比較可能な情報が限られていること。

　検証報告書は、オーストラリアの高等教育の質に対する信頼性を高め、成果と基準を明示する新たな枠組を発展させることがオーストラリアにとって必要であることを強調した。また、高等教育質・基準機構（TEQSA）をAUQAに代替することも勧告した。今後TEQSAは高等教育機関の質の評価を実施し、高等教育の質についての情報を提供し、基準と質と規制に関し

て独立の立場で助言することになる。TEQSA は 2012 年 1 月 1 日から高等教育に関する全国的な監督機関になる見込みである。

2 オーストラリア高等教育基準枠組み

「高等教育基準枠組み」はオーストラリアの高等教育に対するオーストラリア政府が進めている新たな質と管理手続きの中の一要素である。教授学習の基準はこの枠組み内の五領域 (domain) のうちのひとつとなる。以下に概観するように、他の領域と同様に現在開発途上にある (TEQSA, 2010)。この枠組みが明らかに開発途上であることは強調しておく必要がある。

機関の基準 (Provider standards) は、高等教育機関が高等教育認可過程に関する全国基準 (National Protocols for Higher Education Approval Process) に基づいてオーストラリアの高等教育機関として登録され運営されるための最低基準となる。現在開発中であり、機関の基準の第三稿に対して 2011 年初頭にパブリック・コメントが求められているところである。

資格の基準 (Qualification standards) は改訂されたオーストラリア資格枠組み (AQF) の改訂版として構成されており、学習成果に焦点を当てている。AQF は学校の資格、職業資格、そして高等教育の資格と結びつけられている。AQF では 10 段階が設定され、高等教育は 6 段階から 10 段階までに及んでおり、学士課程学位、大卒サーティフィケート、大卒ディプロマ、修士号および博士号を含んでいる。学習成果は知識と技能の獲得、学術的な技能と態度の発達、および専門的な文脈も含めて修得した知識と技術を検証し、統合し、拡張して適用する能力を含んでいる (AQF, 2011)。その主たる目的として示された成果は、大まかにいえば講座の設計における案内書として役立てられている。しかし、明確な規則とはなっておらず、評価において参照されるわけでもない。

情報の基準 (Information standards) は、志願者が情報を十分持ったうえで決定ができるようにするために情報の提供者に課された義務を明らかにしている。どのような情報がそれぞれの高等教育機関の集団にとって有益なのかに

ついて明確な理解を深める作業が、ひとつの計画で進められている。すべての高等教育機関に必要とされる情報の基盤が形成されつつある。

　教授学習の基準（Teaching and learning standards）の策定については、オーストラリア学習教育審議会（ALTC）が関与し、学術的な基準の開発に関して学術諸団体と協働している。討議資料が作成途上にあり、2011年中には教授と学習の基準について全国的な議論に討議資料が使用される見込みである。

　研究の水準（Research standards）については、研究の質についてのベンチマークの開発促進が検討されている。

　TEQSAは高等教育部門に関する「リスクを基盤とした比例調整モデル」を開発中である。具体的には、

> TEQSAのリスクモデルは……高等教育機関の名称、教育課程、および説明方法の多様性を認め促進している。TEQSAの調整の方法は、時間を基盤として機関全体を監査するものから、出現するリスクを基盤として、その機関が調整することができるような枠組や方法、あるいはある部門、機関、あるいはある集団でリスクが生じている特定の領域に焦点を当てる枠組や方法へと変化することになる（TEQSA, 2010, p3）。

　このモデルでは、TEQSAは高等教育部門内で生じる問題に特化することになる。しかし全国基準は同意された外部の基準を従来以上に重視するものとなり、これはこれまでのオーストラリア高等教育には存在してこなかったものである。本章ではこれ以降、教授学習基準に関する課題に引き続き、現在開発されている基準に関して生じる課題について議論を進めたい。

3　現在の開発状況

3-1　教授学習に関する学術基準（LTAS）プロジェクト

　国際的に、多くの国では教授学習の基準を設定する試みが続けられており、それには学問領域ごとに期待される学習成果を明示したリストが含まれてい

る。この試みには、ヨーロッパだけでなく、ラテン・アメリカ、米国や日本が参加しているチューニング・プロセス、および英国における分野別評価基準書 (SBS) が含まれる。オーストラリアもまた、オーストラリア学習教授審議会 (ALTC) による LTAS 計画を通じて、期待される学習成果を専門領域ごとに明示したリストを開発している。2011年2月には、8つの広範な学術分野と関連づけられた計画のうち、少なくとも7つの学術領域で草案が作成されるみこみである (ALTC, 2011)。完成している学問領域は、芸術・社会科学・人文学、経営管理・経済学、クリエーティブ・パフォーミング・アーツ、工学と ICT、保健・医学・獣医科学、および法学である。建築・建築工学と科学の基準が 2011年6月に完成予定である。オーストラリア資格枠組みは学問領域特有の文書を作成するに当たっての立脚点として使用される。

3-2 AHELO と CLA

AHELO の汎用的技能の要素 (strand) では批判的思考力、分析的推論、問題解決力、および文書コミュニケーション力が測定されている (OECD, 2011)。この研究には、米国で開発された大学学習評価 (CLA) が適用されている。これは学生がどの程度改善し、「その改善が他の機関の比較可能な学生と同様であるか否か」(p.2) について大学に情報を提供するものである。汎用的技能が異なる機関、言語、文化の間で測定可能な程度について確定させるために、現在国際的な実行可能性調査が実施されている。

オーストラリアの連邦政府は CLA が学生の到達度の目標を設定するにあたっての基礎となると発表している (DEEWR, 2011)。CLA は「複雑な理念を統合し、主張と証拠とを検証し、適切な理由と事例で理念を支持し、首尾一貫した議論を維持し、標準的な英語を用いて文章を書くという学生の能力」(CLA, 2008) を評価している。

3-3 オーストラリア高等教育卒業文書 (AGHES)

AGHES はこれまでに授与された特定の資格の情報の正確性を担保する、授与面に特化した文書である。AGHES には以下の項目の水準に関する情報

が含まれている。
- AQF（オーストラリア資格枠組）や全豪的な質保証の過程に関するものを含む高等教育システム
- 発行した機関名
- 特別な賞の授受
- 成績評価ないし使用された試験の情報を含めた卒業生個々の到達度

オーストラリアのほとんどの大学といくつかの民間高等教育機関は AGHES を発行している。

3-4 大学経験調査

教育・雇用・職場関係省（DEEWR）は特定の補助金配分を目的として大学経験調査（UES）の開発を進めている。この調査は初年次段階の学生の経験の質の指標として利用される見込みである。UES の開発は初期段階であり、2012 年の導入が見込まれている。

3-5 マイユニ・ウェブサイト

2010 年 3 月に連邦政府は 2012 年よりマイユニバーシティと呼ばれるウェブサイトを公開すると発表した。このサイトの目的は、進学希望者に情報をより簡便に提供することにある。大学の学習成果や教育の質は一般的な地域社会でも有益な情報であり、したがって社会全体に対して比較可能な情報公開が促進されるであろう。ただしどのような情報を掲載するかについてはまだ検討中である。このサイトは情報の透明性を高め、学生や保護者が大学を選択するに当たって基礎となるように支援する試みである。TEQSA がウェブサイトの情報を検証する予定である。

4　オーストラリアにおいて教授学習基準を開発するための課題

高等教育機関がその学位の基準について説明し維持する際に、全豪教育学習基準が活用される。基準を維持する中心には、学生の到達度水準を段階別

に評価することが位置付けられる。こうした評価はおそらく機関の教授学習基準を比較するために利用されることになろう。全国的な教授学習基準を開発することで講座や機関に対して外部の基準に基づいたベンチマークが提供されることになり、そして国際市場における競争がさらに強まる中でオーストラリアの高等教育全体が国際的な基準に基づいてベンチマークされることになるだろう。しかしながら、教授学習基準を繋ぐ方向にオーストラリアが進むにつれて、いくつかの課題が生じている。それには、基準の定義、多様性の測定、明確な評価実践の開発、閾値の明確化、および教授学習基準の分析単位に関するものが含まれる。

4-1 基準の定義

基準という語彙については、明確さが欠けており意味の共有がなされていない。定義するのが困難であり、高等教育内では多様な形で用いられている。基準とは一般的には、3つの類型にほぼ整理されている。

・入学時の基準。入学要件、英語力の必要要件、および入学過程を通じて守られるべき基準。
・教育の基準。カリキュラム設計、学術面での支援、教育の質測定の尺度。
・達成度基準の段階。卒業時に必要となる。

教授学習基準に対する注目のほとんどは、到達度の基準の段階に向けられている。講座の設計という観点からは、その講座を巡る全体的な学習目標、および学生の知識と技能を開発する教授法と評価課題とを整理して示す必要がある。また、卒業生が必要とされる到達水準に達していることを大学が保証するために、内的な説明責任について議論しておく必要がある。この意味で、基準は単に説明責任のアウトプットモデルであるだけでなく、教育、学習および評価を通じてのプロセスをも考慮する必要がある。

4-2 多様性の測定

基準を巡る議論は、高等教育部門内で別の変化が生じるに当たっても生じてきている。こうした変化には、参加の拡大、社会的包摂、および教育課程の多様化が含まれている。James（2010）が議論したように、比較可能性を目的とする基準と多様性とは対立しがちである。彼は、「望まれない均質化なくして、便利な基準が存在しうるのか？」と問うている。この問題に取り組むのに有効な方法として、基準について多様なアプローチを利用することで複雑性を構築するという方策が考えられる。

CLA のようなテストを使用する際に考慮すべき限界もある。例えば、CLA は文書コミュニケーションを評価するが、読む、書く、聞く、話すという四技能は統一的に発達していないことを明らかにした研究がある (Arkoudis et al., 2009)。ある学生は書く能力は非常に高いものを示しつつ、英語で話す能力は貧弱であると示すかもしれない。したがって、書く能力が卓越しているからといって、それを ELP の 4 つの領域全体の基準の代替として使用することはできない。さらに、卒業生を雇用するに当たり、効果的に話すコミュニケーション力が重視されると雇用者が示唆している（AEI, 2010）。能力の達成目標を設定するという政府の目標にこうしたテストは役立つかもしれないが、卒業生の ELP 基準を示すものとして利用することはできないのである。

CLA のようなテストは、卒業時の能力や職業技能を統合し、通常学士課程段階における大学の講座における最終学年に置かれるキャップストーン科目や経験といった質的評価の過程において、より有益なものとなるであろう。キャップストーンの経験は外部テストを活用する際の選択肢を提供し、学位の終わりに統合された ELP と学術的な評価とを適用している。キャップストーンの経験や学習は、最高水準の理論的アプローチと学部の最終学年において適用される労働実践の経験の両方を提供する。こうした経験や学習は、卒業生が卒業研究や雇用のために知識や技能を高められるようにしつつ、一方では講座の目的に見合った学習成果の評価も確保するものとなる。結果や機関間でのベンチマークの信頼性を確保するために行われる研究領域間での調整が、基準を評価するための一貫性を確保するために利用されることにな

4-3 頑強な評価実践の開発

　基準に関する議論に含められているのが評価の質の問題である。達成基準が教職員にとって重要である一方、その評価実践については見えない問題になりがちであり、結果的に評価や段階付けに対する透明性が失われる結果となっている。評価が高等教育において学生の学習に影響を及ぼしていることは研究が明確に示唆している（例えば、Crandock & Mathias, 2009; Joughin, 2008）。学術的な基準が基本的に達成度の段階として定義されるのであれば、個人や集団の達成度を評価し、段階づけ、報告するという質やプロセスの頑強性が優先される。

　Baird は、「オーストラリア連邦政府の望みは学生の学習成果に関して、より強い説明責任を遂行することである」と議論している一方で、大学にその卒業生の基準について責任を求めることは依然として逃げ腰のままであることも認めている（Baird, 2010）。上述のように、その理由は多様な専門領域での学習を通じて、機関ごとの実践や学生の学習成果の複雑性と多様性を捉えることが非常に難しいためである。単純で測定可能な成果、ないし標準化された結果によってこの複雑性を減少させてはならない。加えて、学術的な基準はわかりにくく明確に表すことが困難である。学習成果の評価に関する学術的文化内には隠れた理解が存在することが多いが、ある基準の枠組みにおいては、評価実践においてこうした隠れた理解をより目に見えるものにしていくことが求められる。学術的基準に関して一層の透明性を受け入れることを学術的文化が求められているということである。すなわち、頑強な評価や機械的な成績評価によって支えられるような学術的な基準を設定することが求められており、学術的基準の規則的な側面と同様に公的な透明性を考慮することが求められているということである（James, 2010）。

　あるいはまた、業績の管理と検証を通じて個々人の学術的な説明責任要請が高まっている。説明責任の測定のために彼らの教育や研究の時間が奪われ

ることによって、教職員の間ですでに広まっている管理されすぎているという認識が強まることになろう (Coates et al., 2009)。説明責任や管理的業務を増加させる業務すべてに対して教職員が抵抗するかもしれない。

関連する課題として海外キャンパスにおける評価実践が挙げられる。CarrollとWoodhouse (2006, p.73) は、「海外で教育課程を提供しているオーストラリアの高等教育機関にとって、その課程が本国で提供している類似のものと『同等』ないし『ほぼ同等』であることが必要である」と述べている。これを達成しうる方法について、「同等の学習環境」ないし「同じ学習成果」であることを意味しているという観点から、高等教育内で大いに議論されてきていることが知られている。このことは、達成度の水準を確認するに当たり、本国内と海外の教職員が評価基準について同様の理解を持っていることが必要であるとされることで、さらに複雑になる。このことは研究では必ずしも正しくないことが明らかにされており (Dobos, 2011)、大学は海外の講座について内的な説明責任の過程を明確に開発することが必要となるであろう。

4-4 閾値の明確化

教育と学習の水準については、到達度の段階は学問分野や研究領域に応じて開発されるべきであるが、大学に多数の教育課程が設置されている場合にはこのことに関していくつか問題が生じる。TEQSAは閾値の基準に関心を持っているが、透明性の観点からいえば、おそらく大学は最低限の水準を設定するのではなく、到達度の水準の開発を考慮する必要があるだろう。James (2010) が述べているように、公共への透明性が課題のひとつになっている場合には、閾値は狭く限定的なものになる。大学が学生の選択に対して情報を提供し、地域社会からの要請に応答しようとするのであれば、卒業生の達成度の水準について情報を提供しなければならないだろう。

4-5 教育と学習の基準の分析単位

どのような分析単位が教育と学習の水準に必要であるのかについては、現時点までの議論では明らかになっていない。TEQSAはそのリスク分析モデ

ルにおいて、機関、講座、および特定の学生層を含めさまざまな段階で生じるリスクそれぞれについて対応する計画を立てていることを示している。これによって複雑さがさらに重層化するであろう。というのも機関や講座、あるいは個々の卒業生について測定し報告しなければならなくなると、そのための基準がさらに多様化せざるを得ないからである。LTAS 計画を通じて、作業のほとんどは分析単位として講座に焦点を当てており、機関や個々の学生の測定と報告のためにこれまでの成果を利用できるかどうかははっきりしていない。

おわりに

本章では大学と社会の間で説明責任と透明性を高めるための基準の枠組み設計に向かっているオーストラリアの高等教育機関における現在の発展状況を紹介した。現在基準が開発されつつある一方で、基準を明示することでどの程度透明性が増加しオーストラリア社会や国際社会がオーストラリアの大学の質を再評価できるのかについては、現段階では明確ではない。明確なのは、連邦政府による参加計画、カリキュラムの多様化、提供方式の可能性、および新たな高等教育機関などが増加していることにより、高等教育部門内での複雑さが増すことに応じて、基準について見える形で検討することがオーストラリアの高等教育の質を保証するために必要であるということなのである。

参考文献

ALTC (2011) Learning and Teaching Academic Standards. Retrieved 12 January 2011 at http://www.altc.edu.au/standards.

Arkoudis, S., Hawthorne, L ., Baik, C., O'Loughlin, K., Hawthorne, G., Leach, D., et al. (2009) *The Impact of English Language Proficiency and Workplace Readiness on the Employment Outcomes of Tertiary International Students*, Canberra: DEEWR.

Australian Education International (2010) International graduate outcomes and employer perceptions. Retrieved 12 January 2011 at http://aei.gov.au/AEI/PublicationsAndResearch/Publications/2010_International_Graduate_Outcomes_pdf.pdf.

Australian Qualifications Framework (2011) Retrieved 12 February 2011 at http://www.aqf.edu.au/.

Baik, C. (2010) *Assessing linguistically diverse students in higher education: A study of academics' beliefs*

and practices, Unpublished Doctor of Education dissertation, The University of Melbourne.
Baird, J. (2010) Accountability in Australia, In B. Stensaker & L. Harvey (Eds.), *Accountability in higher education: Global perspectives on trust and power*, Hoboken: Routledge, pp.25-48.
Birrell, B. (2006) Implications of low English standards among overseas students in Australian universities, *People and Place*, 14(4), pp.53-65.
Bradley, D., Noonan, P., Nugent, H., & Scales, B. (2008) *Review of Australian Higher Education: Final Report*, Canberra: DEEWR.
Bretag, T. (2007) The emperor's new clothes: Yes there is a link between English language competence and academic standards, *People and Place*, 15(1), pp.13-21.
Coates, H., Dobson, I., Edwards, D., Friedman, T., Goedegebuure, L., & Meek, L. (2009) *Changing academic profession: The attractiveness of the Australian academic profession: A comparative analysis, Research briefing*, Melbourne: Australian Council for Educational Research, LH Martin Institute for Higher Education Leadership and Management, Educational Policy Institute.
Collegiate Learning Assessment (2008) CLA Frequently Asked Technical Questions 2007-2008. Retrieved 10 January 2011 at http://www.cae.org/content/pdf/CLA_Technical_FAQs.pdf.
Crandock, D. & Mathias, H. (2009) Assessment options in higher education, *Assessment and Evaluation in Higher Education*, 34(4), pp.127-140.
Department of Education Employment and Workplace Relations (2011) Compacts and Performance Funding Frequently Asked Questions. Retrieved 10 January 2011 at http://www.deewr.gov.au/HigherEducation/Policy/Pages/FAQs.aspx.
Dobos, K. (2011) "Serving two masters" - academic's perspectives on working at an offshore campus in Malaysia, *Educational Review*, 63(1), pp.19-35.
Graduate Careers Australia (2008) *University and Beyond*, Melbourne: Graduate Careers Australia.
James, R. (2010) The academic perspective on academic standards: The challenges in making the implicit explicit, Presentation to AUQA Auditors meeting. Retrieved 11 November 2010 at http://www.cshe.unimelb.edu.au/pdfs/AUQA_auditors_pres_30062010.pdf.
Joughin, G. (Ed.) (2008) *Assessment, Learning and Judgement in Higher Education*, Dorcrecht: London: Springer.
OECD (2011) AHELO generic skills strand. Retrieved 10 January 2011 at http://www.oecd.org/…/0,3343,en_2649_35961291_41065593_1_1_1_1,00.html.
TEQSA (2010) Sector Update. Retrieved 11 January 2011 at http://www.deewr.gov.au/HigherEducation/Policy/teqsa/Pages/SectorUpdate.aspx.

第4章　大学の質保証と大学ランキング

小林雅之（東京大学）

1　本章の課題

　本章では、大学の質保証と大学ランキングという2つの関連するトピックを検討する。大学の質保証や質の向上に大学評価が極めて重要であることに異論はないであろう。大学ランキングは新しいタイプの大学評価と見ることができる。それゆえ、よい大学ランキングは大学の特質を明らかにすることによって、大学の質を保証あるいは向上させることができると考えることもできよう。このような主張に対して、大学ランキングの信頼性や妥当性に対する批判も数多く見られ、その存在自体に懐疑的な見方も少なくない。とはいえ、大学ランキングは受験生や保護者ばかりでなく、大学や研究者の行動にも大きな影響を与えており、単に無視すれば済むという問題ではない。むしろ、大学ランキングと質保証の関連をきちんと検証すべきであろう。本章では、こうした視点から、次の3つの課題をとりあげる。

(1) 事前コントロールから事後チェックへという大学の質保証枠組みの移行
(2) 制度型と市場型の2つのタイプの大学評価
　　2つのタイプの大学評価の背景、大学や研究者との関連
　　市場型評価とりわけ大学ランキングに対する批判
(3) 2つの大学ランキング、制度型大学ランキングと市場型大学ランキングの比較

2　大学の質保証と大学評価

　大学の質保証の方法には、主として政府や政府機関による公的コントロールと成果の評価に基づくコントロールの2つがある。大学の設置認可によるコントロールは前者の典型であり、評価に基づく大学の質保証あるいは質の向上は後者の典型である。後者については、後に見るように、政府あるいは政府機関によるものも民間によるものもある。

　わが国では、従来、大学の設置認可が質保証の機能を果たしてきたため、質保証について、議論されることが少なかった。戦後の日本の大学は多くの点でアメリカ型に改革されたが、戦前からの多くの遺産も継承しており、1991年の大学設置基準の大綱化までは設置認可制度によって質は保証されたと想定されてきたといえよう。

　こうした設置認可型の質の公的コントロールから評価に基づく質保証への移行は、国際的な傾向であり、わが国でも1991年の大学設置基準の大綱化以降、大学の質の公的コントロールは大幅に緩和され、それと並行して大学評価の重要性が、ますます高まり、大学の自己点検・評価制度が導入された。それ以降、大学評価に多くの関係者の努力が注ぎ込まれ、多くの大学で自己点検・評価報告書が刊行された。

　さらに、2004年に認証評価制度が導入され、大学評価は新たな段階を迎えた。従来の事前コントロールから事後チェックへの移行である。また、国立大学は同じ2004年度に法人化され、中期計画・中期目標を国立大学法人評価委員会で評価されることとなった。これも事前コントロールから事後チェックへの移行の一環である。しかし、「評価疲れ」といわれるように、これまでの大学評価に対する多大な努力の割には、大学改革に大学評価が有効であるか、疑問視する議論も少なくない。

　高等教育システムおよび大学と政府の関係は、各国の文化・社会・政治・経済に根ざしている。大学評価の場合も当然高等教育と同様、こうした各国の背景の相違があることを十分に留意する必要がある。例えば、アメリカの大学評価は、多様性・市場競争・ダイナミズムといったアメリカ高等教育の特質のうえに成立、発展している。特に大学間の競争を促す評価による質保

証がなされてきた。そのため、ただ単にアメリカのアクレディテーション制度をわが国に導入しても、わが国では十分に機能するとは限らない。戦後アメリカのアクレディテーションにほぼ近いものとして導入された大学設置基準と大学基準協会による大学評価が、設置認可を大学の質保証とする日本の高等教育システムでは、質保証として十分機能してこなかったのはそのためである（喜多村，1993）。

しかし、先に触れたように、1991年の大学設置基準の大綱化以降、規制緩和と市場化が進行し、市場の入り口コントロールから出口での成果の評価へと質保証のスキームは変化した。このため、大学の質保証に大学評価は重要な役割を担うことになった。ことに国立大学では、大学評価の成果を中期計画・中期目標と関連づけることによって、評価を資源配分と結びつけることとなった。2015年6月の文部科学省「第3期中期目標期間における国立大学法人運営費交付金の在り方について」では、平成28年度より国立大学運営費交付金の一部を、3つの重点支援（地域貢献、特定分野、世界で卓越）に分けて配分することとし、各大学がこの重点支援のいずれかを選択し、大学独自の配分基準を含めて、それぞれの重点支援で設定された配分基準により配分することとされた。こうした配分基準の変更が大学の質保証と向上にどのような結果をもたらすかについては、今後の推移を検証する必要がある。

こうした大学評価の質保証の効果に対する疑問とは裏腹に、大学ランキングをはじめとする民間企業による多くの大学情報が社会に流布している。それはいわば大学情報に対する需要に根ざした、新しいタイプの大学評価の一形態と見ることができる。ここでは、こうした大学評価を「市場型大学評価」と規定する[1]。これに対して、公的機関を中心とした既存の大学評価を制度型大学評価と規定し[2]、両者を比較して分析を行う。市場型評価について、とりわけ大学ランキングについて、国外では実証的な研究が多くなされているけれども[3]、実証的、体系的な研究は、筆者らの研究を除くとわが国ではほとんどなされていないといっても過言ではない[4]。

大学ランキングを中心とする市場型大学評価は、大学の質保証のための制度型大学評価とは、まったく異なる文脈から発展してきた。大学ランキングは1980年代のアメリカで急速に発展し、その後世界各国にも波及し、さま

ざまな大学ランキングがなされている。また、一国の大学ランキングだけでなく、国際的な大学ランキングや、さらに世界大学ランキングまで登場した。こうした大学ランキングについては、さまざまな批判がなされてきたが、その大学や社会に対する影響はますます増大している。なぜ批判されながら大学ランキングとりわけ世界大学ランキングは隆盛を極めているのか。本章ではこうした大学ランキング、とりわけ世界大学ランキングの隆盛の背景を検討する。そのうえで、大学ランキングの問題点を批判的に検証する。具体的には次の3つの課題を設定する。

(1) 市場型大学評価と制度型大学評価のそれぞれの特性と問題点を明らかにする。
(2) 市場型および制度型大学評価を比較することによって、両評価の共通性と問題点および課題を明らかにする。
(3) 市場型大学評価としての大学ランキングが隆盛している社会経済的背景と社会的機能を比較によって分析することによって、市場型大学評価の問題点を明らかにし、制度型評価の向上に資する。

　大学ランキングは一般的には、市場型大学評価の典型である。しかし大学ランキングの中でも上海交通大学の世界大学学術ランキング（以下上海交通大学ランキングと略記）は、営利目的ではなく制度型大学評価と見ることができる。このため、本章では制度型の大学評価である上海交通大学ランキングと、代表的な市場型大学評価であるタイムズ高等教育版の世界大学ランキング（以下、タイムズ・ランキングと略記）を比較して、共通点と相違点を明らかにする。

3　市場型と制度型大学評価

　既存の大学評価はその主体と目的によって大きく制度型と市場型の2つのタイプに分けることができよう[5]。
　制度型大学評価は、なんらかの公的機関が行う大学評価である。わが国で

も、制度型大学評価は、先に触れたように、2004年度から認証評価機関による第三者評価の義務化されたことにより重要な意義を持つこととなった。制度型大学評価には、日本の大学評価・学位授与機構（平成28年度より大学改革支援・学位授与機構）、大学基準協会、アメリカのアクレディテーション団体や専門職団体による大学評価や専門プログラム評価、イギリスの質保証機関（Quality Assurance Agency, QAA）や高等教育財政審議会（Higher Education Funding Council for England, HEFCE）の研究評価（Research Excellence Framework, REF）、フランスの大学評価委員会などによるものなどがある。これらについても、教育研究の質の向上をめざすことを目的とするもの、資源配分の基礎資料として活用することを目的とするものなど、目的、実施形態、評価内容もさまざまであり、比較検討することが必要である。

　アメリカ合衆国では大学基準協会によるアクレディテーション（accreditation）が古くから発達していた。アメリカでアクレディテーションという独自の制度型大学評価が発展した最大の理由は、アメリカの高等教育機関が政府からの干渉を嫌い、独自に質を保証しようとしたことによる。先にも触れたが、このようにアクレディテーションはアメリカの文化と伝統に根ざしている。

　他方、ヨーロッパ各国の制度型大学評価は1980年代に入ってから急速に発展してきた。ヨーロッパ各国では、独自の形態をとるイギリスを除いて、大学の多くは国立ないし公立大学であり、質の保証は政府の設置認可によって行われてきた。これを国家施設型大学と呼ぶことができる（金子，2003）。ドイツに典型的に見られるように、大学の質は比較的同等の水準であり、このため、質の保証としての大学評価はそれほど必要とされなかったと考えられる。しかし、これらの国でも制度型の大学評価システムが導入されている。近年の各国の制度型大学評価は大学自身による大学改革や資源配分のために政府あるいは政府機関または第三者機関が大学を評価するものである。

3-1 制度型評価の特徴

　制度型評価の特徴は、第一に、評価そのものが目的ではなく、大学の研究

や教育などの活動の改善、さらには大学の質保証と向上のためになされる評価であるという点にある。

　第二に、制度型評価は、先の国立大学法人の場合のように資源配分と関連づけられる場合がある。アメリカやイギリスの大学でも成果指標（パフォーマンス・インディケータ）による資源配分が一部で行われている。この点に関しては、賛否の両論があることも大きな特徴となっている。

　第三に、市場型評価と比較して、営利目的ではないことが大きな特徴である。

　第四に、評価の主体は、大学自身や第三者機関である。ここで第三者とは、大学と政府に対するという意味で営利目的の民間機関は含まれない。いずれにせよ、公的性格を持つ機関ということができる。

3-2 市場型評価の特徴

　市場型大学評価とは、商品としての大学評価を目的とするものであり、受験雑誌あるいは予備校など民間企業による大学情報の提供とは異なる、新しい大学情報の提供形態であり、その代表的なものが、さまざまな民間企業による大学評価とりわけ大学ランキングである。中でも、アメリカのUSニューズ・アンド・ワールド・レポート誌のランキング（「アメリカのベスト・カレッジ（America's Best Colleges）」、以下、USニューズ・ランキングと略記する）は、アメリカ高等教育界に重要な影響を与えており、その功罪が広範に論議されている。

　わが国では、1991年の大学設置基準の大綱化に伴って、大学自己点検・評価が義務化されてから大学ランキングは急速に普及し始めた。朝日新聞社「大学ランキング」はその代表的なものである。しかし、市場型大学評価は、たんに国内だけの現象だけではない。グローバル化に伴い、今後留学生や研究者による国際交流がますます盛んになる。しかし、明確な大学評価が存在しないために、大学ランキングに象徴される市場型大学評価は、評価情報として有用であり、ますます利用されていく。こうした需要に対応して現われたのが世界大学ランキングであり、これらに対する実証的な分析と批判的検討が必要である。

　市場型評価には次のような特徴がある（間渕・小林・大多和, 2002）。

第一に、民間情報誌など複数の評価主体による評価であることである。こうした複数の評価主体によって市場価値のある情報が提供され、競合する評価が市場によって商品として売買され、評価の評価は市場に委ねられる。この点で、商品としての売買を主要な目的としない「制度型評価」とは、大きく異なっている。

　第二に、こうした市場型評価は、大学に対する消費者の期待や要求を反映している面もある。多くの評価主体は、大学教育の改善に資することを謳い文句にしている。つまり、こうした市場型評価は、消費者の大学に対する情報の提供という要望に応えるとともに、単なる情報提供や偏差値などによる大学評価を超えた、大学に対する社会の期待や批判を受けとめ、大学への形成的な評価をめざすとしている。その意味で、こうした市場型評価は社会の大学に対する要求を反映しているとともに、大学の改善に寄与しうる積極的な意味を持つ可能性を持っている。

　第三に、市場型評価は必ずしもランキングや順位づけとは限らない。そもそも大学評価そのものは必ずしも順位づけやその前提となる量的尺度による測定ではなく、質的記述的評価もある。しかし、市場型大学評価はランキングである場合が多い。その理由はランキングの方が、数量化によるわかりやすさや、あたかも客観的であるかのように訴えやすいことにより商業的な価値を持つからである。

　制度型大学評価の場合は当然であるが、市場型大学評価の場合でも大学の改善につながれば、形成的評価として意味を持つ。市場型評価は多くの点で、多様であり、多元的で信頼性には疑問がないわけではないが、とりわけ消費者の需要や要求に応じている。さら、大学に対する批判としての意味も強く持っている。

　市場型大学評価および制度型大学評価の社会的機能に関しても、大学に関する情報と評価の提供、教育研究の効率性の追求、資源配分の基礎情報など、さまざまであり、整理と分析が必要とされる。ここでは両者の特徴を対比的に**表 4-1** にまとめた。

　これまで検討してきたように、大学の質保証の方法は、政府あるいは政府

機関による公的コントロールと成果の評価によるコントロールがある。後者には政府あるいは政府機関によるものも民間のものもある。他方、質保証はその時期によって、入り口のコントロールと出口チェックに大別される。図4-1は、大学の質保証のメカニズムを政府か民間かと、入り口規制か出口チェックかの2つの軸でタイプ分けし、それぞれの国の代表的な質保証メカニズムを分類したものである。

表 4-1 制度型評価と市場型大学評価の特徴

	制度型	市場型
評価主体	1つあるいは少数の制度・機関	複数
評価責任	あり	なし
評価基準	明確	不明確
評価軸	非多元的	多元的
評価内容	評価容易なもの 大学システムの入り口と出口	市場価値のあるもの 情報提供
信憑性	あり	乏しい
具体例	アクレディテーション（基準認定） 自己評価 第三者評価	情報誌

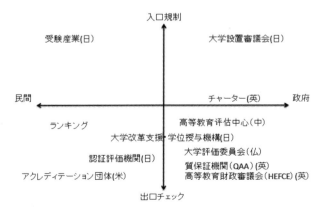

図 4-1 各国の大学の質保証メカニズム

4　市場型大学評価と大学ランキング

4-1 大学評価としての大学ランキング

　アメリカでは、極めて多数の評価主体による多様な評価が行われている。こうした大学評価のうち、とりわけ市場型大学評価の中では US ニューズ・ランキングが最も代表的な大学ランキングで、さまざまな研究と批判の対象となっている。しかし、これ以外にも多数の市場型評価があり、それぞれの市場型大学評価はその目的に応じて、対象大学、調査対象（学生、企業、教員など）、方法（尺度、数量化の基準、ウェイト付け）など、さまざまな面で独自性を主張して実施されている。

　市場型大学評価は必ずしもランキングではない。大学評価は必ずしも順位づけやその前提となる量的尺度による測定ではない。しかし、市場型大学評価はランキングである場合が多い。その理由はランキングの方が商業的な価値を持つことが多いからである。

　また、ひとつの国ではなく複数の国の大学を対象とした国際型の大学ランキングも、Times Higher Education、上海交通大学、Financial Times 誌、Spiegel 誌、The Gourman Report など多彩に展開されている。しかし、こうした国際間の大学比較が可能かどうかについて最も批判が集中しているのもこのジャンルのランキングである。これについては、後に検討する。

　日本における市場型大学評価にもさまざまなタイプが見られ、他の諸国の大学ランキングと同じ共通の問題点が見られる。この問題点の検証については金子編（2003）、間渕・小林・大多和（2002）、小林・曹・施（2007）を参照されたい。

4-2 大学ランキングの隆盛の背景

　しかし、こうした批判にもかかわらず大学ランキングが盛んになる社会的な背景としては、大学情報に対する需要の高まりがある。大学の中身はわかりにくい。受験生や保護者にとって、高額な商品である大学教育を判断する基準のひとつは、偏差値と並んで価格つまり授業料である。高額な授業料は、高い教

育の質を表しているとみなすことができる。つまり、大学教育はブランド品なのである。しかし、授業料だけでは、大学教育の質を表すにはいかにも不十分である。そこで登場してきたのが大学ランキングということができる。

　大学ランキングと従来の単なる大学情報との違いは、大学ランキングは評価を含んだ情報であることである。受験生や保護者から大学の質の評価が求められるようになり、大学ランキングは数字や順位でわかりやすい評価を含んでいるため、こうした需要に応えるものであった。受験生や保護者にとっては、大学ランキングによって、大学情報や評価がわかりやすく明確な数値で、しかも極めて安価に手に入る。いまや大学は人生で持ち家に次ぐ第二の高額な投資となっている。その極めて重い選択に重要な情報がわずかの金額で入手できる。大学ランキングをそのまま鵜呑みにするわけではないけれども、参考資料のひとつにはなる。受験しようとする大学が大学全体の中で、どの程度の位置を占めているかは大雑把に把握できるからである。

　こうして受験生や保護者にとって、大学ランキングは大学選択の際のひとつの参考にすぎないけれども、大学ランキングの販売者にとっては、毎年必ず多数の受験生や保護者が大学ランキング誌を購入するということが商業的には重要で、売れることが確実なのである。実際、多くの大学ランキングは、単なる大学情報の提供ではなく、大学を評価することによって、受験生、教育関係者などに有益な情報を提供することを標榜している。

　こうした大学ランキングの隆盛の背景には、さらに高等教育の市場化、大学評価、質保証、アカウンタビリティ、透明性の確保といった大学に対する社会の要請という各国共通の要因がある。大学ランキングも、こうした大学評価のひとつとして発展してきたと見ることができる。

　大学ランキングを支えるもうひとつの大きな要因は、大学自身である。大学はしばしば、ランキングを自分の大学の宣伝に利用している。全米トップクラスのある大学は、ニューズウィーク誌の大学ランキングでライバル校より順位が高くなった。アメリカで最も知名度があり、受験生や大学に大きな影響力を持つUSニューズ・ランキングではいつもこのライバル校より下位であった。この大学の学長は、上位になったことを喧伝する大量のメールを

関係者に送付した。

　このように、どの大学でもランキングを大学の広告に使うことは珍しくない。大学のホームページなどに、順位を掲げている大学も多い。こうした大学の行動が結果として、大学ランキングの社会的威信を高めている。大学ランキングで何位と大学が宣伝することは、その大学が、その大学ランキングに信頼をおいていることを暗黙に示しているからである。

　特に、アメリカでは、USニューズ・ランキングが大学関係者に大きな影響を与えている。このランキングについても、指標の設定、例えば、教員1人当たり学生数を教育の質の指標に使うことに批判があった。この批判をうけ、同ランキングでは、少人数クラスの割合という新しい指標を採用した。こうして不断の改良がなされ、指標は精緻化され、ますます科学的な装いをもってきている。しかし、こうした指標の変更は、大学ランキングが売れるためのしかけでもある。もし指標が変わらなければ、大学自身が変化する以外にランクは変わらないことになる。それでは、順位はあまり変わらず、大学ランキングは売れない。適当に変動することで、順位が変わることで売れる仕掛けを作っている。それに合わせて大学関係者もランクを上げようと努力する。こうしてランキングをめぐる狂躁が起きている。特に、受験生や保護者に対する影響だけでなく、先に触れたように、大学自身もランキングの評価によって、経営行動を左右されるケースが多々見られる。これを批判する大学や研究者も、ランキングを大学の宣伝や研究データとして用いることから、ランキングの大学評価としての権威はますます高まっている。

5　制度型と市場型大学ランキングの比較

5-1　大学総合ランキングの特徴

　そもそもランキングとはAランク、Bランクなどとランクを付けることを意味する。五つ星ホテルなどのランクが典型である。大学ランキングでも、こうしたランク付け型のものもあるが、現在の大学ランキングは、リーグ・テーブルと呼ばれる順位付けをしたものが多い。これは、大相撲の番付やプ

ロ野球の星取り表のようなものである。

　それではなぜ順位付けをするのであろうか。ひとつにはわかりやすさがある。Aランク、Bランクでは、同じランクの中の大学の順位はわからない。もうひとつには順位付けするためには、まったく主観的に行うこともできるが（例　私の好きなレストラン　ベストテン）、それでは信頼性が高くない。何らかの客観的な指標（ものさし）が必要で、とりわけ数値を用いると科学的な根拠があるように見え信頼性が高まる。数字の魔術とでも呼べるものである。しかし、本来、ランク付けにはこうした指標や数字は必ずしも必要ではない。

　大学情報誌などで大学ランキング（ランク付け）に類するものは古くから行われていた。これに対して、リーグ・テーブル方式の大学ランキングは1980年代のアメリカで急速に発展し、その後日本を含め、世界各国でも普及している。ビジネススクール・ランキングなど専門分野を対象にした大学ランキングもあるが、特に、ここでは大学全体を対象としたランキングを大学総合ランキングと呼び、以下では大学総合ランキングのみ検討したい。

　大学総合ランキングは、いくつかの指標、例えば、教員1人当たり論文数、外国人学生比率、ピア・レビュー（専門家による大学評価）など、それぞれ点数化し、その合計で総合得点を出し、これによって順位をつけるというものである。指標にはウェイトがつけられる場合も多い。例えば、ピア・レビュー（評判reputationとも呼ぶ）が400点満点で、外国人学生比率が100点満点なら、ピア・レビューは外国人学生比率の4倍のウェイトがかけられていることになる。

　このように大学総合ランキングでは、指標として何を選ぶか、そのウェイト付けをどうするかが、総合得点すなわち順位に決定的な影響を持つ。しかし、その指標は、当然のことながら、数値化されたものに限られる。教育の質や大学の社会的な貢献など数値化しにくいものは指標として取り上げられない。また、ウェイトについても恣意性は否定できない。

　市場型大学評価とりわけ大学ランキングは商品であり、売れなければならない。売れるためには、いくつかの仕掛けが必要である。ひとつの仕掛けは、一方で安定性を保ちながら、他方で毎年幾らかの順位の変動があることである。ある程度の変動が必要なことについては、先にUSニュース・ランキン

グの例で説明したとおりである。これに対して、安定性は大学ランキングの信頼を得るために必要である。どのような大学ランキングでも上位の有名大学のランキングはそれほど変動しない。ハーバード大学は常にトップテンに入っている。これが10位以下では、その大学ランキングの信頼性が疑われるであろう。これに対して制度型大学評価や大学ランキングは、売ることが目的ではないため、大学自体の変化による以外には得点や順位の変動はあまりないと考えることができる。これについて、次に具体的な大学ランキングの順位を用いて検証する。

ここでは2つの世界大学ランキングの順位の変動について検証する。市場型大学ランキングでは、毎年売れるために順位がある程度変化しなければならない。他方、先に述べたようにある程度の順位の安定性も必要である。これに対して制度型大学ランキングでは売れる必要はないので、順位の変動はあまりないと考えることができる。大学の特性の変化のみが得点の変化をもたらすと考えられるが、大学の特性が毎年変動するとは考えにくいためである。このため、市場型大学ランキングの順位の変動は激しく、制度型大学ランキングの順位は安定しているという仮説を立てることができる。ここでは、市場型大学ランキングとしてタイムズ・ランキング、制度型大学ランキングとして上海交通大学ランキングのデータを用いてこの仮説を検証する。

図4-2は、タイムズ・ランキングの上位100校の順位の変化を示したものである。この図では縦軸は順位を示しているので、図の下の方ほど順位が高いということに注意していただきたい。仮説のとおり、大きな順位の変動が見られる。とりわけ下位の大学すなわち図の上の大学ほど順位が大きく変動している。しかし、図の下の上位の大学の順位はあまり変動していない。上位の大学の順位の安定性を示している。これは仮説通りの結果である。実際、下位では、62位から143位まで1年で下がった大学も見られるが、上位20位まではあまり変化していない。

図4-3は、制度型大学評価としての上海交通大学ランキングの順位の変動を示している。タイムズ・ランキングの順位の変動と同じパターンが見られる。すなわち下位の大学の順位は変動が大きく、上位の大学の順位はあま

り変化していない。とりわけ40位以上の大学の順位は極めて安定している。しかし、下位の大学が大きく変動していることは仮説とはまったく異なる結果である。

上位の大学の安定性は、先に述べたランキングの信頼性のためということで説明できるかもしれない。市場型だけでなく制度型大学評価でも信頼性を

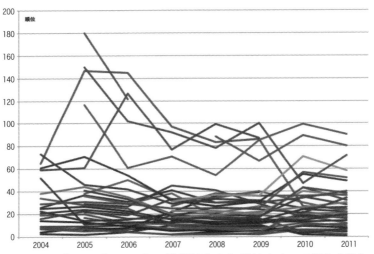

図4-2　タイムズ・ランキング2004年から2011年までの順位の変化

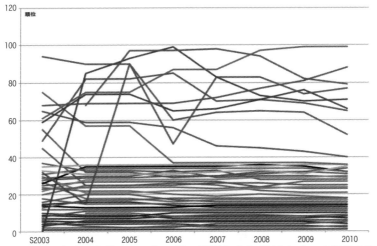

図4-3　上海交通大学のランキングの2005年から2010年までの順位の変化

得るためには安定性は重要な要件だからである。

　このように市場型であれ制度型であれ大学ランキングは上位の安定性と下位の順位の変動の激しさという共通の特徴を持つことが明らかにされた。下位の大学の順位の変動の激しさの理由として、実際に大学が変化しているということも考えられなくはない。大学がランクを上げようとして競争していることは先に触れたとおりである。しかし、両ランキングとも下位の大学の順位の変動は激しく、1年でこれだけ順位が変化するのは、他に原因があると考えられる。

　この上位の安定と下位の変動という大学ランキングの特徴は、ランキングの方法そのものにも大きな原因があると考えられる。タイムズ・ランキングでも上海交通大学ランキングでも、個々の指標を合計した総合得点から順位が決定される。総合得点ではわずかな差でも、順位を付けることで大きく開きが生まれる。図4-4は、タイムズ・ランキングの2010年の上位165校の得点分布である。図のように、ランキングの分布は下位になるほど多くの大学が含まれるという特異な分布である。このため、同じ得点差でも上位と下位では順位の変動はまったく異なる。この場合では、総合得点が5点下がると、1位は8位になるが、25位は36位になり、72位では102位と30もランクが下がる。このことは上位は比較的安定しているが、下位は順位の

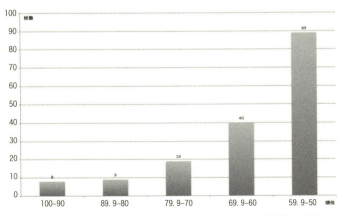

図 4-4　タイムズ・ランキング 2010 年上位 165 校の分布

変動が激しいことを意味する。このためランクは、上位ではあまり変わらないが、下位では激しく変化していることになる。

　大学総合ランキングに対する批判は多いが、ここで検証したような方法そのものの問題点も見られる。さらに、多くの大学ランキングが実施しているピア・レビュー（専門家による評価）の主観性や恣意性などから、そもそもランキングは科学的なものではなく、大学を客観的にランクすることは不可能であるという本質的な批判もある。次にこの問題について検討する。

5-2 高等教育のヒエラルキーと大学総合ランキング

　こうした大学ランキングが人々とりわけ大学関係者や受験生の抱く大学のランクとあまりかけ離れていればランキングに関する信頼性は低下する。それぞれの国の大学ランキングは、高等教育のヒエラルキー構造を反映している。必ずしも明確に示されるわけではないが、どの国でも、高等教育システムはヒエラルキー構造をなしていることは否定しがたい事実である[6]。日本やアメリカでは比較的明らかだし、各大学が同格と考えられているドイツの大学でも強みと弱みはある。アメリカのアイビーリーグやビックテン、イギリスのラッセルグループ、オーストラリアのグループオブエイトなどは、こうしたヒエラルキーの上位グループである。このように、多かれ少なかれ、どの国の高等教育システムも、威信、資産、資金、研究者、学生などの差異によるヒエラルキーをなしている。大学ランキングは、こうした大学ヒエラルキーを反映している面がある。大学ランキングは、一面では、人々が考えている大学ヒエラルキーから著しくかけ離れていない。先にも触れたが、ハーバードはどのランキングでもトップクラスなのである。もしハーバードが100位というような大学ランキングがあったとしたら、人々はその信頼性を疑うだろう。

　人々の考えている主観的大学ランキングはそれほど人によって異なるわけではない。それは、実在する大学ヒエラルキーを何らかの形で認識したものであるからである。この点で大学ランキングが主観的であると批判しても始まらない。むしろ、大学ランキングは、ピア・レビューを取り入れることに

よって、人々の主観的な大学評価とそれほど異ならないようにしている。こうしたピア・レビューを含めた総合順位とピア・レビューを除いた総合順位を比較すると、**図 4-5** のように、とりわけ上位の知名度の高いと思われる大学（ハーバード、MIT、スタンフォードなど）の方がピア・レビューを含まない総合得点がかなり低くなっている。こうしてピアレビューを含むことで、人々の主観的な大学評価とあまり異ならない大学ランキングが形成されている。

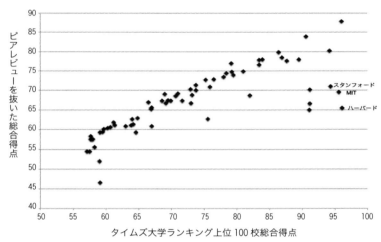

図 4-5　タイムズ・ランキング 2011 年総合得点とピアレビューを除いた総合得点

6　世界大学ランキングと大学ランキングへの向き合い方

　世界規模では、大学の教育・研究のわかりにくさはより大きな問題になる。逆に、大学情報の価値が高まる。留学には高いコストがかかる。それだけ、世界大学ランキングは安価で有益な情報を提供するものになる。

　一国の中では、大学ヒエラルキーは明確だが、国際的には世界の大学ヒエラルキーは、明確ではない。ハーバードとオックスフォードのどちらがヒエラルキーの上になるのか。それを明確な形で示したのが世界大学ランキングである。しかし、それだけに問題も多い。特に、世界大学総合ランキングは、

これまで述べた大学総合ランキングの問題がさらに深刻になる。ひとつだけ例を挙げれば、研究の指標である論文数でも、英語のものしかカウントされない。上海交通大学ランキングは、教育面はまったく考慮されていない。このように世界大学ランキングへの批判はつきない[7]。

しかし、こうした大学ランキングは、先に触れたように、受験生や保護者や大学関係者には大きな影響力を持つに至り、大学にとって無視はできない存在となっている。それでは、大学ランキングにどのように向かい合えばいいのだろうか。

実は、大学総合ランキングの問題点は次第に各所で明らかになってきている。このためタイムズ世界大学ランキングもQSの世界大学ランキングも、分野別ランキングなどを発表し始めた。USニューズ・ランキングも、従来の全米を対象とした大学ランキングを全国大学ランキングと呼び、それ以外にリベラルアーツ・カレッジ・ランキングや地域別大学ランキングなどを公表するようになっている。

こうした状況の中で、ひとつの考え方は、各大学が個性を生かすことである。つまり、大学総合ランキングではなく、どこかで秀でた存在、オンリーワンになるようなランキングをめざすことだろう[8]。順位のわずかな変動に一喜一憂するのはほとんど無意味であることを忘れないことである。

もうひとつは、2004年にユネスコから出された「高等教育機関のランキングに関するベルリン原則」にあるように、できるだけ客観的な大学ランキングに近づくような努力に対して大学も協力することだろう。このためには大学情報の公開が不可欠である。文部科学省が進めている大学ポートレートが、さらなる大学ランキングの隆盛に結びつくのか、それとも受験者や保護者のための有益な情報源となるのか、大学側の出方にかかっているといえよう。

注

1 金子は、「社会の要求を社会が自己完結的に受けとめることによって生じた」評価を「市場型」評価と呼び（金子, 2000:32）、第三者機関評価に当たるものを「エー

ジェンシー型評価」と呼んでいる（同:25）。これに対して、本章では、商品化されるという点を特に重視して、市場型評価と、それ以外の制度型評価に大別する。
2 制度型評価は教育機関や第三者機関が行うという点から見れば、「機関型評価」と呼ぶこともできよう。しかし、市場型評価の場合にも、マスメディアや専門評価機関が行っている点では、機関型評価といえよう。このため、ここでは「制度型評価」と呼ぶことにする。なお、英語では、どちらも institutional evaluation と呼ぶことができよう。
3 数多くのランキングの研究があるが、最近のものとして、Jung Cheol Shin et al. (2011) を挙げておく。
4 金子編 2003、間渕・小林・大多和 2002、小林・曹・施 2007。
5 これ以外にも、大学評価としてさらに古くからあるのは、高等教育研究のための研究者による大学評価である。高等教育システムは威信・富（資産）・資金配分・入学学生・世評などで教育機関の間で差異がある階層構造をなしている。この階層構造を明らかにするための研究も広くは大学評価と呼ぶことができよう。例えば、カーネギー分類によるアメリカの大学分類は、研究機能に着目した、こうした大学評価のひとつの形態であると見ることができる。しかし、本章では、こうした大学評価は直接検討の対象としない。
6 こうした高等教育のヒエラルキー構造の研究に関しては、注5を参照。
7 世界大学ランキングの批判的な検討のとしてはLevin et al.(2006)が挙げられる。
8 そうした多様な大学ランキングの試みとして、小林哲夫（2007）がある。

参考文献

金子元久（2000）「大学評価のポリティカル・エコノミー」『高等教育研究紀要』第3集、21-40頁。
金子元久（2003）「大学の経営形態―日本の特質」『日中高等教育会議報告書』．国立学校財務センター・東京大学大学総合教育研究センター。
金子元久編（2003）『個別大学情報の内容・形態に関する国際比較』東京大学大学総合教育研究センター ものぐらふ2（PDFは www.he.u-tokyo.ac.jp よりダウンロード可能）。
喜多村和之（1993）『新版・大学評価とはなにか』東信堂。
小林哲夫（2007）『ニッポンの大学』講談社現代新書。
小林雅之・曹燕・施佩君（2007）『市場型と制度型大学評価の国際比較研究』東京大学・大学総合教育研究センター ものぐらふ7（PDFは www.he.u-tokyo.ac.jp よりダウンロード可能）。
間渕泰尚・小林雅之・大多和直樹（2002）「市場型大学評価」日本高等教育学会編『高等教育研究』第5集、133-154頁。
Jung Cheol Shin, Robert K. Toutkoushian, and Ulrich Teichler (eds.) (2011) *University Rankings: Theoretical Basis, Methodology and Impact on Global Higher Education*, Springer.
Levin, Henry M., Dong Wook Jeong, and Dongshu Ou (2006) What is a World Class University?. Paper for Presentation at the 2006 Conference of the Comparative and International Education Society.

第 5 章　東ヨーロッパの高等教育における国際競争

ヴァル D. ラスト（カリフォルニア大学ロサンゼルス校）

（翻訳　中世古貴彦　九州大学）

はじめに

　グローバル化が高等教育の焦点となるにつれ、競争は重要な関心事となった。本章では、特に東ヨーロッパに注目しながらいくつかのグローバルな問題について論じる。世界大学ランキングの隆盛と、トップ校の中に位置付けられようとする東ヨーロッパの高等教育機関の誤りについて指摘する。多くの国が、ワールドクラスの大学を少なくとも一校形成するつもりであると言明している。ロシアはいくつかのワールドクラスの大学形成に重点投資する用意があると宣言している。それらの国々は、どのようにワールドクラスの大学を形成するのか定かではないという現実にもかかわらず、この挑戦に臨んでいる。研究への重点投資、優秀な学生の獲得、一流研究者の雇用といったいくつかの要因を示唆する学識経験者も存在するが、質保証や大学の国際化といった問題も考慮するべきであろう。多くの国が認証評価政策とボローニャ・アコードへの協調を進める中、東ヨーロッパの質保証の取組みは、新たな意味を帯びてきている。国際化と学生の流動性は、ワールドクラスであることの重要な指標である。どのワールドクラスの機関も、優秀な学生や学識経験者を世界中から集めており、学生は、外国語学習や地域研究を含む広範でグローバルな内容の教育課程で学ぶことができる。それでは東ヨーロッパではワールドクラス大学の形成というプレッシャーにどのように対処しているのだろうか。まずその背景について記述する。

1　旧ソビエト時代における東ヨーロッパの高等教育

　高等教育はソビエト時代に重要な位置を占めていた。東ヨーロッパの共和国のうちいくつかはソビエト連邦誕生以前に高等教育の伝統を持っていなかった。そしてロシアは、高等教育の発展を通して世界の他の地域に対する窓口を提供することにおいて、重要な役割を担っていた。共和国中から来た最も優秀な若者たちがモスクワやレニングラードなどでかなりの時間を過ごし、世界でも最高の教育訓練を受けた人材のうちの幾人かとなった。旧ソビエト連邦の大学は世界最高水準だった。

　しかしながら、旧ソビエト連邦で経済的、政治的安定性が低下し始めると、教育機関は受難の時代を迎え、その水準や競争力を維持できなくなった。例えば、教師や教授の給料は、生活するためには他の稼ぎ口を探さざるを得ないほど低いものだった。教員たちは成績、単位、学位の見返りとして学生たちから度々金品を得ていたので、このような状況は学校や大学における堕落した不正な慣行に大いに寄与した。加えてソビエト陣営では、ほとんどすべての教育機関が公立だったが、ソビエト崩壊後は私立機関が著しい発展を遂げた。人口700万人の小国アゼルバイジャンでは、130以上の私立高等教育機関が生まれた。それらの質は国内最高のものから最低のものまでさまざまであったと思われるが、質をコントロールするための基準は何も存在しなかった。

　そのような状況から20年が経過した。しかしながら、東ヨーロッパの最大の問題は現在でも堕落と安定性のままである。先述のアゼルバイジャンは豊富な石油資源に恵まれており、これらの資源が劇的な経済復興に寄与してきた。アゼルバイジャン人は自分たちの大学がワールドクラスになることについて活発に論じてさえいる。しかし、凋落と退廃の数十年を乗り越えることが課題である。経済復興が進行する中でも、政治状況は保守的で、旧態依然という場合も少なくない。大学を監視し管理するため、いくつかの手段が講じられた。わずか10年前にはアルゼバイジャンには大学が130存在したが、最低レベルのものは閉校され、今では確認できるものでたった28校

の高等教育機関が存在するだけとなっている。

　共和国と東ヨーロッパの各国は、それぞれの語るべき物語を持っている。アゼルバイジャンの隣国のジョージア共和国[1]に話を移そう。ソ連崩壊直後、ジョージアもまたアゼルバイジャンと似た状況を経験した。ソビエト連邦の元外相エドゥアルド・シェワルナゼの統治の下で、ジョージアは旧共和国の中でも最も腐敗しているといわれていた。2003年、人々は蜂起し、いわゆるバラ革命によってシェワルナゼは政権を追われ、ミヘイル・サアカシュヴィリが大統領に就任した。新体制は、与党が自らを自由主義と公言するように、極端な保守主義へと移行した。すべての公立機関に疑いの目が向けられ、学校や大学はすべて厳格なバウチャー制度の下に置かれた。つまり、学校や大学はそれらが集めた学生の数に応じて資金を受けてきた。加えて、厳しく監視された全国試験の体制が導入されることで、不正は激減した。

　これらの地域が復興のために苦戦する中、世界の他の地域は高等教育分野でのグローバルな発展に適応するために苦戦していた。歴史上、グローバル化が今以上に文化的、経済的、政治的に影響を持った時代を想像することは困難である。社会のあらゆる部分が影響を受けている。高等教育も例外ではない（Knight, 2008）。グローバル化が高等教育の焦点になるにつれ、競争は主要な関心事となった。ここでは、(1) グローバルな大学ランキングの隆盛、(2) ワールドクラスの大学を持つという各国による宣言、(3) 国境を越えた質保証の取り組みの発展、(4) 大学の国際化について論じる。

2　国際的な大学ランキング

　最初の国際的なランキングプロジェクトは、2003年に中国の上海交通大学高等教育研究所により「世界大学学術ランキング」の名称で実施された。2004年にはロンドン・タイムズ世界大学ランキングが追随した。タイムズのプロジェクトは、大学ランキングに英国の検印を押すことを意図しているという点で、中国のものと異なる。イギリス人は、上海のランキングがイギリスの大学に正当な評価を与えていないと批判した。これらの毎年作

成されるランキングはいずれも「世界の高等教育の変化の引き金をひいた」(Marginson, 2010) のだった。

　まだ10年も経過していないが、世紀の変わり目の頃には、グローバルなランキングは存在しなかった。いくつかの国々は国内的なパフォーマンスの比較を保持していたが、全世界的にはほとんど何も存在しなかった。だが、事態は劇的に変化した。上海のランキングが出現したとき、高等教育専門家、メディア、一般大衆は注目し、これらのランキングは大学管理者、政界の指導者、学生、メディアに影響を与え始めた。実際に、中国、ドイツ、フランスといった国々の指導者たちは、自国の高等教育の背丈を伸ばすために研究開発政策を速やかに実施した (Hazelkorn, 2008)。そしてランキングは、今やすべての国が高等教育のグローバルな順位を意識するほどまでに、態度や行動に影響を与え続けている。

　上海のランキングは研究に関連する4つの指標、(1) **教育の質**（ノーベル賞またはフィールズ賞を受賞した卒業生の数）、(2) **教員の質**（ノーベル賞またはフィールズ賞を受賞した教員の数や、「頻繁に引用された」研究者の数）、(3) **研究成果**（特定の英語の学術誌に掲載された論文数）、(4) **一人当たりのパフォーマンス**（重みづけした(1) から (3) の得点の合計を教員数で割ったもの）に焦点を当てている (Labi, 2008, pp.A27-A28)。タイムズの作成するランキングは、教員・学生比率や教員当たりの引用数といった大学側の指標だけでなく、学識経験者や雇用者からの評判も取り入れている。

　2つのランキングで用いられている基準が異なるため、それらの結果はかなり異なっている。各ランキングは世界上位100の機関を示しているが、その内訳は大きく異なる（**表5-1**）。

　これらのランキングの仕組みは、競争という現象の副産物である。同時に、大学がリストの上位に自らを位置づけようとするほど、またはランキングにとにかく掲載されようとするほど、ランキングは競争を煽る。さらに、高等教育の指導者たちは、意思決定を行ったり高等教育改革に影響を与えたりするため、これらのランキングをますます利用するようになっている (Hazelkorn, 2008)。「最高」の機関とは、それが誰であろうとランキングを行っている

表 5-1　2つの世界学術ランキング

	上海交通大学	タイムズ
アメリカ	60	34
西ヨーロッパ	34	51
日本	5	5
その他	1	10
合計	100	100

者によって指定された恣意的な指標と重みづけで高得点を付けた機関となるのである。したがって、どのランキングも、採用された指標と重みづけの割合によってそれとなく教育の質を定義している。

　東ヨーロッパを見てみると、上位100校の高等教育機関をひとつも見つけることができない。最近のランキングでは幾つかの機関が追い上げているが、今のところランキングの上位100校には届いていない。

3　ワールドクラスになるという圧力

　周知のとおり、世界には何万もの大学がある中で、ワールドクラスの大学はごくわずかである。そして最も優れた大学は、米国、カナダ、日本、イギリスといったごく一部の国に立地している。大抵の国では大学は重層的で多様化しており、ワールドクラスの大学は多くの機関の中でもごく一部の代表である。米国でさえ、4,300以上の学術機関の内、ひと握りだけが階層の頂点に何とか位置付いてきたのである。他の国でも、最上位層の機関の数は同様に限られている。

　フィリップ・アルトバックによれば、どの国も「ワールドクラスの大学を持ちたがっている。ワールドクラスの大学がなくては立ち行かないと、どの国も感じている。問題は、誰もワールドクラスの大学とは何かわからないし、誰もどうしたらワールドクラスの大学を持てるのかわからないということである。しかしながら、誰もがワールドクラスの大学を持つという考えを口にするのである（Altbach, 2003）。」世界のいくつかの地域は、ワールドクラスの

機関を築くことに深く傾倒している。もちろんロシアも例外ではない。次節ではロシアに焦点を当ててみよう。

3–1 ロシア

ロシアでは、同国の高等教育システムを近代化し、同国の高等教育機関が世界の機関との競争力を高めることを目的とする国立の研究大学を創出するための試験的な計画を策定することをメドヴェージェフ大統領が表明した。高等教育を強化するというこの公約の目標は、最終的にはロシアの社会経済的な発展を加速させ、ロシアが国際社会の一員となることを助けることである (Lebedev, O' Conner, Pomar, & Collins, 2009)。

ロシア人たちは、「国立研究大学」として指定された12の大学を選ぶことになった全国的な競争を始めた。これらの機関を選ぶ際、12のうちのひとつとして指定されるために、110の高等教育機関の間で激しい競争が行われた。以下が指定を受けた勝者である。

- 高等経済大学　University-Higher School of Economics（英語の機関名は原文ママ、以下同様）
- カザン州立工業大学　Kazan State Technical University
- モスクワ航空大学（州立航空宇宙技術大学）　Moscow Aviation Institute (State University of Aerospace Technologies)
- バウマン・モスクワ州立工業大学　Bauman Moscow State Technical University
- モスクワ物理・工業大学（州立大学）　Moscow Institute of Physics and Technology (State University)
- ロバチェフスキー州立大学ニジニ・ノヴゴロド校　Lobachevski State University of Nizhni Novgorod
- ノヴォシビルスク州立大学　Novosibirsk State University
- ペルミ州立工業大学　Perm State Technical University
- S. P. コロリョフ記念サマーラ州立航空宇宙大学　Samara State

Aerospace University named after academician S. P. Korolyov
- サンクトペテルブルグ州立鉱山大学（工業大学）　Saint-Petersburg State Mining Institute（Technical University）
- サンクトペテルブルク州立情報技術・機械・光学大学　Saint-Petersburg State University of information technologies, mechanics and optics
- トムスク工科大学　Tomsk Polytechnic University

　のちにさらに15の大学が国立研究大学として指定された。最終的に、理工系の先端研究の発展を確かなものとするために、国立原子力研究大学（National Research Nuclear University）と国立技術研究大学（National Research Technological University）という2つの大学が新設された。予算措置の基準は、それぞれ所定の教育関連の基準に基づいたものだったとされる。

　国立研究大学はそれぞれおよそ35億ルーブル（約1億1,000万米ドル）を5年にわたり受け取ることになっており、予算は倍以上となった。「別格」の機関はこの予算措置を超える追加資金を受けることになっている。これらの大学はまた、地方財源や他の方法から資金を調達すように求められている。これらの資金が浪費されることがないようにするため、各機関は所定の細目に適合しなければならない。それらは「若手研究者や教員の昇進、新しい技術や教授法の開発、国際的に評価の高い学術誌での論文発表、大学の知的財産の市場への移転」等である（Lebedev et al., 2009）。もしもある国立研究大学が基準に達しなければ、その地位が取り消される場合もある。

　ロシアは自分たちの目標を国外からの積極的な支援なしでは達成できないということを熟知している。科学技術、コミュニケーション、教授法の交流をもたらす教育面のパートナーシップが極めて重要であろう。ロシアはアメリカやヨーロッパの大学とのパートナーシップの構築を積極的に求めている。例えばUCLAでは、サンクトペテルブルク州立情報技術・機械・光学大学との全学的なパートナーシップが続いており、工学系の大学院とだけでなく、全学の他の部局とも活発な関係が構築されつつある。

ロシアは次のようなことを示した。ロシアが大学に与えている特別な資金は、国外や経済部門からの資金提供でこれらの大学が発展させたプロジェクトによって返済される、貸付金だと考えられるべきである。加えて、国立研究大学の地位はその大学がうまくいかなければ取り消されうる。大学が到達しなければならない指標まで指定されている。

1. 若手の研究者や教員の昇進
2. 新しい技術や新しい教授法の開発
3. 国際的に評価の高い学術誌での論文発表
4. 大学の知的財産の市場への移転

多くの国は、自国の高等教育の地位を高めるために私立機関に舵を切っている。例えば、アラブ首長国連邦は高等教育プログラムと人材を外国から輸入することを選択した。そして、「連邦の機関の緩やかな拡大と同時に、私学による教育供給の急拡大が政府主導で促進・支援される混合システム」(Kirk & Napier, 2010) を創出した。これは公立/私立のシステムの混合を発展させる例のひとつにすぎない。他の例はケニア、ベトナム、マレーシアでも見られる (Rust, Portnoi, & Bagley, 2010)。いくつかの国は底上げのために機関の機能強化を図っている。例えばジョージアでは、同国で最高の評価を得ている設立後わずか4年目のイリア州立大学は4つのより小規模な機関を統合したものである。もちろん、多くの国はワールドクラスの大学を持つことを望むべくもない。そのため、通常それらの国々は地域力学の観点から自らを位置付けている。

グローバルな競争における重要な特徴は、市場での企業家的な販売者となり、公共財というよりも商品として知識を扱うようになった大学の存在によって識別される、アカデミック・キャピタリズムである (Slaughter & Rhoades, 2004)。もうひとつの特徴は、国家の競争力を強化することを意図して「強い」機関と「弱い」機関とを合わせる、機関の統合の増加である (Harman & Harman, 2008)。自由市場のシステムにおいて高等教育の需要が拡大してお

り、またグローバルな高等教育の環境は学生の移動を伴いながら、私的で国境をまたぐ高等教育をより多く提供するようになっている。

　高等教育のグローバルなシステムが発展する中、競争力を持つことが重要であり、世界の中での位置付けは他国や他機関との競争において欠くことのできないものである (Marginson, 2006)。大学は名声と学術的な卓越性を求める「名声のための競争」の只中にあると批判する学識経験者らも存在する (Van Vught, 2008)。さらに、「個々の大学が頂点をめざそうとすればするほど、グローバルな比較参照がより重要になる」と、メルボルン大学のサイモン・マージンソンは論じている (Marginson, 2006, p. 27)。そのため、大学やその大学が立地する国は、研究資金、「最も優秀な」留学生、「一流の」教員を獲得することに備えて、可能な限り良いイメージを打ち出そうとする。

　さらに、「こういった強調はすべて（中略）ひとつの理想的、典型的な特定類型の機関の像に引き寄せられている (Huisman, 2008)。」つまり、キャサリン・モーマン、ワンファ・マー、デイヴィッド・ベッカー (Mohrman, Ma, & Baker, 2008) が上位層の研究大学のエマージング・グローバル・モデル (EGM) と呼ぶものである。

3-2 ワールドクラスになるために必要なこと

　ワールドクラスになるために何が必要かは定かではないが、特定の要素について合意が形成されつつあるというフィリップ・アルトバックの主張に、多くの人が同意している。世界銀行のジャミル・サルミは、少なくとも3つの大きな要因があると述べている。(1) その大学は世界的に認知された重要な研究を行わなければならない。(2) その大学は最も優秀な学生を引き寄せなければならない。(3) その大学は「一流の」教授陣を引き寄せ、雇用しなければならない、というものである。

　私はサルミのいうこれらの要因について同意するが、その他のいくつかの要因が不可欠だと考える。つまり、質の保証と国際化である。

4 質の保証

現在の著しいグローバル化の時代において、質保証は優先事項となった。機関の激増、学生の急増、国外におる学生の移動等の要因のため、政策立案者は説明責任や質に注目せざるを得なくなった。以前は、多くの国の主な関心の的はアクセスや在学者数の拡大だった。今や関心の的は、学生だけでなく、教授陣や教育の管理者を巡る質や達成へと移り始めている（Ramirez, 2010）。

4-1 認証評価

もしある機関がワールドクラスになりたいのであれば、厳格な質保証のプロセスが導入されなければならない。そのようなプロセスは、全国的に認められ、支援された認証評価のプロセスを含むことになるであろう。このことは、政府が認証評価のプロセスの制度提供者とならなければならないということを意味するのではなく、認証評価のプロセスが参加機関によって全般的に支持され、受け入れられているということを意味する。そのようなプロセスは各教育機関の地位について公的な承認を与えるだろう。そのプロセスは国家によって定められた基準の体系に合致しなければならない。認証評価のプロセスはその機関の卒業生が国家の定めた基準に到達していることを保証しなければならない。

多くの国が認証評価機関を設立しようと試みた、または試みている。それらの国は質を定義する参考にするため、高度先進国やその機関に目を向けている。その過程で質の保証は争点となった。事実、その過程は質に関する自分たちの考え方を世界のその他の地域に押し付けて、それにより質が定義されるべき基準を普遍化しようとする超国家的（コスモポリタン）な権力の再来に過ぎないと批判する者もいる（Ntshoe & Letseka, 2010）。

国際的な強制力が地域的な習慣を支配すると、緊張や衝突が必然的に生じる。マレーシアとベトナムの縁故主義とベトナムの汚職はこれらの国の大学に関して客観的な判断を行うことが不可能なほど質の保証を監督する行政機

関に強く根を下ろしていると、アンソニー・ウェルチは述べている。加えて彼は、民族差別が根強い問題であることを示した (Welch, 2010)。アルゼンチンでは、質の保証を導入する試みが非常に遅れている。合議主義的な運営組織の意思決定プロセスが関係する複雑さと、質保証導入の試みが衝突することが主な原因だった。換言すれば、新しい質保証の基準によって始められたベンチマークは、技術的な側面のみならず、社会的な側面にも影響を及ぼす (Gertel & Jacobo, 2010)。

東ヨーロッパにおける質の問題は他の地域のそれと類似している。共和国や他の国々は独立後の10年間は腐敗を背負い込まされ、質保証の仕組みが導入される可能性などない地域だった。これらの問題の大部分は乗り越えられてきたが、認証評価システム導入の試みは今も成功からはほど遠い。そうした目標を到達できなかったことには、さまざまな原因がある。各国の教育省はそうした責務を果たすのが不可能なほど、最高幹部の交代を数多く経験してきた。多くの機関は認証評価機関による外部からの介入にさまざまな理由で従いたくなかったのだが、彼らはそうした介入が自分たちを困難で都合の悪い立場に追いやるだろうということを恐れていた。

認証評価や他の質保証の取組みが東ヨーロッパにもたらした全般的な影響は、次のように要約できるであろう。(1) 共和国や他の国々の大半は質保証の取組みを支持しているが、事実上それらの国々にはその仕事を担う人材や資源がない。(2) 結果として、それらの国々は自分たちの問題を解決するために、特に欧州の国際的な機関に依存する。(3) これらの外部機関は自らの伝統や基準をプロセスに導入し、共和国や他の国々に押し付ける。それらの国々は独自の伝統や価値を維持することが難しくなる。

4-2 ボローニャ・プロセス

欧州は長きにわたり教育の革新、質、基準の中心だった。しかし、欧州は過去半世紀に停滞し、アメリカ、日本、その他の地域が教育水準や研究における競争優位を確立したと一般的には考えられている。この沈降について協議するため、欧州の教育者、教育大臣、政策立案者はイタリアのボローニャ

で会談し、いわゆるボローニャ・プロセスを採択した。ボローニャ・プロセス（またはボローニャ・アコード）の目的は欧州の高等教育の水準をより比較可能で互換性のあるものにすることだった。1999年、協定は欧州の29カ国の教育大臣によって署名された。その後アコードに署名した国も存在する。その他にも政府会合がプラハ（2001年）、ベルリン（2003年）、ベルゲン（2005年）、ロンドン（2007年）、ルーヴェン（2009年）、ブダペストとヴィエンナ（2010年）、ブカレスト（2011年）で開催された。

　ボローニャ・プロセスの全体的な目標は2010年までに欧州高等教育圏（EHEA）を構築するというものだった。学生、知識、情報が、各国の単位や資格を読み替える必要なく欧州各国の間を自由に移動できるようになるであろう、調和した学位とコース単位のシステム、つまり単一の教育の通貨を持つ高等教育圏である。特に、学士、修士、博士の学位からなる三段階の学位制度導入の努力は既に情勢を変えつつある。

　三段階の高等教育システムはボローニャ・プロセスに署名したすべての国で実施されている。東ヨーロッパの高等養育に対するボローニャ・プロセスの衝撃は相当なものだった。

　何が起こったかを説明するため、話をロシアに戻そう。2003年、EU諸国によって最初に署名が行われた4年後、ロシアはボローニャ・プロセスに署名した。ロシアはまた、自国の高等教育システムにボローニャ・プロセスを導入しようと試み始めた。古いロシアの高等教育の伝統はドイツのような国々をモデルとしており、長い、独特の伝統を持っていたことが思い起こされる。つまり、修士課程相当の学生は総合大学の特定の学問分野に入学するのだが、教授法、物理、工学、海事、経済学といった高度専門職的な機関に入学することの方が多い。医学や法学などのいくつかの分野は総合大学にある。学生は最初の学位を授かるまでに5、6年どころか7年もその機関に在籍する。もしもその学生が進学を望み、その資格があるなら、その学生は研究スキルの獲得と、「候補者」（Kandidat）の学術学位を授かることになる論文の執筆に集中する。博士学位（doctrate）はむしろ稀で、それはドイツの大学における教授資格（habilitation）に似ており、独自の研究を行い調査研究を

発表していることを示すものとなっている。

ロシアにボローニャ・プロセスが導入され、学位の構造はある程度変化した。しかし、学士と修士の学位は、教育課程の本質はまったく何も変わらないのに伝統的な教育課程を二分していることを象徴しているという葛藤が存在する。

5 国際化と学生の流動性

ある高等教育機関が国際化しているのかを判定するために、国際的な教育の専門家たちが用いてきた慣習的な要因は多数存在する。その機関が積極的かつ成功裏に自校の教育プログラムに外国から学生を集めているかは、おそらく最も明白な国際化の指標である。伝統的に留学生が多くない国々では困難なものである。OECDによると、全留学生の約4分の3はアメリカ、イギリス、ドイツ、フランス、オーストラリア、日本にいる。アメリカは圧倒的首位の留学生の受け入れ国である (OECD/US, 2002)。私の所属機関では、約3,500人の留学生が学位取得をめざして学んでおり、集中訓練や遊学のためさらに多くの短期の交換留学生がいる。厳格で有益なプログラムもいくつかあるとはいえ、遊学は観光にいくらか近いものがあるが、集中的な学習はまさしく学生に当該国やその高等教育を経験させる。

米国が外国研究において優位にあるので、同国での最近の展開について述べておく。2004年にアメリカの大学にいた中国人の学生と研究者は1万人にも満たなかった。今日、アメリカの大学やカレッジには16万人以上の中国人学生や研究者がいる。またロシアも留学生を再び集め始めている。ソビエト時代には、多くの留学生が連邦の機関で学んでいた。現在、約10万人の留学生がロシアにいて、全体の5%にも満たないとはいえ、ロシアは世界で7番目の留学生受け入れ国となっている。

外国語教育も重要な指標のひとつである。この点について判断する方法は数多くある。どれだけ多くの学生が外国語のコースに在籍しているか。その機関では何カ国語が教えられているか。その言語は世界の特定の地域に限ら

れているか。もちろん、東ヨーロッパではロシア語が共通語だった。これは様変わりしてしまい、ほとんどすべての国で英語が人気のある第二言語となっている。

　国際化を示す重要な指標として、教育課程の中身と学位も挙げられる。国際化を測るひとつの方法は高等教育に携わる者の持つ他の各国、人々、出来事、場所に関する情報の程度を評価することである。国際的な内容を測ることも、あるいは国際的な内容とは何かを定義することさえも容易ではない。もちろん、外国語、地域研究、比較政治学、比較文学は本質的に対象が国際的である。国際的な大学の印象的な例のひとつはヴィアドリナ欧州大学である。ドイツとポーランドの国境に位置するこの大学は学生、教員、プログラムによって国際性を反映させようとしている。国際的な内容がどこにあるのか明確でない国際的プログラムを計画している大学も存在する。ドイツのデュイスブルグ大学は、ドイツにやってくる留学生のためだけでなく、ドイツ人学生がグローバルな環境でより活躍しやすくすることを意図したコンピューター・サイエンスとコミュニケーション工学の国際学位を擁している (Schwarz, Hunger, & Werner, 2003)。

　最後に、教員の国際性の範囲についてである。教員らはどこの出身か。彼らはどこで学位を得たのか。彼らはどこで研究結果を発表するのか。教員と管理者たちが作った学術的な環境は、学生や教員がますますグローバル化する世界に対処するために必要なツールを得ることを担保する。学生はグローバルな変化の重要な要素をつかむことを学ばなければならない。文化的なグローバル化は、人々が四六時中情報を消費するだけでなく、今や先進国の労働力の最大75%が情報の生産や発信のために雇用されている24時間の「情報世界」を志向している。学生は知識が指数関数的に増大する世界で生きることを学ばなければならない。彼らは新しいし考え方や革新に対処する方法について常に気を配ることを学ばなければならない (Groux, Perez, Porcher, Rust, & Tasaki, 2003, pp. 305-308)。

おわりに

　グローバル化する影響の一般的な帰結は、機関を形づける基準の単一の組み合わせを設けようとする傾向である。しかし、世界には、ランキングや質の評価等の標準的な基準に適合しない優れた大学が存在する。それらはその国の大多数の人々に高等教育を普及させることを使命のひとつとしている。質についての標準的な基準はこれらの機関に悪影響を及ぼすおそれがある。メキシコ国立自治大学(UNAM)とアルゼンチンのブエノスアイレス大学(UBA)は25万人余りの学生に各地で門戸を開き、その国の研究を先導するだけでなく、全国的・地域的発展、社会的・文化的生活に多くの役割を果たしている。UNAMとUBAはこの守備範囲の広さのため、プリンストン大学やカリフォルニア工科大学といった他のいくつかのワールドクラスの大学のようには、研究力や評判の最大化のために資源を集中できない。そしてスペイン語の学術業績はランキングでは考慮されない。UNAMとUBAは上海交通大学のランキングで151-200位の層に位置している。それでも、これらは素晴らしい大学であり、その伝統あるモデルは圧倒的な強さを誇っている。タイムズ・ハイヤー・エデュケーションのランキングの評判の要素と、そして特定の機関を優遇するために手法を変更するという手口のため、そのランキングはインド工科大学を掲載したり、オランダの工科大学を伝統的な競合校よりも上位に位置づけたりしている。しかし、ドイツのホッホシューレのような、より専門的でその国に根差した職業教育セクターは除外されたままである。東ヨーロッパの高等教育機関はグローバルな競争の観点では大きく後れを取っている。だが、東ヨーロッパに固有のものをグローバル化の名の下に放棄するという誘惑には抵抗するべきであろう。

注

1 ジョージア共和国はという名称は日本では2015年4月から公的に使用されている。それ以前はグルジア共和国という名称であった。

参考文献

Altbach, P. (2003). "The Costs and Benefits of World-Class Universities." *International Higher Education*, Fall.
Gertel, H. R., and Jacobo, A. D. (2010). "Quality-Oriented Management of Higher Education in Argentina." In Rust, V. D., Portnoi, L. M., and Bagley, S. S. (Eds.), *Higher Education, Policy, and the Global Competition Phenomenon*. New York: Palgrave Macmillan.
Groux, D., Perez, S., Porcher, L., Rust, V. D., and Tasaki, N. (Eds.). (2003). *Dictionnaire d'éducation comparaée*. Paris: L'Harmattan.
Harman, G., and Harman, K. (2008). "Strategic Mergers of Strong Institutions to Enhance Competitive Advantage." *Higher Education Policy*, 21, 99-121.
Hazelkorn, E. (2008) "Learning to Live with League Tables and Ranking: Experience of Institutional Leaders." *Higher Education Policy*, 21, 193-215.
Huisman, J. (2008). "World Class Universities." *Higher Education Policy*, 21, 1-4.
Kirk, D., and Napier, B. B. (2010). "Global Competition, Local Implications: Higher Education Development in the United Arab Emirates." In Rust, V. D., Portnoi, L. M., and Bagley, S. S. (Eds.), *Higher Education, Policy, and the Global Competition Phenomenon*. New York: Palgrave Macmillan.
Knight, J. (2008). *Higher Education in Turmoil: The Changing World of Internationalization*. Roterdam: Sense Publisher.
Labi, A. (2008). "Obsession with Global Rankings Goes Global." *Chronicle of Higher Education*, 55(8), 27-28.
Lebedev, S., O'Conner, T., Pomar, M., and Collins, J. (2009). "The Next Step in Reforming Russia's Higher Education: Creating National Research Universities." *Carnegie Endowment for International Peace*, (http://carnegieendowment.org/2009/11/16/next-step-in-reforming-russias-higher-education-creating-national-research-universities/3gp). Retrieved from
Marginson, S. (2006). "Dynamics of National and Global Competition in Higher Education." *Higher Education*, 52, 1-39.
Marginson, S. (2010). "Global Comparisons and the University Knowledge Economy." In Rust, V. D., Portnoi, L. M., and Bagley, S. S. (Eds.), *Higher Education, Policy, and the Global Competition Phenomenon*. New York: Palgrave Macmillan.
Mohrman, K., Ma, W., and Baker, D. (2008). "The Research University in Transition: The Emerging Global Model." *Higher Education Policy*, 21, 5-27.
Ntshoe, I., and Letseka, M. (2010). "Policy and Practices on Quality Assurance and Global Competitiveness in Higher Education." In Rust, V. D., Portnoi, L. M., and Bagley, S. S. (Eds.), *Higher Education, Policy, and Global Competition Phenomenon*. New York: Palgrave Macmillan.
OECD/US. (2002). *Indicators on Internationalization and Trade of Post-Secondary Education*. Washington, D. C.: Trade in Educational Services, Department of Commerce.
Ramirez, F. O. (2010). "Accounting for Excellence: Trasforming Universities into Organizational Actors." In Rust, V. D., Portnoi, L. M., and Bagley, S. S. Bagley (Eds.), *Higher Education, Policy, and the Global Competition Phenomenon*. New York: Palgrave Macmillan.
Rust, V. D., Portnoi, L. M., and Bagley, S. S. (Eds.). (2010). *Higher Education, Policy, and the Global Competition Phenomenon*. New York: Palgrave Macmillan.
Schwarz, F., Hunger, A., and Werner, S. (2003). Measures to Improve the Globalization in Higher Education.
SJTUIHE. (2008). "Academic Ranking of World Universities." <http://www.shanghairanking.com/ARWU2009.html>, 2009.
Slaughter, S., and Rhoades, G. (2004). Academic Capitalism and the New Economy. Baltimore: Johns Hopkins University Press.
Times. (2008). "World University Rankings." *Times Higher Educational Supplement*, http://www.topuniversities.com/worlduniversityrankings/.
Van Vught, F. (2008). "Mission Diversity and the Reputation in Higher Education." *Higher Education Policy*, 21, 151-174.
Welch, A. (2010). Vietnam, Malaysia, and the Global Knowledge System." In Rust, V. D., Portnoi, L. M., and Bagley, S. S. (Eds.), *Higher Education, Policy, and the Global Competition Phenomenon*. New York: Palgrave Macmillan.

第6章　大学・政府・社会
―― 日本における近年の大学改革の背景

山本眞一（桜美林大学）

はじめに

　1990年代初頭から、日本の大学・短大ではさまざまな改革が行われているが、それらには従来にはなかった特徴が見られる。それを表現するキーワードは、政府によって巧みにコントロールされた「規制緩和」、限られた官民の資源を巡る「大学間の競争」、18歳人口の減少に伴う「高等教育市場の縮小」である。これらのキーワードやそれが関係する高等教育の改革の現実というものは、大学・政府・社会（市場）の関係が変わりつつあることを示している。その変わりいく関係についての理由の中に、技術的理由が2つある。これらについては、後ほど詳述するが、第一の技術的理由は、中教審や関係する審議会の度重なる答申によって、政策実行のサイクルが早まっているということであり、第二の理由は、競争的資金を伴う新たな政策プログラムが次々と作られていることである。大学はこれらの競争的資金に応募することを強いられつつあり、さもなければ政府から一般的資金（運営費交付金、私学経常費補助金など）以上の資源を得ることができないからである。これらの理由の背景には、「大学自治」というものが本質から揺さぶられている、という事情もある。

1 高等教育改革の理由と動機

1-1 1990年代までの状況

　1990年代以前の高等教育システムを知る者にとって、しばしば疑問と思えることは、なぜ、大学は政府に友好的になってしまったのか、管理運営や教育研究活動を進んで改革しようとするのか、という点である。なぜなら、日本の大学はそれまでずっと自律的に活動を行ってきたし、ときには政府の高等教育政策が、大学の自治に対する介入であるとして、それに反対さえしてきたという背景がある。また、これは私立大学だけではなく、国公立大学についてもいえていたのである。その理由は、国公立大学は政府から積算校費のような多額の一般財源を支出され、会計規則によって使い勝手は必ずしも良いものではなかったが、財源自体は保障されていたからである。この積算校費によって国公立大学は、政府からのいかなる指示も受けることなく大学を運営することができていた。国公立大学でも私立大学でも、教育研究については最大限の自由を謳歌しており、たとえそれらが社会の実際的なニーズに合っていなくとも一向に構う必要はなかった。また、少数の教授たちであったにせよ、彼らはしばしば社会に向けて政治的な発言をし、教育分野にとどまらずさまざまな政策に関して政府を批判することを繰り返していた。大学改革を必要と思う人々は、そのように責任も義務も感じない大学教授たちによる大学自治に批判の目を向けていたのである。

　しかしながら、一般国民の大学に対する関心は、あの難しい大学入試にいかにして通るかという点に集まっていて、大学の中で行われる教育や研究活動に対しての関心は低かった。それでは、どうして国民は入試に比べて教育や研究の中身に興味がなかったのであろうか？　それは、産業界が大学における教育よりも、入試によって示される学生の素質に重きを置いていたからである。現在に至っても、学生たちは3年生ともなれば授業を欠席してまでも卒業後の職を求めて会社訪問を繰り返さなければならない状況が続いているのは、そのためである。

　これらの理由に加えて、当時の大学は学生集めに苦労する心配はなかった。

なぜなら、18歳人口は安定しており、また進学率は上昇の一途であったからである。このような事情によって大学の自治は強く支えられていた。しかしながら、この大学自治という概念は、今日では大きく変化してしまった。以前であれば、大学の自治というのは政府の諸施策に反対する権利のことであり、教授たちの立場を学外のいかなる干渉からも守る役割を果たしていたのに対し、今日の大学の自治というのは、学内外のステークホルダーに対して説明責任を果たさなければならない学長が、担うべき経営の自律性のことであるからである。以前のような自治は「古い意味の大学自治」と呼ばれるべきものであろう。

1–2 1990年代以降

　古い意味の大学自治を支えていた環境は1990年代初頭に変化した。第一に冷戦が終結した。このことによって、旧ソ連に同調していた左派の政治勢力が弱くなり、これに対してその反対すなわち右派の政治勢力が強くなった。このことは国内的にも国際的にも、日本の政治状況に大きな影響を及ぼした。そして高等教育の世界では、大学（および教授たち）と政府との政治バランスを変えていくことになる。つまり、古い意味での大学自治は国民から支持される度合いが減り、政府にとっては大学改革のための諸施策を打つことがより容易になったのである。

　第二の変化は、上記と同時期にいわゆるバブル経済が崩壊したことである。崩壊は日本経済を混乱に陥れ、やがて産業構造や雇用システムにも大きな影響を及ぼし始めた。企業は雇用方針を変え、経済の激変や経営問題に迅速に対応できるよう、正規雇用者を減らし非正規労働者を増やすようになった。新規雇用が減ったので、学生たちが大企業に正規雇用者としての地位を求めることがより難しくなった。加えて企業は、企業に入って即戦力となる能力を身に着けるべきだと主張し始めた。学生も、大学では「勉強する」ことが重要であり、大学は潜在能力の優れた学生を篩い分ける装置としてだけではなく、将来の職業に必要な能力を養う場であることを思い知ることになった。

　第三の変化は、18歳人口の減少である。1992年には、日本における18

歳人口は206万人を数えていた。以来、その人口は減少を続け2012年には120万人にまで落ちた。実に40％もの減少で、大学経営に深刻な影響を及ぼしている。それは、日本の高等教育は若い世代に大きく依存してきたからである。OECDの国際比較データによると、大学入学者のうち25歳以上の者が占める割合は、日本ではわずか2％であり、OECD加盟国平均で20％、北欧などでは30％を超えているのと大きな違いがある。別の側面からもそれはいえていて、政府の統計データによると、大学入学者の95％以上は18歳か19歳の若者であると推計されている。

このような奇妙な状況は、日本における大企業の雇用システムと深い関係がある。大企業は、目には見えないが、学士卒（工学では修士の方がよい）の若い学生を将来の幹部候補生として採用する方針を維持してきているのだ。したがって、学生はおおむね25歳になる前に大学を卒業しておく必要があるのである。

このような中、2011年には約40％の私立大学、約60％の私立短大が定員割れとなっている。定員割れは大学の収入減を意味する。学生納付金により4分の3以上の収入を依存している私立大学にとってこのことは深刻である。このため、より多くの学生を集めようとして、各大学は競争を繰り拡げている。より多くの学生を集めるには、その大学を学生にとってより魅力的なものにしなければならず、必然的にこれが大学改革の大きなインセンティブになっている。

1-3 改革を起こす2つの実務的理由

大学を巡る環境変化に加えて、2つの実務的理由があり、これらは改革の本当の理由や大学と政府との関係を考える際に非常に重要である。その1つは、中教審や大学審が、以前に比べて多くの答申を出しているということである。1960年代、70年代ならこれらの答申は数年に1回程度の割合であったのが、1990年代以降15年間にわたってこれらは30近くの答申・報告を出している。ということは、審議会は1年に2回もの答申を出しているいうことだ。このことによって、政府が大学の評価や認証評価システムなど

図 6-1 大学改革における2つの実務的理由

(出典) 筆者の作図

さまざまな大学改革の政策を、より簡単にそしてより頻繁に出すことを容易化し、大学はこれに対して考える暇もなく対応を迫られるようになったのである。

　ほとんどの教育政策は、審議会の答申に基づき実施されてきた。なぜ政府は新たな政策を開始するに当たって審議会を利用するのであろうか？　最も説得性のある理由は、審議会が政策を正当づけるから、とするものである。高等教育の分野はなおさらである。なぜなら、この分野は官僚たちのレベルを超えた高い正当性と深い専門性が要求されるからで、また大学自治や学問の自由との関連からも、学界と官界とをうまく持っていく必要があるからである。学界の人間が入って議論に参加した方が、答申はスムーズに学界に受け入れられるであろうし、官僚の方もそれによって新規施策の実行上の困難を避けることができるからである。したがって、文部科学省は審議会の議論を方向づけようとするし、文科省で施策を担当する部署の役人が事務局を務めるのが常である。言葉を替えていうなら、試験官と受験者が、試験の出題を巡って利害を共有しており、受験者が提出した出題案を試験官が採用し、それを受験者が解くというようなものだ。これは日本の政策形成過程において決して珍しいことではない。

二つ目の実務的理由は、政府が競争的資金を伴ういくつかの新規施策を打ち出してきていることである。研究に着目した21世紀COEプログラム、教育に着目した特色ある大学教育支援プログラム（GP）などはその典型である。各大学はこれらの資金を求めて競争しなくてはならず、その競争に勝つために、大学は結果として政府の政策に従うしかなくなってきているのである。例えばGPでは、応募に際して提案内容本体だけではなく、管理運営や教育改革に関する政府の政策への対応状況なども書類に書き込まなければならない。このようにして、各大学は政府とのこのような新たな関係に慣らされてきて、政府が企画し大学がこれに従うという図式ができてしまった。政府としては、もともと大学が自身でもっと積極的な経営ができるよう、大学が自律的であれと願っているのであるが、実際には古い意味での大学自治、つまり政府の方針に反対するという力は、ますます弱くなるであろう。

2　規制緩和と説明責任

　高等教育に関する文部大臣の諮問機関であった大学審議会は、1991年の答申で、2つの重要な政策提言を出している。提言の中で、審議会は文部省に対し、大学設置基準を大綱化・簡素化し、各大学がそれぞれ自らの判断でカリキュラムをデザインできるようにすべきであると主張した。それ以前は、文部省が大学の教育課程の構造について、厳しいルールを課しており、学生のすべてが一般教育、外国語、体育に関わる授業科目を2年間にわたって履修し、専攻分野を問わず、学士課程卒業に必要な単位のほぼ5分の2をこれによって取得しなければならなかった。審議会はまた、各大学は文部省に監督されるのではなく、教育や研究の質の向上のために自ら点検・評価を行うべきであるとした。

　これらの提言は、大学が自らのカリキュラム・ポリシーを決める余地をより広く与え、その結果として、多くの大学においてカリキュラムの重点が一般教育や外国語科目ではなく、それぞれの専攻分野の専門科目に移ることになった。このため、1990年代後半には、教養科目あるいは一般教育の重要

性が再び主張され始め、それらは2008年の中教審答申で提言された「学士力」すなわち分野を問わずすべての学士課程卒業者が身に付けるべき能力の最低限の基準というものに結実した。

その後、再び規制緩和の波がやってきた。それは小泉内閣の行財政改革の一環としてであり、2000年代初めのことである。小泉純一郎首相は、産業界やその他の民間セクターの活性化を狙って、政府の各部署の改革を志向した。その改革の主眼は日本経済の景気停滞を克服することであった。高等教育についても例外ではない。高等教育の規制緩和として、私立大学・学部等の新増設をより簡易に行えるようにした。1970年代から2000年代初めまで、文部省は、大学の新増設に関わる認可を厳しく制限し、特に東京や京都など都市部に作ろうとするときはなおさらであった。

小泉内閣は、適者生存・敗者退場の市場原理を導入した。このことにより、文部科学省（2001年から文部省は文部科学省となる）は、認可に際して、将来の需給を考えた裁量行政を止め、純粋に法令に適合していれば認可する（準則主義）というように方針を改めた。当然、私立大学の数は増加し、2000年に478校だったものが2011年には599校にまで増加した。大学数の増加に加え、各大学は学部・学科の新設・改組を以前よりもはるかに容易にできるようになったため、例えば法科大学院や薬学部など、作り過ぎも明らかになってきた。

1990年代の政治的、社会・経済的変化によって、大学の役割は経済発展や社会福祉の向上の点から、より大きなものとなった。1990年代以前においては、大学は実施する難しい入試によって学生の篩い分けをするという重要な役割を担うものであるとみなされ、したがって、産業界や一般国民は大学で教えられている教育内容については興味を示すことがなかった。しかしながら、政府や社会は知識基盤社会に対応する能力を学生に身に着けされるため、大学がより大きな役割を担うべきであると考えるようになってきた。そのため、大学はより大きな説明責任を果たし、さまざまな関係者の期待に応えるべきであるとみなされるようになってきた。

この点で、大学評価は大学の管理運営の効率化・適正化だけではなく、教育や研究の質を向上させるためにも、重要なものであると考えられていた。

1992年に提言された自己点検・評価は、1998年には第三者評価に発展、そして最後に2004年の認証評価の導入につながった。それ以降、各大学は7年ごとに認証評価機関による認証評価を受けなければならなくなった。認証評価で良い結果が得られないと、当該大学の将来に深刻な影響を及ぼすかもしれないので、各大学は教育の質の維持・向上を図り、また効率的な経営を行うように、より大きな努力を払わなくてはならなくなった。

3　政府全体の行政改革の一環としての高等教育改革——国立大学の法人化

3-1　法人化の背景

　現時点で最も重要な国立大学改革は、その法的地位を政府の一部局から「国立大学法人」へと変えるガバナンス改革、すなわち国立大学の法人化のことであろう。この大学法人のアイデアは1960年代以来、しばしば大学の管理運営改革の手段として論じられ続けてきた。しかしながら、1990年代、これまでとは違う新たな概念として登場したのであった。それは、大蔵省や行政管理庁の強いイニシアティブの下、政府の活動の中にはその組織を政府の本体から切り離して独立性を与えてやらせた方が効率的に遂行できるものがある、しかしその組織には政府が運営費交付金を支給し、中期目標・中期計画によって一定の指示を与え、事後に活動の効率性について評価をするなど、政府が基本的なコントロール権限を留保することが重要であり、このことによって、政府が当該活動の継続の可否を決定するという考え方であった。この議論は、1999年に独立行政法人通則法として現実のものとなり、法律では、国が自ら主体となって直接に実施する必要のないもののうち、民間の主体に委ねた場合には必ずしも実施されない恐れがあるもの等の事務や事業を独立行政法人が行う（同法2条1項）とされた。ただし、本音は「より少ない金で、より多くの仕事を」というものであった。

3-2　国立大学の法人化を巡る議論

　この新たに生まれた独立行政法人の仕掛けは大学改革の議論に深刻な影響

を及ぼした。大学は「知識」の中心にあり、大学自身の判断で運営がなされるべきで、特に教育・研究活動は政府の指示によって動かされるものではないからである。学問の自由そして古い意味での大学自治が、この新たな仕掛けによって脅かされる恐れがあった。しかしながら他方、国立大学はその制度や財務の観点では厳しい政府の管理下にあった。したがって、多くの大学関係者は、政府の一部局にとどまるよりも、法人化によってより自治の度合いが進むものと考えた。

1999年から2003年にかけて、大層厳しい交渉が続き、結局2004年に国立大学は国立大学法人となり、通常の独立行政法人とは違い、学長の任命、6年間の中期計画の策定、大学としての活動成果の評価などの点で特例を設けた形で発足したのであった。

3-3 法人化の仕組みと効果

国立大学法人制度において、政府（国）と大学との関係はおよそ次のとおりである。

①各大学は政府が与えた6年間の中期目標に基づき、6年間の中期計画を策定し、文部科学大臣の認可を受ける。その計画において、教育の質向上や研究活動の活性化、雇用する人員の削減などを書き込む。

②6年間の中期計画の終了時、文部科学省に置かれた委員会によって評価される。

③大学の管理運営組織には、外部理事等が含まれなければならない。

④いわゆる教授会自治ではなく、学長が任命した理事によって支えられる学長のリーダーシップが強調される。

⑤政府は運営費交付金を国立大学法人に支出し、その額は文部科学大臣の評価の結果変わりうるものとする。

自律的な地位を確保したとはいえ、国立大学法人は運営費交付金に収入の多くを依存している。したがって、国立大学は運営のための資金が不足すれ

ば非常に困難な立場に追い込まれる。それはまた、国立大学の法人化が国立大学の民営化でないことからもわかる。彼らには、任意に授業料を値上げすることはできないし、私立大学であれば当然の積立金も十分には用意できない。各国立大学はその代わり、限られた資源を巡って他の国立大学と競争し合わなければならないのである。大学の管理運営は、今後財務の面では大きく変わり、ひいては大学と政府との関係も変えていくことになるだろう。

4　大学と政府との新たな関係

　2004年の国立大学法人化から7年以上（執筆時）が経過した。この時点で数多くの変化が生じている。法人化と同じ年、認証評価制度が新たに発足し、日本のすべての大学・短大は、国公立も私立も含めて、4つある認証評価機関のいずれかによって、認証評価を受けなければならなくなった。認証評価で悪い結果を得ることは、その大学が深刻な不利益を被ることを意味するので、各大学は管理運営や教育の質の維持・向上に気をつけていなければならない。これに加えて、教授法やカリキュラムの改善のためのさまざまな競争的資金（GPなど）があって、各大学にはこれらに応募しなければならないという事情がある。まさにここ数年、競争的外部資金は種類も金額も増え、他方、国立大学への運営費交付金は2001年と2010年を比べるとほぼ7％も減った。大学の教員たちは、法人化以来、より少ない資源でより多くの仕事を、という新たな環境下に置かれているのである。

　古い意味での大学自治は、政府の圧力から教授たちを守る象徴であった。教授や時にはそれより下位の教員をも含む教授会は、法人化以前、日本の大学における意思決定に極めて重要な役割を果たしていた。大学を含めすべての種類の学校に適用される法律である学校教育法の第93条では、大学には教授会を置かなければならない、と規定されている。もっとも、大学に置かれる教授会は、重要な事項を審議するため、とあって決定するとはなっていないが、学長や学部長たちから見れば、迅速な意思決定の前に立ちはだかる面倒な障害であると、しばしばみなされてきた。それは、教授会が教務的な

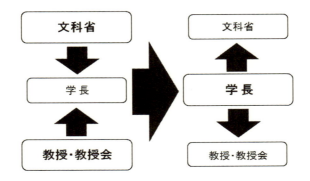

図 6-2 法人化以前と法人化以降の国立大学
(出典) 筆者の作図

事項だけではなく、大学の管理運営面での事項も審議し、しかも何らの責任も負わないというものであったからである(その後、学校教育法が改正され教授会の役割は、更に限定化された)。

　しかしながら、国立大学法人制度においては、各大学の学長が最終的な意思決定権限を有し、これを学長が任命した理事たちが支える仕組みになっている。経営協議会や教育研究審議会は、それぞれの所掌事項に関する審議はするものの、学長の権限は以前に比べてはるかに大きくなった。国立大学はその管理運営構造を大きく変えたことになる。したがって、新たな自治には責任ある経営を行い、結果についても説明できるということが付随するものである。なぜなら、国立大学は公的資源によって支えられ、教育や研究活動は公共財であるからである。

　昨今、経済情勢が厳しい中、日本の大学にとってその役割を果たし切ることは難しい時代である。しかし、新たな管理運営構造すなわち新しい意味での大学自治の仕組みを生かして、将来に向けて何とか事態を打開すべきだと期待するのは、決して無理なものではない。また、政府、産業界、そして一般国民も、大学を巡る環境をより良くすることに、いくばくかの責任を共有すべきである。そのようにすることにより、大学は今日のグローバル化・知識基盤社会化の中で、適応することが可能になるのである。

参考文献

中央教育審議会（2005）「我が国の高等教育の将来像」（答申）。
中央教育審議会（2008）「学士課程教育の構築に向けて」（答申）。
大学審議会（1998）「21世紀の大学像と今後の改革方策について」（答申）。
U.S. Department of Education. (1987). *Japanese Education Today*. U.S. Government Printing Office.
Yamamoto, S. (2007). "National Universities before and after the Incorporation." *Journal of University Studies*, No.35, pp.17-26.
Yamamoto, S. (2009). Quality Assurance and Higher Education in Japan. In T. W. Bigalke & D. E. Neubauer (Eds.). *Higher Education in Asia/Pacific —Quality and the Public Good*, pp. 111-120. New York: Palgrave MacMillan.

（原文および翻訳　山本眞一）

第7章　質保証のための学生参画
―― イギリスの事例から

田中正弘（筑波大学）

はじめに

　大学教育の質保証への取組は、第三の段階へと飛躍しつつあると思われる。第一の段階とは、第三者評価機関による、アクレディテーションなどの外部評価制度の確立である。その後、質保証の主体的な責任は大学にあるということが再確認されたため、第二の段階として、内部質保証制度の充実へと力点が移動した。そして第三の段階が、その内部質保証制度に学生を取り込むという、質保証のための「学生参画」(student engagement) である。

　イギリスの「高等教育質保証機構」(Quality Assurance Agency for Higher Education: QAA) は、自らの「戦略2011-14」(Strategy 2011-14) において、質保証における学生参画の重要性を提唱するようになった。そこで、QAAが定義する学生参画の理念の概要と質保証のための学生参画の主な取組み（調査結果）について、分析してみたい。

1　戦略2011-14

　戦略2011-14として、QAAは4つの目標を掲げている。その第一の目標は、「学生の要求を満たし、かつ、彼らに評価される」(To meet students' needs and be valued by them) ことである。この目標を達成するために、QAAは、①全学生が可能な限り最高の教育経験を得られるように努める。②大学が学生の

期待を具体化し、その期待に応えられるように支援する。③高等教育の水準と質について学生に明瞭に説明し、「パートナー」(partner) としての彼らと質保証の業務を協同して遂行する。④学生の見解や多様な要求に応え、彼らの利害を保護する、と誓っている (QAA, 2011a)。これらの誓いの中で、QAAが学生を質保証の業務パートナーとみなしたことは、本章の論旨との関連から、特筆に値する。このパートナーという考え方は、QAAの4つの公約の中の1つ、「学生の権利」(The entitlements of students) に、下記のように明記されている。

> すべての学生は、当然ながら、質の高い学習経験を得られるべきである。彼らは、価値があると公に認められた資格につながる、幅広い学習機会の権利を持つ。学生は質保証における私たちのパートナーである。彼らは、自己の学習だけでなく、大学のガバナンス・方針・活動の問題に関する専門家でもある。私たちは自らの仕事のすべての面において、(学生からの) 専門的な意見の活用に努める (QAA, 2011b)。

QAAの公約によると、学生は大学の教育運営について専門的な意見を述べる業務パートナーである。言い換えると、学生は自らの教育経験を最大化させる連帯責任を負っているということになる。

学生が担うべき質保証の業務は、大きく分けて2つある。その1つは、QAAの外部評価団として、大学評価に関わることである。2013年11月の時点で、QAAの「学生評価者」(student reviewer) に登録している学生は、(イングランド、ウェールズ、北アイルランド担当で) 82名いる。この制度は、2009年度に発足しており、そのときは45名の学生が登録していた。QAAの説明では、「学生評価者は、学生を質保証のプロセスに巻き込むという、QAAの目標の核となる要素のひとつである」(QAA, 2013)。もうひとつの業務は、外部評価の受審機関に所属している学生が、①外部評価団に提出する「学生報告書」(student submission) を作成したり、②外部評価団と面談したり、③大学の内部質保証組織の正式な一員として参加したりすることが想定される。

なお、QAAによる外部評価（イングランドと北アイルランド）は、2013-14年度から、「高等教育レビュー」(Higher Education Review) に改められている。

上述した「③大学内部の質保証組織の正式な一員として参加」に関して、学生は、どのような組織の一員として、いかなる業務を期待されているのだろうか。QAAが規範として示す学生参画の在り方を次節で概説してみたい。

2　学生参画の在り方

QAAが提案する学生参画の在り方は、「イギリス高等教育質保証規範」(UK Quality Code for Higher Education) のB部「教育の質の保証と向上」(Assuring and enhancing academic quality) の第5章「学生参画」(Student engagement) に記載されている。この章の冒頭において、QAA (2012a: 2) は、質保証への学生の参加について、独自の見方を以下のように述べている。

> 学生の個人的・集団的な見解は、彼らの教育経験の向上を目的とする、質保証制度に利用できる情報となるべきである。質保証への学生の参加は、彼らすべての教育経験の発展に、正の影響を及ぼすことができる。

学生が提供できる（または、彼らの行動として示される）情報は、下記の項目のような内容を含む (QAA, 2012a: 2-3)。

- ・出願と入学の状況について
- ・高等教育への適応について
- ・プログラムの計画・提供・運営について
- ・カリキュラムの内容について
- ・教育方法について
- ・学習機会について
- ・学習環境について
- ・学生支援・指導について
- ・成績評価について

これらの項目には、学生の直接的な参画によって示される情報以外のものも多々含まれている。つまり、IR (institutional research) などで間接的に集め

られた学生の声（データ）を教育改善に用いることも、広義の意味での学生参画といえる。

　QAA（2012a: 3）の言葉を借りれば、「すべての学生は、質の保証と向上のプロセスに関与する機会を、彼らにとって適当な方法や段階で与えられるべきである。（学生参画の）手段を考えるうえで、その機会の活用を奨励されるような文化と環境を、大学が構築することは重要である」。そして、その環境を効果的なものにするためにも、大学は、以下の項目を実施すべきである。①質保証制度への自発的な学生参画を、学生の個人的・集団的意見の活用も含めて促進する。②学生の賛同を得られた、学生代表の推薦・選任のための透明な仕組みを利用する。③学生や教職員への研修や継続的な支援を、彼らの役割に則して提供する。④質保証への学生参画に関する政策やプロセスの効果を、監視・批評・向上させる（QAA 2012a: 3）。

　QAA（2012a: 4）によると、上記の環境整備は、すべてのイギリスの大学が実施すべきことであるが、学生参画の在り方は、大学の多様性に応じて異なるべきだとされる。ただし、環境整備のより具体的な推奨モデルとして、「賢明な方法への指針」（Indicators of sound practice）を7つ提示している。その第一の指針は、下記の「学生参画を定義する」（Defining student engagement）である。

　　大学は学生団体との協力関係の下で、どのような学生でも教育の質の向
　　上と保証に参画できる機会（学生参画）の範囲を定義し、その機会を促進
　　すべきである（QAA, 2012a: 4）。

　つまり、学生が参画できる範囲を学生に明示する必要性を記述している。なお、学生参画の範囲には、例えば新しいカリキュラムの編成、プログラムの認可、教育プログラムの定期的なレビューなどへの学生の関与が考えられる。

　第二の指針は「環境」（The environment）で、「大学は、学生と教職員が学習経験の向上を目的とした議論に参画する環境を構築し、その環境を保持していくべきである」（QAA, 2012a: 6）と、提案している。言い換えれば、学生と教職員が定期的に意見を交換する環境を作り、教育の質の向上のための責任

を共有する重要性が唱えられているのである。

　第三の指針は「代表の仕組み」(Representational structures)である。それは、「蓄積された学生の声を効果的に代表させる取り決めがすべての組織レベルで存在し、それらの取り決めがすべての学生の意見集約の機会となっている」(QAA 2012a: 7)ことを表している。

　第四の指針には、「訓練と継続的な支援」(Training and ongoing support)という表題が付された。この指針によると、「学生代表と教職員が、教育の質の向上と保証を効果的に実施する役割を担うのに必要な知識や技能を身に付けるために、訓練と継続的な支援を受けられることを、大学は保証すべきである」(QAA, 2012a: 8)。そのうえで、それらの研修制度の有効性を点検する重要性も指摘されている。

　第五の指針は「情報を与えられた対話」(Informed conversations)とされ、「学生と教職員は相互の情報共有の下で、証拠に基づいた議論に加わるべきである」(QAA 2012a: 9-10)と書かれている。なお、共有すべき情報として、下記の項目が例示されている。

- 学内・学外の学生アンケートの結果や、その他の調査 (National Student Survey, Postgraduate Taught Experience Survey, Postgraduate Research Experience Survey and iBarometer)のフィードバック
- 科目やプログラムごとの学生パフォーマンスの分析結果
- 「専門職業団体」(professional, statutory and regulatory bodies)のアクレディテーションの報告書
- 就職活動の状況・学生の学習経験を向上させるための大学の実績報告書

　それから、「学外試験委員」(external examiner)の報告書も重要な共有書類であることが付記されている。加えて、個人情報保護の観点から、情報の適切な共有ルールを定めることが求められている。

　第六の指針である「学生の貢献を評価する」(Valuing the student contribution)によると、「学生と教職員は、学生の学習経験の強化と、これらの成功を

もたらした学生の努力を広く喧伝し、かつ協同で表彰すべきである」(QAA 2012a: 11)。このことは、参画する学生のモチベーションを引き上げるのに重要なことだろう。

最後の指針は「監査、批評および継続的改善」(Monitoring, review and continuous improvement) である。この指針は、「学生参画の効果は、核となるパフォーマンスの定型指標を用いて、少なくとも毎年度監査・批評されるべきである。そして、その政策とプロセスは、必要に応じて強化されなければならない」(QAA 2012a: 11)。これらの監査・批評の結果報告書は、QAA の外部評価を受審する際に、評価団に提出されることになる。

QAA は、上記のように学生参画の在り方を提示し、自らの戦略2011－14の実現に取り組んでいる。その活動のひとつに、「全英学生自治会連合」(National Union of Students: NUS) と協同で行っている、改革プロジェクト「学生中心の質保証」(Student-centred Quality Assurance) がある。次節において、このプロジェクトの成果を略述してみたい。

3　NUS との協同プロジェクト

2011年9月に QAA と NUS は、「学生中心の質保証」(Student-centred Quality Assurance) という、協同改革プロジェクトに着手した。QAA は、このプログラムの予算として、£218,000 を投資している。プログラムは、主に下記の4つで構成されている。

・「学生の経験」(student experience) に関する研究報告集の作成
・質保証に関与するための、学生の訓練とテキストの作成
・質保証に関する、全国各地での学生向けイベントの開催
・質保証への学生参画を発展させるための、16の学生自治会に対する QAA の助言と支援

「学生の経験」に関する研究報告書は、2012年3〜4月に、4部構成で

出版されている。その第1部は「教育と学習」(Teaching and Learning)で、第2部は「自主的な学習と授業時間」(Independent Learning and Contact Hours)、第3部は「分野間の差異」(Subject Differences)、第4部は「初年次教育」(First Year Student Experience) であった。なお、これら一連の報告書の副題は、「教育経験の質に関する知見を得るための学生経験の研究」(Student experience research to gain insight into the quality of the learning experience) で統一されている。本章では、第1部「教育と学習」を中心に、その内容を紹介したい。

第1部「教育と学習」の研究は、3つの方法を組み合わせて実施された。それらは、①全国レベルのオンライン調査（質問紙形式）、②全国8カ所での個別訪問調査（面談形式）、③オンラインのグループ討議（調査結果の確認作業）である。これらの調査は、2011年11月から12月にかけて行われている (NUS, 2012: 7)。この調査の主な結果は、以下のとおりである。

学生の声（学生参画）に関する質問では、86.9%の学生が、教育プログラムの批評に関与する機会を持てたと回答している。その批評の方法は、図7-1

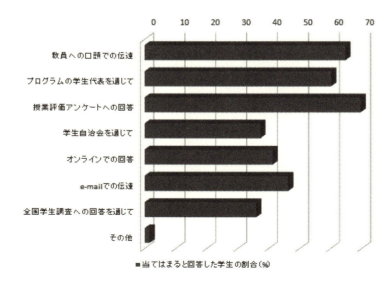

図7-1　教育プログラムへの批評の方法（複数回答可）

(出典) National Union of Students (2012)：13.

に明示するように、「授業評価アンケートへの回答」(69.7%) が最も多い。また、「教員への口頭での伝達」(64.8%) や、「プログラムの学生代表を通じて」(60.2%) も、一般的だといえる。「オンラインでの伝達」を選択した学生の割合は 41.3% であったが、その割合を超える 56.2% の学生が、批評の方法として、オンラインが望ましいと回答している (NUS, 2012: 13)。

上記したように、教育プログラムの批評に関与できた学生の割合 (86.9%) は高いが、彼らの批評が実際の改善に反映されたと感じているのは、58.2% の学生しかいない。学生の多くは効果が目に見える形でのフィードバックを望んでいるが、31.9% の学生は、彼らの批評が考慮されたかすら定かでないと回答している (NUS, 2012: 13)。

次に、教育プログラムの内容やカリキュラムの改編に、どの程度関われたかについて、学生の回答は、図 7-2 のようになった。

図 7-2 のように、学生が関与したいと考えている度合いよりも実際の関与の度合いが低い結果となった。ただし、その関与の方法として、間接的な関与である批評（情報提供者）を好む学生 (72.9%) が最も多かった。直接的な関

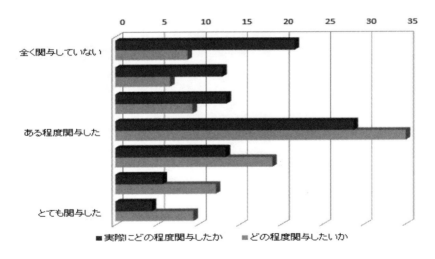

図 7-2　教育プログラムの内容やカリキュラム改変への関与の度合い

(出典) National Union of Students (2012) : 14.

与であるプログラムの学生代表としての関与や、成績評価の基準作成への関与を希望している学生は、それぞれ 19.5% と 19.0% であった。なお、何らかの形で関与することは、彼らの義務だと考えている学生は、95.5% に上った（NUS, 2012: 15）。

　第1部「教育と学習」の研究は、学生参画以外の項目についても調査している。例えば、教育の質に関する質問の結果によると、90.6% の学生が、彼らの学習経験をより良くする最も重要な要素は教員の教育技能だと回答している。また、50.2% の学生は、対話形式の授業の増加を求めている。対話形式の授業は、彼らの学習を深化させるだけでなく、同級生との関係を良好にしたり、彼らの就活能力を発展させたりすると考えられている。対話形式の授業以外では、43.3% の学生が「個別指導」(tutorial) の時間増加を、41.9% の学生が指導教員との個別面談の時間増加を、それぞれ希望している。加えて、54.7% の学生は、刺激的な講師の存在が彼らの学習を好転させる動機になると回答した（NUS, 2012: 5）。

　汎用的な技能（就活能力）に関する質問について、78.2% の学生が、履修している教育プログラムは、彼らの未来の職業に役立つだろうと回答している。なお、役に立つという回答の割合は、分野別では、医歯学、教育学、法学などで高く、歴史学、哲学、文学などで低い（NUS, 2012: 5）。

　コメントと成績評価に関する質問について、多くの学生は、教員の口頭でのコメントの増加を要求し続けている。なお、42.3% の学生は提出した課題への教員のコメントを口頭で得ているが、その機会を望む学生は 66.1% もいるので、未だに不満足なレベルといえる。そして、37.4% の学生は課題提出後の1-2週間後に、38.1% の学生は3-4週間後に、それぞれ教員のコメントを受けられた。しかしながら、15.3% の学生は5週間以上も待たされたのであった。それから、39.3% の学生は試験結果のコメントを答案に書き込んでもらっている。とはいえ、過半数の学生は、記述ではなく、教員との個別面談によるコメントを望んでいる。この個別面談でコメントを得られた学生は 15.1% しかいない。問題点として、全体で 21.6% の学生が、形成的評価（授業期間中にそれまでの学習到達度を把握し、その後の主体的な学習に活かす

評価）を全く受けていないことが挙げられる（NUS, 2012: 5）。

　次節では、イギリスの各大学における学生参画の現状を、QAA 報告書 (2012b)「機関監査の結果：2009-11、学生参画」(Outcomes from Institutional Audits: 2009-11, Student engagement) を参照し、例示してみたい。

4　学生参画の現状

　QAA は、2009 年 9 月から 2011 年 7 月までに自ら行った機関監査の結果を基に、イギリスにおける学生参画の現状を分析した。この期間に監査を受審した機関は、伝統的な研究大学から新設大学まで、多様な 59 校であったが、ほぼ全ての大学において、教育の質の保証や向上に何らかの形で学生が関与していたことが確認された。ただし、当時の監査では学生参画が評価項目に含まれていなかったため、大学が報告しなかった優れた取組みが残されている可能性に注意したい（QAA, 2012b: 3）。

　QAA の報告書（2012b: 5-6）によると、多くの大学が学生団体との良好な関係構築に努力している。例えば、「バッキンガムシャー・ニュー・ユニバーシティ」(Buckinghamshire New University) では、「学生自治体を、学生の教育経験の全ての面を監視・改善する上での中核的なパートナーと見ている。」それから、「ロンドン・サウスバンク大学」(London South Bank University) では、「学生自治会との協同関係の下で、FD・SD 部門の教職員が（授業改善などの）革新的プロジェクトを展開している。」さらに、委員会への学生の参加による教育改善を支援する、「学生代表・民主化調整役」(Representation and Democracy Coordinator) のポストも新設した。同様のポストは、「リバプール・ジョン・ムーア大学」(Liverpool John Moores University) にも設けられている。その他にも、「ロイヤル・ノーザン音楽カレッジ」(Royal Northern College of Music) では、「学生自治会との協同を通して、プログラム委員会の教育改善計画に影響を与える、学生代表制度を復活させている。」

　学生自治会と大学執行部が意見を交換する定例協議会の設置も、例えば、「ダービー大学」(University of Derby)、「ニューカッスル大学」(University of Newcastle)、「ノッティンガム大学」(University of Nottingham)、「ティーズサイド大学」(University of Teesside) などで行われた。「グロスターシャー大学」(University of Gloucestershire) では、学務理事が座長を務め、学生自治会長が副座長を務める、公式な組織である「学生委員会」(Student Affairs Committee) を設立している (QAA, 2012b: 6)。

　機関監査の対象となった59校の大多数は、教務に関する最上位の意思決定機関[1]である、「評議員会」(Senate) や「学術委員会」(Academic Board) などの投票権を持つ正規メンバーとして、学生代表の参加を公認している。特に、「ロンドン・メトロポリタン大学」(London Metropolitan University) と「ユニバーシティ・カレッジ・バーミンガム」(University College Birmingham) では、教務に関するすべての審議委員会に学生代表が参加している。「ノーサンブリア大学」(University of Northumbria at Newcastle) の学生は、「教育改革について（教職員から）相談されたことや、業務の主な会議で学生を代表していた」ことに満足感を覚えたと回答している (QAA, 2012b: 7-8)。

　QAAの報告書 (2012b: 8-9) は、学生参画に関する問題点も指摘している。例えば、「コートールド美術研究院」(Courtauld Institute for Art) には、「学生自治委員会の代表者一人に、質保証を過度に依存する」構造が見つかった。「インペリアル・カレッジ・ロンドン」(Imperial College London) は、「ある重要な会議への学生参画の欠如」を、QAAの外部評価団に改善すべき点として指摘されていた。同様に、QAAの外部評価団に提出されたロンドン・サウスバンク大学の学生報告書には、「学生の声の質を高めるために、学生自治会と大学が、より密接に業務を遂行すべきである」という記載があった。また、「ロンドン大学[2]」(University of London) では、部局レベルの会議に学生代表が参加しているが、彼らは学生自治会による訓練と支援を受けていなかった。

　QAAの報告書 (2012b: 14-15) は、新しい教育プログラムの認可や、既存プログラムの監査における学生参画の事例にも言及している。例えば、バッキンガムシャー・ニュー・ユニバーシティにおいて、「学生代表は教育プログラムのハンドブックの内容に対して批評する役割」を担っている。「ロンドン・スクール・オブ・エコノミクス」(London School of Economics) でも、「教

職員・学生連絡委員会へのコンサルティングを学生代表が担当」している。また、「ブリュネル大学」(Brunel University) では、教職員・学生連絡委員会などの組織が、授業評価アンケートなどの結果を、毎年実施されるプログラムごとのモニタリングに用いている。ただし、「ヘイスロップ・カレッジ」(Heythrop College) のように、「プログラムレベルの学生代表がモニタリング報告書の執筆・検討にどのように関与するかについて、詳細が明確になっていない」機関も存在した。

　大学と学生が学外試験委員報告書の勧告を共有することも、教育の質の保証・向上の観点から重要である。その実施例として、「バーミンガム・シティ大学」(Birmingham City University) では、「学生代表と一緒に、学外試験委員報告書を議論する」制度が確立されている。ノーサンブリア大学も、「学外試験委員報告書の勧告への対応を学生代表と教職員で協議する制度」を整えている。「オックスフォード・ブルックス大学」(Oxford Brookes University) では、オンラインで、学生と教職員が学外試験委員報告書への対応をそれぞれ書き込めるようになっている (QAA, 2012b: 15)。

　「全国学生調査」(National Student Survey: NSS) の活用に関して、例えば、ダービー大学では、教務に関する主要な委員会や学部・学科会議で、NSSの結果を分析した報告がなされている。同じく、「バークベック・カレッジ」(Birkbeck College) でも、特にNSSで明らかになった問題点への対応が学部・学科会議で論じられている。「キングス・カレッジ・ロンドン」(King's College London) では、NSSの結果への対応を担う専門のワーキンググループを設置している。ブリュネル大学では、「NSSを学内調査の基礎データとして活用」している。また、大学院レベルの全国学生調査 (Higher Education Academy Postgraduate Research or Postgraduate Taught Experience Surveys) を用いている機関も、多数存在した (QAA, 2012b: 16-17)。なお、沖 (2010: 5) によると、NSSでは、「大学に対する公的なアカウンタビリティ要請への応答、個別大学の機能改善、および受験生への情報提供がその目的と位置づけられている」。

まとめ

　本章は、イギリス（主にイングランド）の大学における質保証への学生参画について、QAA の定義、戦略、指針などを概括した。そして、学生参画の現状や課題を、NUS と QAA の報告書の記述を用いて説明した。この説明で触れたように、質保証への学生参画は、その必要性が QAA 戦略 2011-14 で明言されるより前に、すでに多くの大学で自主的に発展しつつある取組みであったといえる。しかし、その後、QAA の評価項目に組み入れられると、質保証への学生参画は大学の自主的な取組から、大学が必ず果たすべき義務となったのである。この変容が、学生参画の形式化につながらないことを切に願いたい。

　形式化につながらない希望はある。そのひとつは、QAA が、質保証への学生参画を評価項目に加えただけでなく、その制度の発展のために、下記のような多様な取組みに励んでいることである。

- QAA の政策決定への意見提示や支援を実施するために、QAA の評議会と会合する組織として、「学生意向評議会」(Student Sounding Board) を設置した。
- 学生評価委員（82 名の学生）の訓練を本格的に開始した。
- 学生代表を QAA の評議会理事に任命した。
- 質保証に関する学生イベントを定期的に開催するようになった。
- 質保証の情報を学生が理解しやすいように、平易なものに改める作業に着手した。

　イギリスの質保証への取組みが今後どのように展開されていくのかを注意深く見守ることは、わが国にとって、有意な示唆を与えると思われる。そのためにも、継続的な追跡調査・研究が望まれる。

注

1　経営・評価の最高意思決定機関は「役員会」(Council) である。
2　ロンドン大学は、数多くのカレッジや研究院で構成されており、通常、それら

は個別の機関として扱われる。ただし、ロンドン大学として学位を提供するコースも多々存在することから、ロンドン大学としての機関監査も受け入れている。

参考文献

沖清豪（2010）「イギリスにおける全国学生調査（National Student Survey）の導入と課題―IR（機関調査研究）のためのデータ収集という観点から」『早稲田大学教育研究フォーラム』2、3-20。

National Union of Students (2012) Student Experience Research (2012) Part1: Teaching and Learning, Student experience research to gain insight into the quality of the learning experience.

Quality Assurance Agency for Higher Education (2011a) Strategy 2011-14 (http://www.qaa.ac.uk/AboutUs/strategy11-14/Pages/default.aspx).

Quality Assurance Agency for Higher Education (2011b) Our Commitments (http://www.qaa.ac.uk/ AboutUs/strategy11-14/Pages/commitments.aspx).

Quality Assurance Agency for Higher Education (2012a) UK Quality Code for Higher Education, Part B: Assuring and Enhancing Academic Quality Chapter B5: Student Engagement.

Quality Assurance Agency for Higher Education (2012b) Outcomes from Institutional Audit: 2009-11 Student Engagement Third series.

Quality Assurance Agency for Higher Education (2013) QAA's Student Reviewers (http://www.qaa.ac.uk/Partners/students/reviews/Pages/Student-reviewers.aspx).

第2部

学習成果、学習成果の測定方法

第8章　JJCSSに続く新たな短期大学生調査の開発
―― ヒアリング調査の考察を中心に

山崎慎一（桜美林大学）
堺　完（日本私立学校振興・共済事業団）

はじめに

　本章では、短期大学の学生を対象とした調査であるJJCSS（短期大学生調査、Japanese Junior College Student Survey）の改善に向けて、短期大学の関係者を対象に行った調査結果をベースに短期大学生の実態に合わせた短期大学生調査の開発について検討する。

　まずは短期大学を取り巻く環境についてその概況を示す。大学設置基準の大綱化以降、種々の大学改革が実行されているが、その一方で短期大学を中心とした短期高等教育については、明確な施策がなされているとはいえない状況にある。**図8-1**は、短期大学の学校数および学生数の経年変化を示したものである。

　平成5年には、595校あり、およそ53万人の学生が在籍をしていたが、平成23年の学校数は387校、学生数は15万人にまで落ち込んでいる。さらに、現存する短期大学の多くは、定員充足を満たすことができていないため、こうした減少傾向は今後もさらに続くことが見込まれる。しかしながら、知識基盤社会といわれ、社会における大学進学の重要性が高まっているにもかかわらず、近年は四年制大学の進学率も頭打ちになっている。短期大学を含め、日本の高等教育全体の活力が失われつつあるといえるだろう。

　短期大学は、わが国の短期高等教育機関として、高等教育の機会均等を確

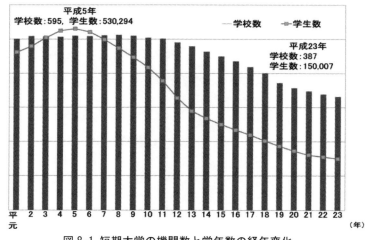

図 8-1 短期大学の機関数と学年数の経年変化

保するだけでなく、地域社会の職業人材の育成等、多様な人材の受け皿として社会の期待に応え、日本社会の発展に大きく貢献をしてきた。しかしながら、昨今のグローバル化や少子高齢化をはじめ、女子の4年制大学指向の進展や、4年制大学の職業教育への関心の高まりなど、さまざまな要因によって短期大学の持っていた独自性が失われつつある。そのため、わが国と日本の高等教育のさらなる発展を検討する上において、短期大学の在り方の再定義が求められているといえる。

実際に平成26年8月には、中央教育審議会大学分科会大学教育部会より「短期大学の今後の在り方について（審議まとめ）」が公表され、これまでの短大の発展経緯から、現状、今後の課題が総括的にレビューされ、国や地方公共団体による求められる政策的なアプローチや、短期大学関係団体の取り組むべき方策が示された。さらに、これからの短期大学の在り方として、専門職業人材の育成や地域コミュニティの基盤となる人材の養成に加え、高等教育のファーストステージとしての役割や生涯学習機能の充実など、機能別分化の推進も提言され、短期大学の在り方について、将来の方向性を含めた具体的な検討がなされた。短期大学を、高等教育機関へのアクセスのためのファーストステージとして活用すべきという識者の論（髙島・舘編著, 1998）も

あるが、「短期大学の今後の在り方について」はより明確にその必要性を示したものといえる。

　こうした提言の背景には、少子高齢社会の到来による人口減少段階において、三大都市圏を中心とする都市部とそれ以外の地方都市の格差の拡大も挙げられる。教育や看護、介護など今後も需要が増えるであろうと予想される分野においては、都市部だけで必要な人材を養成することは困難であり、地方都市内でそういった人材を養成することは不可欠である。地方にある大学や、これまでの地域の発展を支えてきた短期大学の役割は、日本社会の今後の発展を支えることが期待されている。

　短期大学の発展は、短期大学士制度が創設から10年にも満たない現状からも推測できるように、必ずしも政策的に明確な位置付けをなされているわけではない。図8-1に示した短期大学数とその学生数の減少は、主として各大学の改革の一環として実施された四年制大学への転換によるものであり、減少するべくして減少したものといえる。このような状況において、短期大学の今後の将来像を示した「短期大学の今後の在り方について」は、短期大学の社会における重要性と、わが国の高等教育政策における位置付けの明確化の必要性を示したものである。

　短期大学がこれまで担ってきた専門職業人材の養成においては、短期大学の将来に影響を与えうる新たな議論もすでに始まっている。平成27年3月には、実践的な職業教育を行う新たな高等教育機関の制度化に関する有識者会議から、「実践的な職業教育を行う新たな高等教育機関の在り方について（審議のまとめ）」が公表されている。これは、職業人養成の拡大や、高等教育の多様化、社会人の学び直し、地方創生への対応といった必要性が提言されているものである。最も大きな特徴は、実践的な職業教育を行う新たな高等教育機関の創設を提言していることである。知識基盤社会化、グローバル化、少子高齢化といった問題は、日本とその産業が直面する大きな課題であり、高等教育機関はその課題への対応が求められている。大学の機能である研究を必ずしも重視せず、より即戦力と実践への対応を重視しているものであり、短期大学がこれまで担ってきた高度職業人養成と重複する部分も多々

見られる。今後の状況については未だ不透明な点もあるが、職業教育志向のさらなる高まりは、短期大学の今後の在り方を検討するうえにおいても影響を及ぼすものと思われる。

そのひとつの方策として、学生調査を行って学習行動や学生生活の状況を把握し、そこから得られた情報を基に教育や学生支援などの改善に役立てていくことが重要になる。そこで常に変化する高等教育の状況に対応し、また4年制大学とは異なる短期大学の実態に合わせ、かつ短期大学生の特徴を把握したうえで、より短期大学に相応しい改革を促すひとつの手段として、JJCSSをより効果的に機能させるためにヒアリング調査を実施し、調査票の改訂の手がかりを探っている。

1 研究対象と目的

本章では、JJCSSを主たる研究対象とし、その改善作業の背景、現状、今後の展望について論じる。JJCSSは、短期大学基準協会調査研究委員会と (Japanese Cooperative Institutional Research Program, JCIRP) により、2008年より始まった調査である。JCIRPの開発してきた四年制大学を対象とした学生調査には、カリフォルニア大学ロサンゼルス校高等教育研究所 (HERI) が行ってきた調査を基にその許諾を得て、日本版として開発されたものがあり、新入生を対象としたJFSと、高学年を対象としたJCSSとがある。JJCSSは、このうちのJCSSを基盤に、短期大学に適合するものとして研究開発を進めているものである。調査の内容は、学生生活や奨学金のような従来から集められているデータだけでなく、短大における学生の経験や学習活動、学習の成果など、幅広い質問から構成されている。そのデータは、短期大学の自己点検評価への活用をはじめ、全国データとの比較による自短大の状況の把握など、各短期大学の改善・発展のための基礎資料としての活用を目的としている。

調査を開始した2008年から継続的な実施を続け、着実に調査参加短期大学および学生数を増やしてきたが、その一方で、調査目的の不明瞭さ、アメリカの調査をベースにしたことによる日本との相違の表出、難解な用語の利

用など、調査の問題点の指摘もなされている。2013年度は、これらの問題点を解決し、日本の短期大学の実情を踏まえた新たな調査票を作成するために、調査実施アンケートや、短期大学関係者のヒアリングやアンケート調査を進めてきた。ここでは、これらの結果と新たなJJCSSの作成に向けた取組みについて述べる。

2 これまでのJJCSSの利用状況と問題点

これまでのJJCSSの利用状況は以下のとおりである（図8-2）。これまで77の短期大学が参加し、継続参加分を含めると125の短期大学に及んでいる。調査参加学生数は、33,848人である。初年度は参加校の大幅な制限があったため、参加校数および学生数は限られている。以降はおよそ10,000人を上限に募集を行い、毎年30程度の短大が参加し、調査参加学生数は8,000人程度となっている。

2012年以降は、これまであった上限を撤廃し、学生一人当たりの実費を徴収したうえで実施をしたが、参加短期大学および学生数は減少した。新規参加校についても、2008年の開始時と同様の水準となった。こうした参加短期大学数の減少も、JJCSSが改善を要する一因といえる。

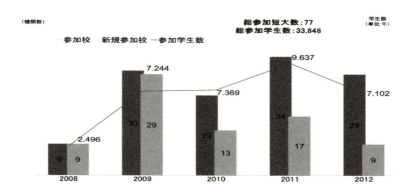

図8-2 JJCSSの利用状況

JJCSS のデータは、各短期大学の評価活動、教育改善の取組み、FD など、さまざまな用途に使われており、これまでの参加短期大学数も 77 に及ぶことから、一定程度の支持を得られているといえる。しかしながら、これまで蓄積された実施後のアンケートを通じたコメントは 50 件を超え、特に「調査票の質問数が多い」、「調査目的が不明瞭である」、「調査の実施に時間がかかり過ぎる」といったコメントは毎年寄せられており、JJCSS の研究開発を行ってきた短期大学基準協会調査研究委員会の中でもたびたび議論がなされてきた。そのため、調査の目的を明確化し、参加短期大学や実際に回答する学生の負担を減らすために、JJCSS の改善が必要とされた。

3　ヒアリング調査の実施

先に指摘した問題点をより正確に理解するために、2013 年 3 月～7 月の間にかけ、JJCSS 参加経験を持つ 5 つの短期大学を対象に、ヒアリング調査を実施した。調査方法は、おおむね 1 時間程度の半構造化インタビューにより行った。ただし、そのうち 1 校についてはスケジュールの都合から、同一内容の郵送による調査となった。ヒアリング調査の対象は、JJCSS に実際に関わった教職員数名である。質問内容は、JJCSS への参加理由、関心の高い質問項目、実施に関する意見、調査の実施、調査結果の利用など、詳細かつ広範なものから構成されている（**表 8-1**）。

ヒアリングの調査の結果から、調査の参加理由は、短期大学の機関評価や教学評価への利用や、自大学での独自調査が困難であるためということが明らかになった。関心の高い設問内容については、学習成果、短期大学の満足度、キャリア意識、進学理由が主たるものとして挙げられた。特に、学習成果についてはヒアリングだけでなく、アンケートの中でも指摘をされており、高いニーズがあることが窺えた。

その一方で、問題点も指摘をされ、特に 37 の問いと 235 項目に及ぶ質問数については、すべての短期大学において、多すぎるという意見が出された。調査時間は 30 分程度と想定しているが、ときには 60 分かかるケース

第 8 章　JJCSS に続く新たな短期大学生調査の開発　139

表 8-1　ヒアリング調査の内容

質問項目		
ヒアリング対象者の情報		
実際に JJCSS2012 に参加した感想		
JJCSS2012 のフィードバックについて		
望まれるフィードバックや分析について		
データや報告書の活用状況について		
具体的なデータの活用事例		
データの分析環境		
すでに実施しているその他の学生調査について		
調査実施に関して、現在の参加依頼方法はどうか、どのようなプロセス（審議）を経て、参加に至ったか		
調査票の項目数や所要時間はどう思ったか		
どのような学生に調査を依頼したか（学年等）		
実施する授業の選定や担当教員への依頼について		
実施時期やデータ返却時期は適切か。具体的にいつぐらいが望ましいか		
調査の負担感（事務手続きや実際の調査を受けた学生の反応）など		
現在の質問内容以外で、短大生の知りたい情報（不要な質問）などはあるか		
2013 年実施予定の施行調査についての参加意向確認		
上記質問以外の回答やコメントなど		
JJCSS に参加しようと思ったきっかけ （右記はこちらが想定した回答）	全国の規模の学生調査に興味	
	学内独自調査の実施が困難	
	学生情報を効率に収集	
	大学の機関評価等に使えそう	
	教育評価や教学改善に活用できそう	
	参加費用が安価	
	すでに多くの短大が調査に参加している	
	学生支援の充実に使えそう	
	入試広報や学生募集に使えそう	
	大学運営に必要な情報が得られそう	
	その他	
その他の学生調査がある場合の内容 （右記はこちらが想定した回答）	学生生活調査（キャンパスアンケート）	
	授業評価アンケート	
	大学満足度調査	
	就職活動やキャリアに関する調査	
	学生の学力に関する調査	
	入試や学生ボシュ広告に関する調査	
	高校での履修状況など広大接続に関する調査	
	休・退学に関する調査	
	その他	
JJCSS 調査で知りたかったことは何か （右記はこちらが想定した回答）	学生の入学後の経験や活動の状況	
	短大教育や学生支援に関する満足度	
	短大施設や学生支援サービスの満足度	
	学生の知識や技能の習得状況	
	入学動機などのアドミッション情報	
	高校時代の学習行動	
	高校時代の学校生活全般	
	学生の奨学金や学費の支払い	
	学生のキャリア意識	
	学生の価値観	
	その他	

もあるなど、授業の進行を妨げるだけでなく、学生への過度な負担にもなっている。その背景には、質問数の量だけでなく、質問の表現や用語の難解さも関連しているという意見もあった。これはJJCSSのベースとなったJCSSが、四年制大学の上級生を調査対象としていることも影響しているだろう。

調査結果の利用については、学内のFD委員会や教務部会、自己点検・自己評価の会議等で基礎資料として使われている傾向にあった。ただし、データの見方としては、単純集計と全体集計の比較が中心であり、短期大学自らがデータを活用している事例は見られなかった。短期大学は、四年制大学に比べて規模が小さく、学内にデータの生成・分析を作成するための人員が十分にいないことが想定される。実際、調査結果のフィードバックの要望では、個別および全体集計だけでなく、複数年参加をしている短期大学に対する経年比較や、各短期大学が特に関心を持つ項目の個別レポートなど、すぐに活用できる状態でのフィードバックが望ましいという指摘がなされた。ただし、現在のJJCSSは、実費のみを各短期大学が負担し、分析チームもボランタリーに関わっていることから、上記のような参加校のフィードバックのニーズに対して、個別に対応するのは困難な状況にある。

4 JJCSSを利用した学習成果の評価の可能性

JJCSS実施後のアンケートおよびヒアリング調査の過程から、学習成果の評価について高い関心が集まっていることが明らかになった。そのため、ヒアリング調査の実施後、希望する短期大学に対し、試験的に学習成果に焦点を当てた数ページのレポートを作成した。以下にその一部を報告する。レポートには、JJCSS2012のQ23入学時点からの知識や技能の変化(学習成果)のデータを利用した。Q23の回答項目である「大きく減った」を1、「減った」を2、「変化なし」を3、「増えた」を4、「大きく増えた」を5とし、ポイント化した後の平均値を用い、A短期大学とB短期大学の2年生の比較をした。A短期大学は、職業教育に特化をした比較的小規模な短期大学であり、調査委対象者数は113名である。一方、B短期大学は、英語を中心に国際系に強く、

四年制大学が併設されている。調査対象者数は121名である。なお、JJCSSにおいては、基本的には各短期大学の改善のための利用を第一の目的としており、個別短期大学の良し悪しを比較するために行っているわけではない。したがって、通常はこうした個別短期大学の比較を行うことはないが、本報告ではJJCSSの調査票の可能性や限界を検討するうえで、個別短期大学の比較を試みた。

図8-3を見ると、「数理的な能力」を除き、すべての項目においてB短期大学の数値と同等か上回っている。A短期大学とB短期大学の差が特に大きい項目は、「外国語の運用能力」、「異文化の人々に関する知識」、「プレゼンテーションの能力」、「グローバルな問題の理解」であり、B短期大学の特徴としている語学や国際的な能力が身に付いていると推測できる。その一方で、A短期大学の「専門分野や学科の知識」は、B短期大学と同等の水準にあり、職業教育に特化した機関としての役割を果たしているといえるだろう。

次の図8-4は、先に示したA短期大学とJJCSS2012全体の比較を試みた

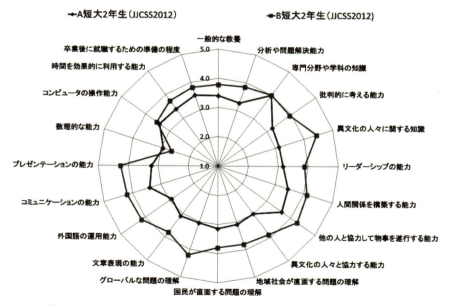

図8-3 A短期大学とB短期大学の能力の獲得意識についての比較

ものである。JJCSS2012参加校全体データとの比較は、各短期大学においても実施のしやすい比較検討方法の一つである。A短期大学とJJCSS2012参加校全体について、1年次と2年次の能力の獲得における伸びの差を見たものである。JJCSS2012参加校全体との比較においても、多くの項目で優位を保っており、先の図8-3の指摘において挙げた「外国語の運用能力」など、A短期大学の特徴も示されている。ただし、ネガティブな面も同様であり、「数理的な能力」は全体比較においても下回っている。

A短期大学は、ヒアリングの対象校でもあったことから、図8-4の分析結果を示したところ、以下のような指摘があった。

> A短期大学が目標としている教育が出来ていること、全国レベルの比較においても高い教育レベルにあるということを確認できたのは、自短期大学の状況を把握する上で重要な資料である。また、「国民が直面する問題の理解」や「地域社会が直面する問題の理解」について、全国比較とさほど差がなかったことについては、カリキュラム改訂によって時

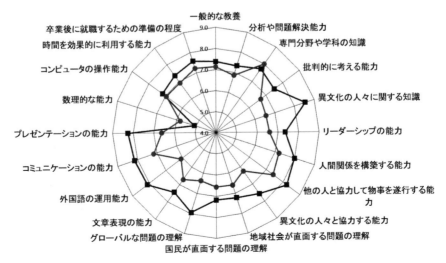

図8-4 A短期大学とJJCSS参加校全体の1年次と2年次の伸び率の差

事問題や社会問題に対する学習の時間を削除したことによる可能性がある。(2013 年実施ヒアリング調査より)

あくまでの調査の一部を見たうえでの推測ではあるが、こうした推測ができる基礎資料が存在しない現在において、JJCSS のような全国規模の学生調査の必要意義があるといえる。また、上記に指摘をされたカリキュラム改訂の影響については、短期大学基準協会調査研究委員会の調査分析チームの分析からは窺い知れなかったことである。実際の現場にいる短期大学の関係者自身が、データを確認し吟味できることは、各短期大学の改善を促すうえで重要な要素であるといえる。

図 8-5 に示した C 短期大学は、専門性の高い小規模短期大学のデータである。C 短期大学の 1 年生 (58 名) と 2 年生 (36 名) の比較の中で、最も特徴的な項目は「卒業後に就職するための準備の程度」である。通常、この項目は就職準備に関する項目であることから、1 年次よりも 2 年次の方が高く

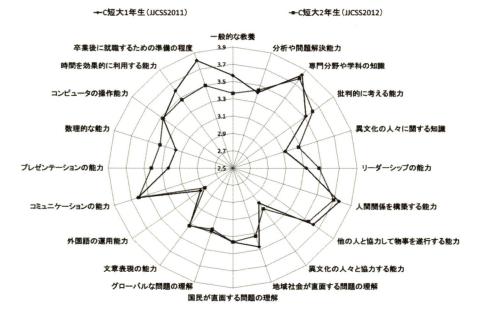

図 8-5 C 短期大学の 1 年生と 2 年生の能力の獲得意識の差

なる傾向にある。しかし、C短期大学においては、逆転の減少が生じており、1年生の方が卒業後の就職準備の程度をしていると回答をしている。

C短期大学へのヒアリングにおいて、上記図8-5の分析結果を示したところ、1年生時に集中的に卒業後の就職に向けた学習を行っているため、妥当な結果であるという指摘があった。C短期大学は、高度に専門化された領域を扱っているため、早期から就職準備を出来るという利点もあると推測できる。しかし、ほとんどの短期大学において、2年次に能力を獲得したと実感しやすい項目でも、カリキュラム次第では1年次の方が能力を獲得したと実感できる可能性があることは、各短期大学の教育を改善におけるカリキュラム改革の有効性を示している。また、こうしたカリキュラム改革の成果を確認するためにも、JJCSSは一定の役割を果たすことができるといえる。

おわりに

図8-6は、これまでのヒアリング調査のプロセスおよびその考察を図示したものである。

ヒアリングから考察されることは、ポジティブな側面として、学習成果や満足度など、短大生が在籍する短期大学から受けたインパクトや影響を把握したいという強いニーズが見られた。これは、近年の認証評価等で求められている教育の質保証を図るために、基礎データとしての学生調査への期待が表れているといえる。実際に、ヒアリング調査参加者の興味関心分野である学習成果に関する項目の分析やレポート作成では、各短大の強みや弱みの把握、教育改革へのヒントとなる情報資源として、JJCSSが活用できることも立証することができた。こうしたことから、JJCSSのような学生調査の発展は、今後の短期大学の改革において、重要な役割を果たすことが示唆された。

その一方で、現在の調査票の設問項目の量やそれに起因する回答時間の長時間化、学生への負担、調査データへの信頼性への不安など、解決すべき問題点も提示された。今後の改善において、具体的には以下の5点がJJCSSの改善においてポイントになるだろう。

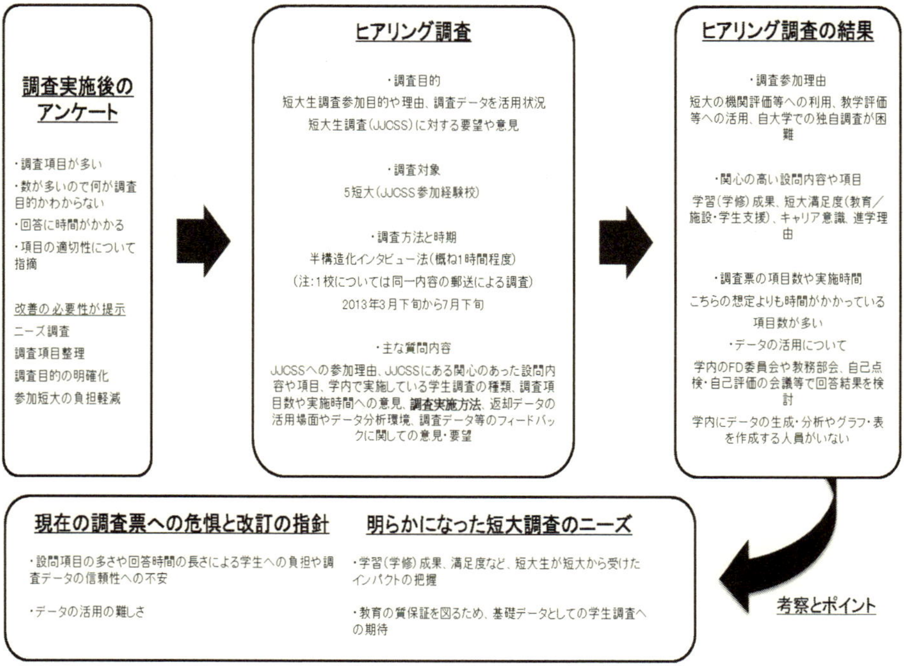

第8章 JJCSSに続く新たな短期大学生調査の開発　145

図8-6 ヒアリング調査のプロセス

1. リサーチベースの調査から問題解決型の学生調査への転換
2. 自己点検・自己評価および教学・学生支援サービスの改善への利用
3. 専門分野別ベンチマークを作成するための分野分類の検討
4. 各短大に対する調査結果の分析レポートを作成する試み
5. 日本の短期大学の実情に合った調査票へとさらなる発展
6. 調査項目数の削減・ニーズに合った調査項目の追加・語句の修正

　今回実施したヒアリング調査は、実際に調査に携わった人々によるものである。通常のJJCSS後のアンケート調査ではわかりえなかったことも多く、今後のJJCSSの改善のために有用な機会であった。学生を対象とした調査は、しばしば研究者の興味関心が先行する場合もあり、実態や現実の運用と

かけ離れているような事例も散見される。しかし、大学評価の本質に立ち返れば、短大や短大生に関するデータは、高等教育機関としての自発的な自己点検・自己評価や、改善活動の基盤となるべきである。短大のニーズに応え、自己改善を促す調査票の作成においては、実施担当者の協力は不可欠である。今後は、これまでの JCIRP チームによる種々の分析や考察とともに、実際に調査を活用する短期大学の意向を反映した上記のポイントを意識しながら、実態に即した新たな短期大学生調査を作り上げる必要がある。

　短期大学を取り巻く環境は、あらゆる面で日々変化をしており、将来を見通すことが困難な厳しい状況にある。しかしながら、このような状況であるからこそ、短期大学のさらなる発展を支持するためには、短大生調査もまたヒアリング調査を含めた地道な調査研究と改善が求められている。今後は、調査票自体の改訂だけでなく、短大における実際の改善活動への活用など、具体的なアプローチも必要になる。引き続き短期大学との協力の下、運用や活用も含めた総合的な短期大学生調査の検討がされなければならない。

謝辞

　本ヒアリング調査を実施するに当たり、4つの短期大学の実施担当者に大変お世話になりました。ヒアリング調査の性質上、インタビュー対象者の氏名と所属短期大学を示すことはできませんが、ここに感謝の意を表します。

引用・参考文献

中央教育審議会 大学分科会大学教育部会 短期大学ワーキンググループ (2014)「短期大学の今後の在り方について」(審議まとめ)。

文部科学省 実践的な職業教育を行う新たな高等教育機関の制度化に関する有識者会議 (2015)「実践的な職業教育を行う新たな高等教育機関の在り方について (審議のまとめ)」。

高鳥正夫・舘昭編著 (1998)『短大ファーストステージ論』東信堂。

第9章　短期大学学生の進学動機と将来展望
―― JJCSS の結果から

森　利枝（大学改革支援・学位授与機構）
堺　完（日本私立学校振興・共済事業団）

はじめに

　科学研究費研究「大規模継続データの構築を通した大学生の認知的・情緒的成長過程の国際比較研究」に拠って遂行されてきた大学生調査（Japanese Cooperative Institutional Research Program: JCIRP）は、四年制大学の学生を対象とした新入生調査（Japanese Freshman Survey: JFS）、上級生調査（Japanese College Student Survey: JCSS）のほかに、短期大学の学生を対象とした短期大学学生調査（Japanese Junior College Student Survey: JJCSS）という三種類の調査プロジェクトからなっていた。これらの学生調査は、現在カリフォルニア大学ロスアンジェルス校（UCLA）に置かれる高等教育研究所（Higher Education Research Institute: HERI）が遂行している、米国の大学生を対象とした包括的な学生調査である Cooperative Institutional Research Program: CIRP に範をとりながら、CIRP と比較可能性のある質問紙調査として開発し、2005 年から継続的に実施されてきた調査プロジェクトである。本科学研究費研究期間においては、2012 年までの直近の4年間に相当する期間の調査を継続的に遂行した。

　この JCIRP に包摂される一連の調査は、高等教育段階の学生の経験をインプット・環境・アウトプットの三段階に分けるというアスティン（Astin, 1985）の I-E-O モデルに基づき、学生の生活環境や学習の実態、態度、価値観、学生としての経験および将来への希望などを知ることによって、高等

教育機関が学生に与えるインパクトを測定するための指標を得ることを主たる目的としていた[1]。また、それに加えて、各高等教育機関が行う全学的な学生の傾向の把握や教学マネジメントの点検や改善、マーケティング戦略の開発、第三者評価のための資料作成などに資することもめざされていた。

本章の目的は、当該科学研究費研究期間およびそれ以前に遂行した JCIRP による学生調査のうち短期大学の学生を対象にした JJCSS の結果から、短期大学の学生の進学モチベーションと将来のライフスタイルに関する展望に特に焦点を絞りながら、JJCSS によって調査される短期大学の学生の価値観の一端を明らかにすることである。

1　調査の概要

すでに述べたように JCIRP は、米国の学生調査である CIRP との比較可能性を担保する形で開発されてきた。ただし、実際に CIRP の傘下で遂行されている諸調査は、原則として四年制大学の学生を対象とするものである。

このため、わが国で遂行する短期大学の学生を対象とした JJCSS の開発においては、まず CIRP の諸調査に基づいて日本版の四年生大学の学生向けの新入生調査 (JFS) と上級生調査 (JCSS) を開発し、それら2つの調査を基軸にしながら内容を調整することによって、短期大学の学生や短期大学という学習環境の特性を反映するような質問紙の構築を行うという方法が採られた。JJCSS の最初の調査は 2008 年に実施され、その後財団法人短期大学基準協会の協力を得て参加者の拡大を見ながら毎年 11 月を目処に遂行されてきている（**表 9-1**）。調査の質問紙に盛り込まれた質問は、毎年の調査実施にあわせて若干の改訂を経ながらも、短期大学のインパクトの経年での変化を検討することが可能となるように、基本的に同一の内容が維持されてきた。

2013 年度までに実施した JJCSS の調査票は 37 項目の質問からなっていた。その概要は **表 9-2** に示すとおりである。なお表中 37 番の質問は、「もし大学や短大を選び直せたら、あなたはもう一度、本学に進学しますか」というもので、仮に再び高等教育への進学機会が得られたらという仮定の条件を

提示して、在学する短期大学への満足度を測定しようという項目である。その後 2014 年度に、JJCSS は大幅な改訂を行って調査項目の改変が行われている。本章では大幅改定以前の 2013 年度までの調査票に基づき、2012 年度までの調査内容を対象にした分析を行うことにしたい。

表 9-1 JJCSS 調査参加校と参加者

実施年度	2008	2009	2010	2011	2012
参加校（校）	9	30	23	34	29
参加者（人）	1991	7219	7368	9637	7102

表 9-2 JJCSS 調査票の概要（2012 年度版）

	質問内容		質問内容
1	性別	19	短大での経験（正課外の活動等）
2	年齢	20	能力・態度の自己評価
3	学科の修業年限	21	短大の環境に関する満足度
4	入学年度	22	短大での経験（環境への順応と活用）
5	学年	23	入学後の知識や能力の伸長
6	居住環境	24	短大での経験（環境への順応と活用）
7	通学時間	25	短大での相対的な成績
8	出身高校での相対的な成績	26	人生を通した価値観
9	出身高校の設置形態・共学 / 別学	27	理想とする女性のライフスタイル
10	奨学金受給状況	28	就職内定状況
11	短大での経験（単位互換・転学等）	29	希望する職種
12	進学先の選択理由	30	職業価値観
13	留学生か否かの別	31	短大への満足度
14	学習支援・補習授業の需要	32	入学時の志望順位
15	短大での経験（授業・次週・教員との関係等）	33	入試種別
		34	進学志望決定時期
16	専門分野	35	高等教育第一世代か否か
17	希望する最終学歴	36	生活の充実度の評価
18	生活時間	37	もう一度同じ短大を選ぶか否か

2　進路選択のモチベーション

表9-2の12にあるように、JJCSSでは、当該短期大学の当該学科への進学理由として、18の項目に亘って重要性を4段階でたずねてきた。ここでは、2009年の調査結果と2012年次の調査結果を比較して、短期大学学生の進学動機の変遷を検討することにしたい。

まずその前提として、表9-2の33に基づいて、当該短期大学進学時にどのような選抜を経たかという項目への回答の変遷を**表9-3**に示した。表9-3では、調査参加者数の少なかった2008年のデータは除いている。ここに見られるように、学力試験（短期大学が実施する一般入試、大学センター試験およびそれらの併用）を経て短大に入学したという回答者は例年16%前後にとどまっており、またほぼ同率の回答者がAO選考によって選抜されている。最大のグループは内部進学を含む推薦入試によって選抜された者で、例年の回答者の60%以上を占めている。

表9-3　短期大学進学時の入試種別（%）

	2009	2010	2011	2012
学力試験（一般入試・センター試験）	17.1	15.4	16.5	15.8
内部進学	4.0	1.5	3.8	3.8
推薦（指定校・スポーツ等・公募推薦）	56.9	62.7	58.1	59.5
AO選考	14.1	16.2	17.6	16.8

このようなタイプの選抜を経て入学している短期大学の学生の進学のモチベーションを4件法で調査し、そのうち2009年の調査（JJCSS2009）と2012年の調査（JJCSS2012）について「とても重要」あるいは「ある程度重要」と回答された項目のうち上位のものを分析した結果が**表9-4**である。JJCSS2009では進学のモチベーションとして「とても重要」あるいは「ある程度重要」であると認識される項目としては、「学習内容への関心」、「資格取得」、「学生生活のエンジョイ」、「就職可能性」の順に比率が高かった。

一方 JJCSS2012 では、重要性が高いと認識されている上位4項目のうち3項目は JJCSS20009 と同様であったが、順位には入れ替わりがあり、「資格取得」、「学習内容への関心」、「就職可能性」の順に高くなっている。また JJCSS2009 では全体では5番目に重要とされていた「自宅から通える」という項目が4番目に重要な要素となり、「学生生活のエンジョイ」よりも重要であるという回答の比率が高くなっていることが明らかになった。

表9-4 進学モチベーションの変遷 2009 → 2012 年（%）

JJCSS2009	とても重要	ある程度重要	累積	JJCSS2012	とても重要	ある程度重要	累積
学習内容への関心	41.0	37.2	78.2	資格取得	59.0	22.4	81.4
資格取得	48.4	26.7	75.1	学習内容への関心	41.6	36.4	78.0
学生生活エンジョイ	33.6	39.1	72.7	就職可能性	42.5	34.1	76.6
就職可能性	31.2	35.4	66.6	自宅通学可能	44.2	25.4	69.7
自宅通学可能	39.6	25.8	65.4	学生生活エンジョイ	28.6	39.2	67.8

　これらの進学動機の変遷からは、短期大学の学生の進学動機は年を追うごとに堅実になっているという推論も可能であろう。特に、「資格取得」の重要性が累積で6ポイント、「就職可能性」が10ポイントほど上昇し、逆に「学生生活のエンジョイ」が5ポイント下降していることからは、「堅実化」の形跡が透けて見えなくもない。しかし表9-4に示した結果は3年を経た2時点での比較にすぎず、また調査に参加した機関は JJCSS2009 と JJCSS2012 では異なっていることから、例えば専攻分野ごとの参加学生の構成比も異なっているため、拙速に傾向を論じることは適切とはいえない。今後の継続的な調査が望まれる所以である。

　しかし、進学動機について専攻分野ごとの特徴を検討することには、入学後の指導の資料としての価値や学生募集マーケティング上の意義が期待され

る。そこでここでは、表9-4に表れる、全体的に主要な5種類の進学モチベーションのうち、専攻分野の影響を大きくは受けないと思われる「自宅通学可能」を除いた4項目に関し、各項目の回答を得点化して専攻分野ごとの平均値を求め、調査参加学生にとっての重要性を検討した。得点化に当たっては、「とても重要=2点」、「ある程度重要=1点」、「あまり重要でない=-1点」、「全く重要でない=-2点」とした。JJCSS2009とJJCSS2012の、専攻分野ごとの調査参加学生数は表9-5のとおりであり、両調査における得点化の結果は図9-1と図9-2に示した。

　図9-1と図9-2からは、進学先選択時に重要視されたモチベーションが、専攻分野ごとに大きく異なることが見て取れる。例えば、保健衛生、看護、福祉、教育の分野では「資格取得」が優勢なモチベーションとなっており、人文、芸術の分野では「資格取得」は重要でなく、さらに芸術においては「就職可能性」についても進学動機としては重要でない反面、「学習内容への関心」が高いことが見て取れる。

　また、看護の分野に特徴的に見られるように、短期大学進学時の進路選択のモチベーションとして「資格取得」の重要性が「学習内容への関心」の重要性を特に大きく上回るような分野においては、入学後の学生の指導において、学習内容を探求することの楽しさを伝えることが、短期大学における教育の重要な要素になることも同時に指摘できる。

　反対に、人文や芸術の分野では、短期大学進学のモチベーションとして「学習内容への関心」が際だって高く、「資格取得」やあるいは「就職可能性」は比較的低い（芸術の分野においては際だって低い）ことが見て取れる。このような、短期大学卒業後の人生に対して、学生がどのような展望を持っているかについてもJJCSSは詳しく調査している。次項ではそのことについて検討することにしたい。

表 9-5 JJCSS2012 回答者数（専攻分野別）

	専門分野	保健衛生	看護	農工	人文	経営	福祉	家政	栄養	教育	芸術	その他	計
JJCSS2009	学生参加数	253	291	367	787	783	294	394	910	2429	74	640	7219
JJCSS2009	構成比(%)	3.5	4.0	5.1	10.9	10.8	4.1	5.5	12.6	33.6	1.0	8.8	100.0
JJCSS2012	参加学生数	107	362	15	597	356	337	176	966	3713	238	235	7102
JJCSS2012	構成比(%)	1.5	5.1	0.2	8.4	5.0	4.7	2.5	13.6	52.3	3.4	3.3	100.0

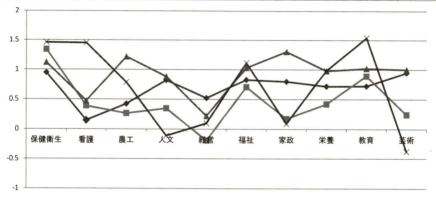

図 9-1 進学モチベーション（JJCSS2009 専攻分野別・得点）

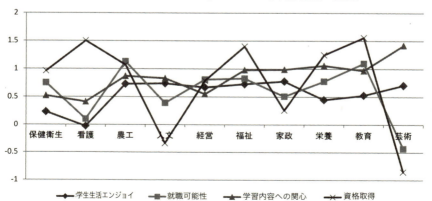

図 9-2 進学モチベーション（JJCSS2012 専攻分野別・得点）

3 将来への希望

JJCSSでは、表9-2の27に示したように、男女双方の短期大学の学生が理想とする女性のライフスタイルの在り方についてもたずねている。調査では、結婚や出産などのライフイベントと就業の関係について、「結婚せずに仕事を続ける」、「結婚や出産をしても仕事を続ける」、「結婚や出産時に仕事をやめる」、「結婚や出産時に仕事をやめるが、子どもの手が離れたら再び働く（M字復職）」、「就職はせずに結婚する」の5件から、女性の生き方として調査参加者の理想に近いもの1件の選択を求めた。

図9-3と図9-4にはこの設問に対する、JJCSS2009とJJCSS2012それぞれでの、保健衛生、看護、農工、人文、経営、福祉、家政、栄養、教育、芸術の各専攻分野の調査参加学生の調査参加学生の回答の全体的な傾向を男女に分けて示している。これら2回の調査結果からは、それぞれ母数の規模に差はあるものの、男子学生よりも女子学生の方が女性のキャリア追求を理想とする比率が高いことが指摘できる。

一方、『平成25年版厚生労働白書』の作成に当たっての資料を得ることなどを目的として（厚生労働省、2013a、2013b）、厚生労働省の委託を受けて2013年に三菱総合研究所が行った「若者の意識調査」（インターネット利用、15-39歳対象、回答数3,133件、うち男性の回答1,594件、女性の回答1,539件）の中の、「結婚（事実婚含む）したあとは専業主婦になりたいと思いますか」という未婚女性（n=789）への設問に対する回答では、34.2%が、「そう思う」（8.1%）ないし「どちらかといえばそう思う」（26.0%）と答えている。一方、「結婚相手（事実婚含む）の女性は専業主婦になってほしいと思いますか）という未婚男性（n=1,005）への設問に対する回答では、19.3%が「そう思う」（3.9%）ないし「どちらかといえばそう思う」（15.4%）と答えている（三菱総合研究所、2013）。

この厚生労働白書のための調査結果は、未婚女性の専業主婦願望と未婚男性の共働き願望のミスマッチが顕在化したと、マスコミでも喧伝された（例えば日本経済新聞、2013年9月24日）。

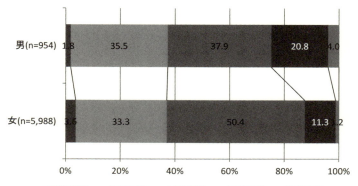
図 9-3　女性のキャリア理想（JJCSS2009）

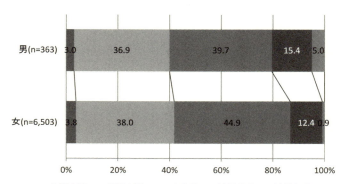
図 9-4　女性のキャリア理想（JJCSS2012）

　ところがすでに図9-3と図9-4で確認したように、JJCSSにおける類似の設問に対する回答を見ると、M字復職を有職と見れば、男性よりも女性の方に結婚・出産後に就業していることを希望する割合が高いことが知れる。「結婚したら退職する」と「就職せずに結婚する（結婚無職）」の合計を「専業主婦願望」であるとすれば、JJCSS2009においては男性の24.8％、女性の12.5％が専業主婦願望層であるということができる。JJCSS2012においても同様に男性の20.4％、女性の13.5％が専業主婦願望であるという結果が得られている。すなわち、「若者の意識調査」とは異なり、短期大学の学生

のみに関しては男子学生よりも女子学生の方が共働き願望が高いということになる。さらに、女性のみに関していうと、専業主婦願望は「若者の意識調査」よりも JJCSS に参加した女子学生において低率であることがわかる。

　この差はどのようにして生じるのであろうか。回答者の属性を検討すると、JJCSS では回答者の未婚・既婚の別は調査していないが、現役の短期大学の学生はほとんどが未婚であることが推測できる。したがって厚生労働白書のための調査のこの設問が未婚者のみを対象としたものであることを考慮しても、未婚・既婚の別が結果の差に影響を与えたとは考えにくい。JJCSS の調査参加者は全員が短期大学の学生であり、調査結果から年齢層では 18-23 歳が全体の 95.8% を占めることが明らかになっているが（表9-2の2）、厚生労働白書のための調査においては専業主婦願望と職業や年齢のクロス集計は公表されていないため、そもそも 15-39 歳に設定された「若者の意識調査」のうち短期大学の学生に相当する年齢層のみを抽出して、女性の就業に関する意識の傾向と比較することも不可能である。したがってここでの考察は推測の域を出ないが、JJCSS の調査結果は、短期大学の女子学生において、職業を持って生きることに対する意識や希望が、若年女性一般（39歳まで）に比して高いことが指摘できる。

　このことから、短期大学にとっての、生涯にわたってキャリアの形成を継続したいという学生のニーズを支えられるような教育を提供することの重要性が指摘できる。また、ここでいう、学生のニーズを支えられるような教育とは、いわゆる「生涯学び続けることができる」ような人材の育成であり、したがって教養教育を含むことも指摘できる。

　では、JJCSS に見られる女性のキャリア理想には、専攻分野ごとにはどのような傾向が見られるのだろうか。図 9-3 と図 9-4 に示した JJCSS2009 と JJCSS2012 の結果を専攻分野別に分類した結果が**図 9-5** と**図 9-6** である。

　これら 2 つの図に見られるように、調査参加者が 100 人に満たない年（JJCSS2009 における芸術と JJCSS2012 における農工）を含む専攻分野を除けば、2009 年のコーホートと 2012 年のコーホートは専攻分野ごとにほぼ類似の傾向を示している。とりわけ、看護系学生のキャリア意識の強さと教育系学

第9章 短期大学学生の進学動機と将来展望　157

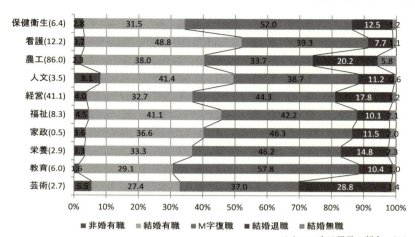

図9-5 女性のキャリア理想（JJCSS2009）

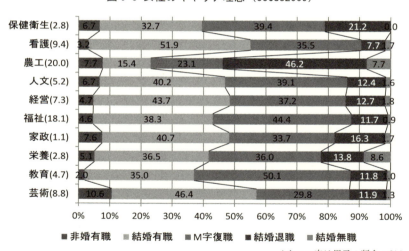

図9-6 女性のキャリア理想（JJCSS2012）

生のM字復職への指向性が見て取れる。この項目での調査を継続して、回答者数の母数を拡大することにより、短期大学におけるキャリア教育に資するデータを提供することも、またわが国の短期大学の学生のキャリア意識の変遷を把握することも、双方ともJJCSSの目的である。

さらに、表9-2の17に示したように、JJCSSで尋ねている項目には最終

的にどの程度の学歴まで進学したいかというものがある。具体的には調査票において、「短期大学卒業」、「専攻科修了」、「大学卒業ないし大学院修了」の3件からの択一で尋ねている。この問いに対するJJCSS2012での回答の全体的な傾向は、「短期大学卒業」が最も多く86.5%、次いで「専攻科修了」が多く7.6%、「大学卒業ないし大学院修了」は5.6%であった。これら回答者における、専攻科や四年制大学への進学のリアリティを推測する手がかりとして、JJCSS2012に参加した短期大学29校（表9-1参照）における専攻科や併設四年制大学の設置状況を見てみたい。調査参加校のうち専攻科を設置するものが11校（37.9%）、四年制大学を併設するもの24校（82.8%）であった。この状況からは、四年制大学に比して、在籍する短期大学の系列における設置の割合が低いにもかかわらず、専攻科が、現役短期大学生に対して比較的高い訴求力を有していることが推測できる。

　図9-7には、希望する最終学歴の、専攻分野ごとの傾向を示した。JJCSS2012への参加者数も、またこの設問への回答者数は少ないものの、農工を専攻する学生の、短期大学卒業後の進学へのモチベーションの高さが特に目を引く結果となっている。

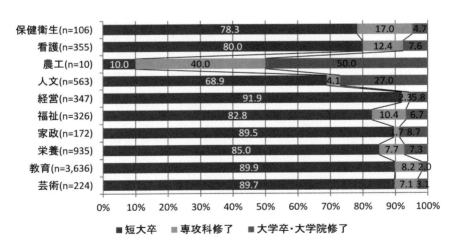

図9-7　希望する最終学歴

おわりに

　本章で見てきたように、JJCSSは、短期大学の学生を対象に、短期大学入学までの経験、学生生活、価値観、将来への希望など、学生に関わるさまざまな局面についてその実態を把握しようと継続的に遂行されている調査である。本章では特に、短期大学への進学時の進路選択の動機と、短期大学卒業後の進学、就職、ライフスタイルといった特定の角度から分析を行ったが、ここで示した分析以外にも、さまざまな角度からさまざまなデータへのアプローチが可能であることはいうまでもない。JJCSSに参加する短期大学には、当該短期大学からの参加学生の回答がデータ化されてフィードバックされる。また、調査実施回ごとの全参加学生の単純集計結果が整理され公表されているため、調査に参加する短期大学は自大学の学生の意識や学習の実態について経年的な傾向を把握することができるほかに、全国的な短期大学の学生の傾向と自大学の学生の傾向を比較することも可能となっている。

　JJCSSがその一角をなしてきたJCIRPや、JCIRPの源流である米国のCIPRの"C"はCooperativeの頭文字であることからも知れるように、高等教育コミュニティが相互に共同することによって大規模なデータが入手可能になることがこれらの高等教育機関を横断した学生調査の基本的な発想の基盤であり、またこれら調査はその大規模データに基づいて信頼できる分析を行うことを目標ともしている。本章を閉じるに当たって、JJCSSに参加いただき、大規模データの獲得を可能にしてくださっている短期大学、長時間を割いて真摯に回答くださっている短期大学の学生の皆さん、そして調査の実施のコーディネイトに全面的にご協力いただいている一般財団法人短期大学基準協会に改めてお礼申し上げたい。

注

1　AstinのI-E-Oモデルは、おのおのの学生の入学時の所与の条件（Input）が、高等教育機関の備える環境（Environment）の影響と相まって、学習の成果（Output）を直接的・間接的に形成するという考え方で、高等教育機関の教職員が学生の変革や成長にどのように関与しうるかを説明しようというものである。I-E-Oモ

デルに対する評価については、例えば Pascarella and Terenzini (2005) などが参照できる。

参考文献

Astin, A., W. (1985) *Achieving Educational Excellence,* Jossey-Bass, San Francisco.
Pascarella, E., T. and Terenzini, P., T. (2005) *How College Affects Students: A Third Decade of Research,* Jossey-Bass, San Francisco.
厚生労働省（2013a)「『若者の意識に関する調査』」の結果を公表」報道発表、http://www.mhlw.go.jp/stf/houdou/0000021856.html （last retrieved in November 2013）。
厚生労働省（2013b)『平成 25 年厚生労働白書』、財務省印刷局。
三菱総合研究所（2013)『少子高齢社会等調査検討事業報告書（若者の意識調査編)』、http://www.mhlw.go.jp/file/04-Houdouhappyou-12605000-Seisakutoukatsukan-Seisakuhyoukakanshitsu/0000022200.pdf (last retrieved in May 2015)。
日本経済新聞オンライン版，「独身女性、3 人に 1 人が専業主婦希望　厚労省調査」,2013 年 9 月 14 日、http://www.nikkei.com/article/DGXNASDG2403Y_U3A920C1CR8000/ （last retrieved in November 2013)。
短期大学基準協会・JCIRP 短期大学調査チーム（2009)「短期大学学生に関する調査研究 -2008 年 JJCSS 調査全体報告」、一般財団法人短期大学基準協会。
短期大学基準協会・JCIRP 短期大学調査チーム（2010)「短期大学学生に関する調査研究 -2009 年 JJCSS 調査全体報告」、一般財団法人短期大学基準協会。
短期大学基準協会・JCIRP 短期大学調査チーム（2011)「短期大学学生に関する調査研究 -2010 年 JJCSS 調査全体報告」、一般財団法人短期大学基準協会。
短期大学基準協会・JCIRP 短期大学調査チーム（2012)「短期大学学生に関する調査研究 -2011 年 JJCSS 調査全体報告」、一般財団法人短期大学基準協会。
短期大学基準協会・JCIRP 短期大学調査チーム（2013)「短期大学学生に関する調査研究 -2012 年 JJCSS 調査全体報告」、一般財団法人短期大学基準協会。
山田礼子編著（2009)『大学教育を科学する―学生の教育評価の国際比較』東信堂。

第 10 章　JCSS に見る大学教育における
　　　　アクティブ・ラーニングの状況

安野舞子（横浜国立大学）

はじめに

　ここ数年来、日本の大学教育においてアクティブ・ラーニングの重要性がつとに叫ばれている。アクティブ・ラーニングとは「能動的な学習（学び）」のことであるが、日本の大学教育では「能動的な学びを取り入れた授業形態・方法の総称」としてこの用語が使われている。中央教育審議会・大学分科会による「新たな未来を築くための大学教育の質的転換に向けて―生涯学び続け、主体的に考える力を育成する大学へ―（答申）」においても、アクティブ・ラーニングは次のように定義されている：

> 教員による一方向的な講義形式の教育とは異なり、学習者の能動的な学習への参加を取り入れた教授・学習法の総称。学習者が能動的に学習することによって、認知的、倫理的、社会的能力、教養、知識、経験を含めた汎用的能力の育成を図る。発見学習、問題解決学習、体験学習、調査学習等が含まれるが、教室内でのグループ・ディスカッション、ディベート、グループ・ワーク等も有効なアクティブ・ラーニングの方法である（中教審, 2012, p.37）。

　アクティブ・ラーニングという言葉は、特に日本の大学教育においては比較的新しく出てきたものであるが、授業方法自体は昔から行われているもの

もある、と考えられている。ではなぜ、ここ近年でアクティブ・ラーニングが強く叫ばれるようになったのか？　これについては、社会の急速な進展や情報化社会により、社会で必要とされる能力が知識伝達型・暗記型の教育で教えることが可能であったものから、知識を活用し実践する能力が必要とされ、その能力を身に着けるには学習者が能動的に学びに取り組むことが必要になったからであると考えられている（溝上, 2007）。それが、時代に即してより具体的に明記され、広く高等教育関係者の間で認識されたのが、上述の中教審答申ではないだろうか。そこでは、アクティブ・ラーニングの必要性を示すものとして次のように記されている：

　　生涯にわたって学び続ける力、主体的に考える力を持った人間は、学生からみて受動的な教育の場では育成することができない。従来のような知識の伝達・注入を中心とした授業から、教員と学生とが意志疎通を図りつつ、一緒になって切磋琢磨し、相互に刺激を与えながら知的に成長する場を創り、学生が主体的に問題を発見し解を見いだしていく能動的学習（アクティブ・ラーニング）への転換が必要である。すなわち個々の学生の認知的、倫理的、社会的能力を引き出し、それを鍛えるディスカッションやディベートといった双方向の講義、演習、実験、実習や実技等を中心とした授業への転換によって、学生の主体的な学習を促す質の高い学士課程教育を進めることが求められる。学生は主体的な学習の体験を重ねてこそ、生涯学び続ける力を修得できるのである。(中教審, 2012, p.9)

　また、大学教育の教授・学習観の転換もアクティブ・ラーニング普及の大きな要因といえるであろう。それはすなわち、これまで大学教育が「教員が何を教えたか」という「教授者中心の教育」であったものから、「学生が何を学んだか」という「学習者中心の教育」への視点の転換がなされ、教員が一方的に話すだけの講義型から、学生が積極・能動的に授業に参加していくアクティブ・ラーニング型の授業がよりめざされるようになった、ということである。
　しかし、アクティブ・ラーニングが日本の大学教育において広く認知され、

実践されるようになってきたとはいえ、それを実証的に調査した研究は数少ない。2004年度から日本版大学生調査研究プログラム（Japanese Cooperative Institutional Research Program: JCIRP）が実施している、上級生を対象とした「日本版大学生調査（JCIRP College Student Survey:JCSS）においても、当初はアクティブ・ラーニングについて尋ねるような項目はなかったが、2009年度実施分より、「あなたが受講した授業には、次のようなことがどのくらいありましたか」という設問の形で新たに項目が導入された。そこで、本章では2009年度以降のJCSSのデータを使い、日本の大学教育におけるアクティブ・ラーニング型授業の取組み状況とアクティブ・ラーニング型授業と学生の学習行動および学習成果との関係性について検証してみたい。

1 分析の概要

JCSSで、「これまで受講してきた授業における学習経験」について尋ね始めたのは2009年度実施分からである。その設問の中には12の項目があるが、そのうち、アクティブ・ラーニング型授業を示すものとして本章では次の5つを取り上げる：

・学生が自分の考えや研究を発表する
・授業中に学生同士が議論をする
・学生自身が文献や資料を調べる
・実験、実習、フィールドワークなどを実施し、学生が体験的に学ぶ
・定期的に小テストやレポートが課される

この5点は、日本におけるアクティブ・ラーニング研究の第一人者である京都大学高等教育研究開発推進センターの溝上慎一氏が提唱するアクティブ・ラーニングを取り入れた授業形態の分類を参考に抽出した（**表10-1**）。

表 10-1　アクティブ・ラーニングを取り入れた授業形態

■学生参加型授業
　コメント・質問を書かせる / フィードバック、理解度を確認
　（クリッカー、授業最後 / 最初に小テスト / ミニレポートなど）
■各種の共同学習を取り入れた授業
　協調学習 / 協同学習
■各種の学習形態を取り入れた授業
　課題探求学習 / 問題解決学習
■ PBL を取り入れた授業

　以下の節では 2009 年度、2010 年度、そして 2012 年度に実施した JCSS のデータを用いてアクティブ・ラーニング型授業の取組み状況およびアクティブ・ラーニング型授業と授業外学習時間、学習行動、学習成果との関係性について見ていく。なお、JCSS2009 の回答者は 4,183 名、JCSS2010 は 8,300 名、JCSS2012 は 5,780 名である。

2　アクティブ・ラーニング型授業の専門分野別取組み状況

　アクティブ・ラーニング型の授業は、一般的に医療系の分野でよく導入されているが、表 10-1 に示すようにアクティブ・ラーニングにはさまざまな形態（手法）があり、専門分野によって親和性の高い手法とあまりそうでないものがあることが考えられる。そこで、専門分野別に 2009 年度以降、アクティブ・ラーニング型授業がどの程度実施されているかを手法別に調べてみた。図 10-2-1 〜 10-2-5 は、各手法のアクティブ・ラーニング型授業の経験があった（「頻繁にあった」+「ときどきあった」）と回答した割合を表す。

　アクティブ・ラーニングが日本の大学教育の中で特に注目されるようになったのは 2008 年 12 月に出された中教審のいわゆる「学士力」答申からと考えられるが、JCSS ではこれまで受講した授業の形態・方法について尋

第 10 章　JCSS に見る大学教育におけるアクティブ・ラーニングの状況　　165

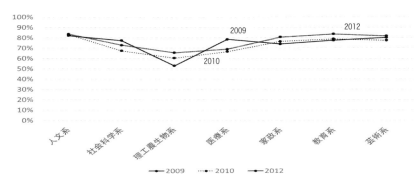

図 10-2-1　学生が自分の考えや研究を発表する

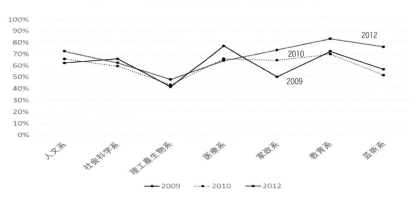

図 10-2-2　授業中に学生同士が議論する

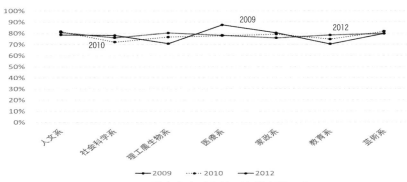

図 10-2-3　学生自身が文献や資料を調べる

166　第 2 部　学習成果、学習成果の測定方法

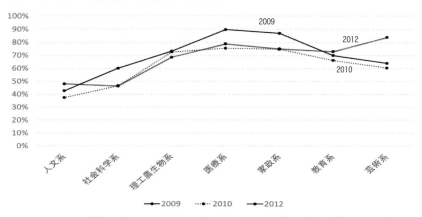

図 10-2-4　実験、実習、フィールドワーク等を実施し学生が体験的に学ぶ

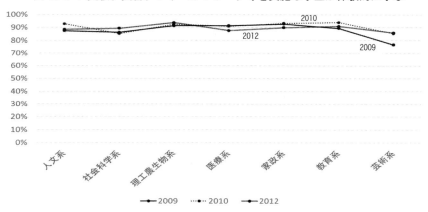

図 10-2-5　定期的に小テストやレポートが課される

ねる設問は 2009 年度から導入したため、残念ながらそれ（2008 年度）以前のアクティブ・ラーニング型授業の取組み度と比較することはできない。一方、2009 年度は「学士力」答申が出された翌年度であることから、それ以降、年度を追うごとにアクティブ・ラーニングの取組み率が上がることが期待されたが、本データからはほとんどそれは読み取れない。そこには、2009 年度（n=4,183）、2010 年度（n=8,300）、2012 年度（n=5,780）でそれぞれサンプルが異なることが反映されているのかもしれない。

　いずれにしても、伝統的に講義型授業で実施されてきた「小テストやレポー

ト」(図10-2-5)については、年度や専門分野に関わりなくほぼ一定の割合で課されていることが窺える。また、講義型・演習型の授業でよく見られる「学生自身が文献や資料を調べる」(図10-2-3)についても、専門分野に違いはあまり見られないようである。

一方、「実験、実習、フィールドワーク等を実施し学生が体験的に学ぶ」(図10-2-4)や「授業中に学生同士が議論する」(図10-2-2)については、専門分野の特徴に応じてその取組み状況にばらつきがあることが窺える。「実験、実習、フィールドワーク等」については、予想通り自然科学系や教育、芸術系の分野に多いことがわかる。「学生同士の議論」に関しては、医療系や教育系を筆頭に、人文系や社会科学系においても6割以上の回答者がそうした手法を取り入れた授業を経験したと述べている一方で、理工農生物系については回答者の4-5割程度であり、そこに差が見受けられる。これについては、体系立ったカリキュラムのもと、膨大な知識の積み上げがより必要とされる自然科学系の授業においては、グループ・ディスカッションといった学生同士のインタラクティブな活動に時間を割くよりも、教員が講義をする方が「知識の獲得」という意味では効率が高い、という伝統的な考え方が反映されていることが考えられる。「ピア・インストラクション」という手法を生み出し、「初修物理学」の授業において、伝統的な講義形式から学生間のインタラクションを促す授業形式へと転換したハーバード大学のエリック・マズール教授の反転授業は有名であるが(マズール, 2015)、今では世界中の大学のさまざまな科学分野でこの教授法が実施されているといわれる一方で、日本の大学の、特に自然科学系の分野でこうした教授法が広まるのは、これからなのではないだろうか。

3 アクティブ・ラーニング型授業と授業外学習時間

本節以降では、2012年度実施分のデータを用いて、アクティブ・ラーニング型授業と学生の学習エンゲージメント(関与)および学習成果の関係性について見ていきたい。

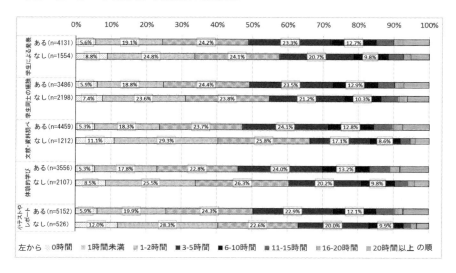

図 10-3 各アクティブ・ラーニング型授業の経験別1週間の授業外学習時間

　まずは授業外学習時間との関係性についてである。アクティブ・ラーニング型授業では、学生が授業以外の時間に主体的に学習することが必要となることが多い。そこで、各手法のアクティブ・ラーニング型授業を経験している学生とそうでない学生とでは授業外学習時間にどれだけの差があるのかを調べてみた。**図10-3** は各手法のアクティブ・ラーニング型授業の経験があった（「頻繁にあった」＋「ときどきあった」）と回答したグループとなかった（「あまりなかった」＋「まったくなかった」）と回答したグループ別に1週間の授業時間以外での学習時間を見たものである。

　「学生同士の議論」については、一般的に授業時間内に行われる活動であるため（もちろん、そのための準備として授業時間外に予習を課す授業もあるかもしれないが）、2つのグループの間での差はほとんど見られない。一方、それ以外のアクティブ・ラーニング型授業については、いずれも授業時間外における予習・復習やフィールド等での活動が要求されるため、自ずと学習時間が長めになっていることがわかる。ただし、アクティブ・ラーニング型授業の経験が「ある」と回答したグループであっても、1週間の授業外学習時間は1時間未満から

第 10 章　JCSS に見る大学教育におけるアクティブ・ラーニングの状況　169

5 時間の間が大半を占めており、これを土日を除き週 5 日として 1 日当たりの学習時間を考えた場合、全体として授業外学習時間がいかに少ないかということがわかる。

4　アクティブ・ラーニング型授業と学習行動

　次は、各手法のアクティブ・ラーニング型授業と回答者の学習行動との関係性についてである。JCSS では「入学してから、あなたは次の項目をどれくらいしましたか」という設問文で 28 の学習行動について尋ねている。その内、4 つの学習行動「他の学生と一緒に勉強した」、「研究や宿題のために図書館を利用した」、「教員と定期的に話をした」、「授業をつまらなく感じた」を取り上げ、各手法のアクティブ・ラーニング型授業の経験があった（「頻繁にあった」+「ときどきあった」）と回答したグループとなかった（「あまりなかった」+「まったくなかった」）と回答したグループ別にその学習行動の頻度を見てみた（図 10-4-1 〜 10-4-4）。

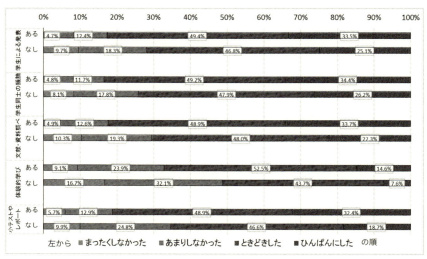

図 10-4-1　各アクティブ・ラーニング型授業の経験別
「他の学生と一緒に勉強した」頻度

170　第2部　学習成果、学習成果の測定方法

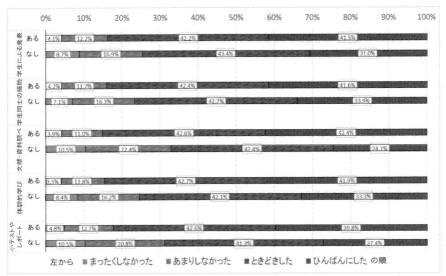

図 10-4-2　各アクティブ・ラーニング型授業の経験別
「研究や宿題のために図書館を利用した」頻度

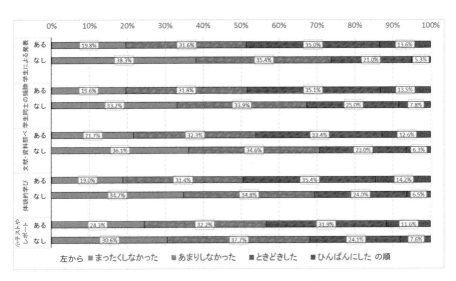

図 10-4-3　各アクティブ・ラーニング型授業の経験別
「教員と定期的に話をした」頻度

第 10 章　JCSS に見る大学教育におけるアクティブ・ラーニングの状況　171

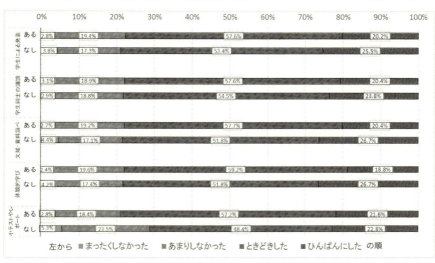

図 10-4-4　各アクティブ・ラーニング型授業の経験別
「授業をつまらなく感じた」頻度

　「他の学生と一緒に勉強」したり、「図書館を利用」したり、「教員と定期的に話す」という学習行動については、いずれもアクティブ・ラーニング型授業を経験しているグループの方がより頻繁に行っていることがわかる。ただし、「教員との話」についてはアクティブ・ラーニング型授業を経験していないグループにおいては 7 割前後の学生が、経験しているグループであっても 5 割程度の学生が教員との関わり合いが薄いことを示している。

　I-E-O モデルで有名なアスティンの研究において、学生と教員の関わり合い（student-faculty interaction）が学生の知的および人格的成長によい影響を与えていると報告されていることからも（Astin, 1993）、今後日本の大学教育において、学生・教員間の意思疎通や対話を促すアクティブ・ラーニング型授業を促進させることはより重要といえるであろう。なお、「授業をつまらなく感じた」という項目については（これは「学習行動」というよりは「学習態度」であるが）、どちらのグループとも同じように「授業がつまらない」と感じている学生が多い（「ひんぱんにした」＋「ときどきした」と回答した学生が 8 割近い）ことが窺える。無論、アクティブ・ラーニング型授業は、学生を楽しませるためのエ

ンターテイメントをめざすものではないが、学生が自ら学びたくなるような知的興奮・刺激を与えられる工夫というものはやはり必要であろう。ちなみに、「小テストやレポートが課される」経験の多いグループの方が授業がつまらないと感じる割合が若干多いのは、少々心が痛む話である。

5　アクティブ・ラーニング型授業と学習成果

　最後は、各手法のアクティブ・ラーニング型授業と回答者の学習成果との関係性についてである。「はじめに」において中教審答申（2012年8月28日）から引用したように、学生個々の認知的、倫理的、社会的能力を引き出し、それを鍛えるためにはアクティブ・ラーニングが有効と考えられている。それでは、実際にアクティブ・ラーニング型授業を経験した学生とそうでない学生とでは知識や能力の獲得に関する自己評価に違いがあるのだろうか。JCSSでは、「入学時と比べて、あなたの能力や知識はどの程度変化しましたか」という設問文で20の知識、能力の増減について尋ねている。そこで本節では、6つの学習成果「専門分野や学科の知識」、「分析や問題解決能力」、「批判的に考える力」、「リーダーシップの能力」、「他の人と協力して物事を遂行する能力」、「コミュニケーションの能力」を取り上げ、各手法のアクティブ・ラーニング型授業の経験があった（「頻繁にあった」＋「ときどきあった」）と回答したグループとなかった（「あまりなかった」＋「まったくなかった」）と回答したグループ別にその学習成果の獲得状況（自己評価）を見てみる（図10-5-1～5-6）。

　実践知・応用知の獲得にはアクティブ・ラーニングが親和性があるといわれているが、専門知識の定着も含め、本データからはそのことを示す結果が読み取れる。中でも、「専門分野や学科の知識」と「分析や問題解決能力」については、アクティブ・ラーニング型授業を経験したグループがより高く自己評価している傾向が見られる。これについては、河合塾が独自の調査研究をもとにアクティブ・ラーニングには「一般的アクティブ・ラーニング」と「高次のアクティブ・ラーニング」があると提唱しているが、「知識の定着・確認を目的とした演習・実験等」を「一般的アクティブ・ラーニング」とし、「知

第 10 章 JCSS に見る大学教育におけるアクティブ・ラーニングの状況　173

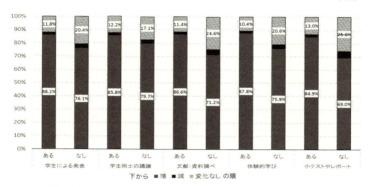

図 10-5-1　各アクティブ・ラーニング型授業の経験別
「専門知識」の獲得状況

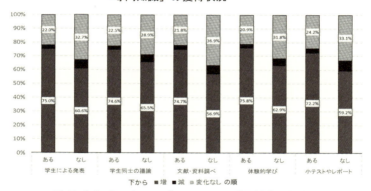

図 10-5-2　各アクティブ・ラーニング型授業の経験別
「分析・問題解決能力」の獲得状況

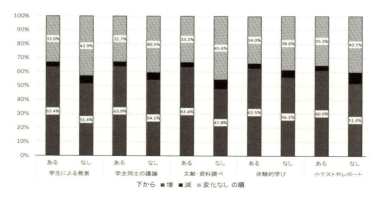

図 10-5-3　各アクティブ・ラーニング型授業の経験別
「批判的思考力」の獲得状況

174　第2部　学習成果、学習成果の測定方法

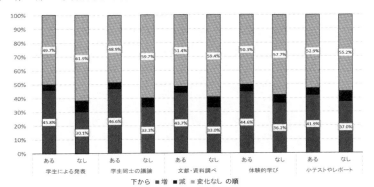

図 10-5-4　各アクティブ・ラーニング型授業の経験別
「リーダーシップ力」の獲得状況

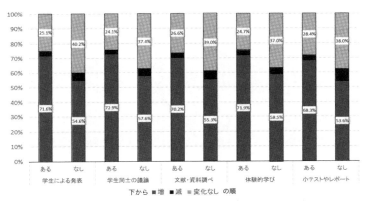

図 10-5-5　各アクティブ・ラーニング型授業の経験別
「他の人と協力して物事を遂行する能力」の獲得状況

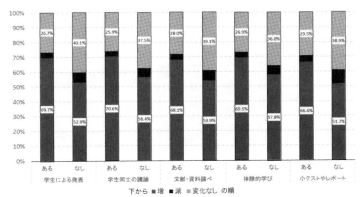

図 10-5-6　各アクティブ・ラーニング型授業の経験別
「コミュニケーション能力」の獲得状況

識の活用を目的としたPBL、創生授業等」を「高次のアクティブ・ラーニング」としていることにも通じるものがあると考えられる（河合塾, 2011, 2013）。また、「批判的に考える力」や「他の人と協力して物事を遂行する能力」、「コミュニケーション能力」についても、アクティブ・ラーニング型授業を経験したグループの方がそうでないグループよりも自己評価が高い傾向であることが分かる。この結果からも、学生の認知的、社会的能力を高めるためにはアクティブ・ラーニングが有効、と言えるのではないだろうか。

　ただし、リーダーシップ力については、アクティブ・ラーニング型授業を経験したグループであっても自己評価が低い傾向であるといえるのではないだろうか。「学士力」や「社会人基礎力」では汎用的能力のひとつとしてリーダーシップ力を掲げ、その育成の重要性が謳われてはいるものの、実際の現場では、正課の教育プログラムの中でリーダーシップ力の育成を意図して授業設計が行われているケースはまだ少ないのではないだろうか（泉谷・安野, 2015）。そのような中で、立教大学経営学部において全員必修のリーダーシップ教育「BLP (Business Leadership Program)」を開始し（2006年度）、「質の高い大学教育推進プログラム（教育GP）」のトップ15に選出されるまでにプログラムを成功させた日向野は、アクティブ・ラーニングの授業においては、多かれ少なかれ学生の教室内のリーダーシップを前提にしており、学生のリーダーシップ発揮を通じた学習がアクティブ・ラーニングには有用であることを提唱している（日向野, 2015）。このことは、汎用的能力のひとつであるリーダーシップ力を育成しつつアクティブ・ラーニングも深化する、という新しいアクティブ・ラーニング型授業の在り方を示唆しており、注目に値する。

おわりに

　本章では、JCSS3年度分（2009、2010、2012）のデータを用いて、日本の大学教育におけるアクティブ・ラーニングの状況についていくつかの視点から分析を試みた。「はじめに」で示したように、アクティブ・ラーニング型授業といってもその内容は多様であり、JCSSのデータからは、回答者がど

の形態・方法の授業をどれだけ経験したのかまでは読み取ることができない。前節で河合塾の提言を紹介したように、アクティブ・ラーニングの目的には大きく分けて2つの種類（「一般的アクティブ・ラーニング」、「高次のアクティブ・ラーニング」）があることが考えられているが、その目的が果たされていない——すなわち、単なるアクティブな活動だけで終わってしまっている授業があるのも事実であろう。したがって、アクティブ・ラーニングの現状についての研究を行う場合は、定性的な部分も含めてより丁寧な調査が必要と考える。

一方、ここ数年、日本の大学教育においてアクティブ・ラーニングの導入が活発化しているとはいえ、「学生の学び」という面でどれだけアクティブ・ラーニング型授業に効果があるかについての調査研究はあまり行われていない。その意味でも、アクティブ・ラーニングの成果に関する調査が今後ますます必要になってくると考える。

参考文献

Astin, A.W. (1993) *What Matters in College? Four critical years revisited*, San Francisco: Jossey-Bass.

中央教育審議会 (2012)「新たな未来を築くための大学教育の質的転換に向けて—生涯学び続け、主体的に考える力を育成する大学へ（答申）」、http://www.mext.go.jp/b_menu/shingi/chukyo/chukyo0/toushin/1325047.htm（2013年12月20日）。

日向野幹也 (2015)「新しいリーダーシップ教育とディープ・アクティブラーニング」松下佳代・京都大学高等教育研究開発推進センター編『ディープ・アクティブラーニング—大学授業を深化させるために』勁草書房、pp.241-260。

泉谷道子・安野舞子 (2015)「大学におけるリーダーシップ・プログラムの開発に関する考察—米国の事例を手がかりに—」『大学教育研究ジャーナル』第12号、pp.38-47。

河合塾 (2011)『アクティブラーニングでなぜ学生が成長するのか—経済学系・工学系の全国大学調査からみえてきたこと』東信堂。

河合塾 (2013)『「深い学び」につながるアクティブラーニング—全国大学の学科調査報告とカリキュラム設計の課題』東信堂。

マズール、E. (2015)「理解か？暗記か？—私たちは正しいことを教えているのか—」松下佳代・京都大学高等教育研究開発推進センター編『ディープ・アクティブラーニング—大学授業を深化させるために』勁草書房、pp.143-164。

溝上慎一 (2007)「アクティブラーニング導入の実践的課題」『名古屋高等教育研究』7、pp.269-287。

第 11 章　継続・複数学生調査の不変性と
　　　　　可変性に関する探索的研究

杉谷祐美子（青山学院大学）

はじめに

　我々研究グループが取り組んできた大学生調査研究 JCIRP（Japanese Cooperative Institutional Research Program）のプロジェクトは、2004 年の試行調査以来、継続的な複数の学生調査を行い、すでに 10 年以上を経過した。本研究プロジェクトでは、多数の大学が調査に参加し、継続的に複数の学生調査を実施することによって、教育の改善をめざしたベンチマークが可能となる標準調査の開発を目的としてきた。

　このように、新入生向けの JFS（日本版新入生調査）や上級生を対象とした JCSS（日本版大学生調査）といった学生調査をより安定性・信頼性の高い標準的調査として開発するためには、これまでの調査結果から同種の継続学生調査および異種の複数学生調査における不変性と可変性を明らかにする必要があると考えられる。すなわち、同種の継続調査および異種の複数調査にこれまで共通して参加した大学において、参加学生が異なるといった制約はあるものの、果たしてどのような項目で値に変化が見られないのか（不変性）、その反対に、どのような項目で値に変化が見られるのか（可変性）を検証するということである。探索的にでもこうした傾向を明らかにすることによって、継続調査・複数調査の結果を解釈する際に、値の変動を過大に、もしくは過小に評価することを避けられ、将来的には安定性・信頼性の高い標準的調査の開発に向けて、基礎的な条件を見出すことが可能ではないだろうか。

本章では、共通して参加した大学数が多かったJFS2008、JFS2009、JCSS2009という2008年から2009年の2時点にわたる3つの調査データを利用して、不変性のある回答傾向を示している項目と可変性のある回答傾向を示している項目を探索的に析出し、今後の研究開発への示唆を得ることを目的とする。

1　データの概要と分析方法

本章で用いるデータは、2008年と2009年の2時点にわたって実施されたJFS2008、JFS2009、JCSS2009という2種3つの調査である。JFS2008には163大学から19,332人、JFS2009には46大学から8,534人の新入生が参加し、JCSS2009には24大学から4,183人の学生が参加した。ここでは、これらの調査に共通して参加した大学のデータのみを取り出し、比較対象をさらに限定するために、偏差値帯でグルーピングした大学群というより小さい単位で分析を行った。JFS2008とJFS2009（データセット①）は異年度同学年間比較として、異年度にわたる継続調査の不変性と可変性を、JFS2009とJCSS2009（データセット②）は同年度異学年間比較として、異学年にわたる複数調査の不変性と可変性を検討する分析と位置づけられる。

2つのデータセットの概要は、表11-1と表11-2のとおりである。設置者、専門分野、偏差値、志望順位・進学希望、性といった属性の比率を示している。なお、志望順位・進学希望は2つの設問への回答を掛け合わせて作成した分類であり、該当するサンプル数は※のとおり、少なくなっている。

同学年において異年度を比較するデータセット①は、JFS2008とJFS2009の両調査に参加した45大学の1年次生から構成される。同年度において異学年を比較するデータセット②は、JFS2009とJCSS2009の両調査に参加した18大学、1年次生（JFS2009）と3・4年次生（JCSS2009）から構成される。

比較の対象となるこれらの調査に共通する設問は、能力等の自己評価、価値意識、キャリア意識、大学に対する満足度である。能力等の自己評価に関

表 11-1 データセット① (JFS2008-JFS2009) の概要

	設立者		専門分野		偏差値		志望順位・進学希望※		性	
JFS2008	国立	12.5%	人文	13.0%	lowest thru 39	39.4%	第一志望・もう一度進学する	45.7%	男性	49.6%
	公立	6.5%	社会	30.7%	39 thru 44	19.0%	第一志望・もう一度進学しない	15.9%	女性	50.4%
7238 名	私立	80.9%	理工農	9.5%	44 thru 49	23.9%	第二志望以下・もう一度進学する	11.6%		
(※ 5065 名)			医療	10.1%	49 thru 52.5	5.0%	第二志望以下・もう一度進学しない	26.9%		
			教育	11.3%	52.5 thru Highest	12.7%				
			家政	4.6%						
			芸術	5.3%						
			その他	15.5%						
JF2009	国立	9.6%	人文	16.1%	lowest thru 39	38.1%	第一志望・もう一度進学する	48.0%	男性	48.3%
	公立	5.9%	社会	29.6%	39 thru 44	21.8%	第一志望・もう一度進学しない	13.9%	女性	51.7%
6574 名	私立	84.5%	理工農	12.6%	44 thru 49	18.9%	第二志望以下・もう一度進学する	12.1%		
(※ 4355 名)			医療	11.3%	49 thru 52.5	10.2%	第二志望以下・もう一度進学しない	26.0%		
			教育	8.5%	52.5 thru Highest	11.0%				
			家政	5.7%						
			芸術	6.4%						
			その他	9.8%						

表 11-2 データセット② (JFS2009-JCSS2009) の概要

	設立者		専門分野		偏差値		志望順位・進学希望※		性	
JFS2009	国立	6.4%	人文	18.6%	lowest thru 39	46.6%	第一志望・もう一度進学する	49.3%	男性	49.1%
	私立	93.6%	社会	32.1%	39 thru 44	15.8%	第一志望・もう一度進学しない	14.9%	女性	50.9%
2533 名			理工農	16.1%	44 thru 49	25.7%	第二志望以下・もう一度進学する	10.9%		
(※ 1669 名)			医療	11.1%	49 thru 52.5	5.5%	第二志望以下・もう一度進学しない	25.0%		
			教育	3.2%	52.5 thru Highest	6.4%				
			家政	2.4%						
			芸術	10.7%						
			その他	5.8%						
JCSS2009	国立	5.7%	人文	25.5%	lowest thru 39	35.8%	第一志望・もう一度進学する	29.2%	男性	43.1%
	私立	94.3%	社会	32.8%	39 thru 44	17.8%	第一志望・もう一度進学しない	26.9%	女性	56.9%
2549 名			理工農	9.2%	44 thru 49	35.6%	第二志望以下・もう一度進学する	12.2%		
(※ 2093 名)			医療	12.2%	49 thru 52.5	5.1%	第二志望以下・もう一度進学しない	31.7%		
			教育	2.8%	52.5 thru Highest	5.7%				
			家政	4.1%						
			芸術	7.2%						
			その他	6.2%						

する設問は、同年齢の人たちと比べて「上位10%」「平均以上」「平均」「平均以下」「下位10%」の5段階で自己評価をする。価値意識に関する設問は、人生にとっての重要度を「とても重要」「ある程度重要」「あまり重要でない」「まったく重要でない」の4段階で回答する。キャリア意識に関する設問は、大学卒業後のキャリアを考える際の重要度を同じく「とても重要」「ある程度重要」「あまり重要でない」「まったく重要でない」の4段階で回答する。そして、大学に対する満足度に関する設問は、各大学の教育や施設設備に関する満足度を「とても満足」「満足」「どちらでもない」「不満」「とても不満」の5段階で評価する。これら共通した設問は、データセット①には82項目、データセット②には89項目含まれている。

なお、表11-1と表11-2を比較すると、異学年を比較するデータセット②のほうが、異年度を比較するデータセット①よりも、データの属性分布に差異があることがみてとれる。

2　不変性のある項目と可変性のある項目の特徴

まずは各データセットの2つの調査における回答比率を大学群別に比較するために、カイ二乗検定を行った結果、5%未満の水準で有意差のなかった項目と有意差のあった項目の数を**表11-3**に示す。この場合、有意差のなかった項目とは回答比率に差異が見られないということで、不変性を意味すると仮定する。他方、有意差のあった項目とは回答比率に差異が見られるということであるから、可変性を意味するとみなす。

能力等の自己評価、価値意識、キャリア意識、大学に対する満足度という4種の項目群の各総計に対して、有意差のない項目数の比率を右端の「A/（A+B）」に示している。JFS2008とJFS2009の間では、大学群によって45.1%〜72.0%と開きはあるが、平均で54.2%、JFS2009とJCSS2009の間では、31.5%〜60.7%の開きの中、平均して48.1%、有意差のない項目がある。これらから約半数が不変的な項目であることが窺え、さらに2つのデータセットを比較すると、JFS2009とJCSS2009、つまり、異学年間のデータセッ

第 11 章　継続・複数学生調査の不変性と可変性に関する探索的研究　　181

表 11-3　大学群別に見た不変的な項目と可変的な項目

調査	大学群	不変的な項目（差異のない項目数）					可変的な項目（差異のある項目数）					％（A／（A＋B））
		能力	価値意識	キャリア意識	満足度	計(A)	能力	価値意識	キャリア意識	満足度	計(B)	
JFS2008-JFS2009 ①	Lowest thru 39	19	15	2	1	37	1	7	7	30	45	45.1
	39 thru 44	14	14	6	7	41	6	8	3	24	41	50.0
	44 thru 49	19	15	5	2	41	1	7	4	29	41	50.0
	49 thru 52.5	18	15	7	19	59	2	7	2	12	23	72.0
	52.5 thru Highest	17	13	3	11	44	3	9	6	20	38	53.7
JFS2008-JCSS2009 ②	Lowest thru 39	18	10	0	1	29	6	14	10	30	60	32.6
	39 thru 44	14	21	4	8	47	10	3	6	23	42	52.8
	44 thru 49	13	15	0	0	28	11	9	10	31	61	31.5
	49 thru 52.5	22	14	5	15	56	2	10	5	16	33	62.9
	52.5 thru Highest	12	17	7	18	54	12	7	3	13	35	60.7

ト②の方が不変的な項目数の割合が低下し、可変的な項目の割合が上昇する。年度による差よりも学年間の開きの方が出やすいことが考えられる。

　大学群別では、いずれのデータセットもどちらかというと偏差値の高い大学群で有意差のない項目（不変的な項目）の割合が高い。年度が異なっても、学年が異なっても、偏差値の高い大学群の学生の回答比率は比較的安定的に推移するのかもしれない。

　次に設問の内容を見てみると、能力と価値意識に関する項目は全体的に差異がなく、キャリア意識と満足度に関する設問は差異がある傾向が見られる。とりわけ、偏差値が低い大学群はいずれのデータセットでも満足度において有意差のある項目数が多い。つまり、満足度は年度によって、学年によって、よく変動するということである。また、データセット②は①に比べて、特に、能力、キャリア意識について差異のある項目数が増加する。前述のように、能力の自己評価は有意差のみられない不変的な項目が多いにもかかわらず、JFS2009 と JCSS2009 の異学年の比較では、大学群によっては差異の

ある項目数が2桁に増大する。こうした結果からは、学年の上昇に伴って能力（の自己評価）が増大し、キャリア意識が向上するといった可変性が推測されるが、この点の検証については後述したい。

それでは、5つの大学群を通じて、不変性のある項目と可変性のある項目はどれくらいあるだろうか。**表 11-4** では、大学群の合計数ごとに有意差のなかった不変的な項目数を示している。例えば、「5群で差異がない」という欄は、5つの大学群のすべてで有意差のなかった項目の数を挙げている。したがって、「0群で差異がない」とは、言い換えれば5つの大学群のすべてで有意差があったということである。矢印の上にいくほど不変的であり、下にいくほど可変的となる。

表 11-4 大学群に共通して不変的な項目と可変的な項目

			当該項目数					総項目数に占める%
			能力	価値意識	キャリア意識	満足度	計	
JFS2008-JFS2009 ①	5群で差異がない	不変 ↑↓ 可変	11	6	0	0	17	20.7
	4群で差異がない		7	5	1	1	14	17.1
	3群で差異がない		0	5	4	3	12	14.6
	2群で差異がない		2	2	3	10	17	20.7
	1群で差異がない		0	3	1	7	11	13.4
	0群で差異がない		0	1	0	10	11	13.4
JFS2008-JCSS2009 ②	5群で差異がない	不変 ↑↓ 可変	5	2	0	0	7	7.9
	4群で差異がない		5	10	0	1	16	18.0
	3群で差異がない		9	7	2	5	23	25.8
	2群で差異がない		2	2	4	6	14	15.7
	1群で差異がない		3	2	2	11	18	20.2
	0群で差異がない		0	1	2	8	11	12.4

第 11 章　継続・複数学生調査の不変性と可変性に関する探索的研究　183

　ここからみてとれるように、どちらのデータセットでも、大学群に共通して不変性のある項目は能力や価値意識が多く、可変性のある項目は満足度が多い結果となった。また全大学を意味する 5 群に共通して不変性のある項目の比率は、データセット①よりもデータセット②において、20.7% から 7.9% と低下し、反対に、「1 群で差異がない」（=4 群で差異のある）可変性のある項目の比率は、データセット①よりもデータセット②において、13.4% から 20.2% と上昇する。つまり、異学年間では年度間比較よりもどちらかというと値が変動する項目数が増える傾向にある。

　では、このように大学群に共通して不変性・可変性のある項目の内容はどのようなものだろうか。

　表 11-5 は不変性の高い項目である。アミカケをしているのは、5 つの大学群すべてで 2 つの調査結果に有意差が見られなかった項目であり、それ以外は 4 つの大学群で有意差が見られなかった項目である。前述のとおり、不変性の高い項目は、いずれのデータセットでも能力、価値意識が中心になっていることが明らかである。また、データセット①とデータセット②では、能力のうち「一般的な教養」、「学力」、「やる気」、「体の健康」、「他者の理解」、「競争心」、「知的面での自信」の 7 項目、価値意識のうち「文芸作品を執筆する」、「芸術作品を製作する」、「人権意識の向上に役立つ」、「多様な社会や文化を理解する」、「自分の生きたい人生を送る」、「社会の価値観に影響を与える」、「人生の意味を深く考える」、「地域社会のリーダーになる」の 8 項目が共通している。これら知的面や意欲を中心とした能力や、創作意欲、社会貢献、人生観といった価値意識が、年度が変わっても学年が変わっても、最も変動の少ない不変的な項目とみることができる。

　他方、**表 11-6** は可変性の高い項目である。これも前述のように、いずれのデータセットでも、満足度が多くを占めている。ただし、異学年を比較したデータセット②（JFS2009 と JCSS2009）では、キャリア意識の項目も増えてくる。2 つのデータセットに共通して挙がってくるのは、「実験室・実習室の設備や器具」、「就職斡旋サービス」、「ボランティア活動の機会」、「キャリアカウンセリング」、「心理相談やカウンセリングサービス」、「共通教育ある

184　第2部　学習成果、学習成果の測定方法

表 11-5　不変性の高い項目の内容

JFS2008-JFS2009 (①)			
能力	価値意識	キャリア意識	満足度
一般的な教養	政治的な活動にたずさわる	社会を変えるための仕事	奨学金など学費援助の制度
学力	文芸作品を執筆する		
協調性	芸術作品を製作する		
創造性	人権意識の向上に役立つ		
やる気	多様な社会や文化を理解する		
情緒面での安定度	自分の生きたい人生を送る		
体の健康	専攻分野で第一人者になる		
プレゼンテーションの能力	社会の価値観に影響を与える		
社交面での自信	家族を養う		
自己の理解	人生の意味を深く考える		
他者の理解	地域社会のリーダーになる		
芸術的な能力			
競争心			
コンピュータの操作能力			
リーダーシップ			
数理的な能力			
知的面での自信			
読解力			

JFS2009-JCSS2009 (②)			
能力	価値意識	キャリア意識	満足度
一般的な教養	社会の価値観に影響を与える		他の学生と話をする機会
競争心	人権意識の向上に役立つ		
やる気	専攻分野で仲間に認められる		
チャレンジ精神	科学の理論的な発展に貢献する		
外国語の能力	文芸作品を執筆する		
学力	芸術作品を製作する		
体の健康	ビジネスで成功する		
知的面での自信	人生の意味を深く考える		
信仰心	地域社会の活動に参加する		
他者の理解	地域社会のリーダーになる		
	多様な社会や文化を理解する		
	自分の生きたい人生を送る		

※アミカケは5群、それ以外は4群で差異のない項目

いは教養教育の授業」、「教育プログラム内容（初年次生対象）」、「1つの授業を履修する学生数」などに関する満足度12項目である。これらをまとめると、利用者が限定される設備やサービス、個々の学生の履修科目に左右される教育内容や教育環境、そしてキャリア形成支援や初年次教育といった近年改革が進んできた教育内容やサービスに整理することができる。

第11章 継続・複数学生調査の不変性と可変性に関する探索的研究

表11-6 可変性の高い項目の内容

能力	価値意識	キャリア意識	満足度
JFS2008-JFS2009（①）			
	舞台芸術で成功する 会社などで出世する お金持ちになる 商売(ビジネス)で成功する	就職時に仕事につきやすい (つぶしがきく)	実験室・実習室の設備や器具 就職斡旋サービス ボランティア活動の機会 リーダーシップ発揮の機会 キャリアカウンセリング 心理相談やカウンセリングサービス 共通教育あるいは教養教育の授業 教育プログラム内容（初年次生対象） 他の学生と話をする機会 1つの授業を履修する学生数 インターネットの使いやすさ 学生寮などの大学内の居住設備 下宿やアパートの斡旋や紹介 レクリエーション施設 授業の全体的な質 学生同士の一体感 学生交流の機会
JFS2009-JCSS2009（②）			
コンピュータの操作能力 協調性 文章読解能力	精神性や信仰心を生活に反映する 専攻分野で第一人者になる 政治的な活動にたずさわる	生活の安定や保証 就職時の選択肢の多さ 高収入の可能性 リーダーシップを発揮できる可能性	コンピュータの施設や設備 実験室・実習室の設備や器具 就職の斡旋サービス レクリエーション施設 キャリアカウンセリング 心理相談やカウンセリングサービス 大学全体の学生数 共通教育あるいは教養教育の授業 コンピュータの訓練や援助 インターネットの使いやすさ 学生寮などの大学内の居住設備 下宿やアパートの斡旋や紹介 ボランティア活動の機会 教育プログラム内容(初年次生対象) 日常生活と授業の内容との関連 キャリア計画に対する授業内容の有効性 履修や成績に対するアドバイス 大学での経験全般について 1つの授業を履修する学生数

※アミカケは5群、それ以外は4群で差異のある項目

3 不変性の高い項目例に見る回答の分布状況

実際に、偏差値帯で分けた大学群別に、回答の分布状況をいくつか検討したい。まずは、不変性の高い項目について、1年生の異年度間で比較したデータセット①から見ていこう。

図11-1は、「自己の理解」という能力の自己評価項目の結果を示した。JFS2008とJFS2009ではほとんど変わらず、しかもどの偏差値帯の大学群でも同程度の分布になっている。興味深いことに、おおむね、「上位10%」の回答が10%弱、「平均以上」が25%前後、「平均」は50%前後、「平均以下」は15%弱、「下位10%」は5%前後と、回答する選択肢に近い形で分布している。「情緒の安定」なども同様の傾向を示しており、こうした精神面に関する自己評価は、同学年であればそれほど年度によって大きく変化するものではないのかもしれない。

図11-2は、「一般的な教養」についての自己評価である。図11-1に近い

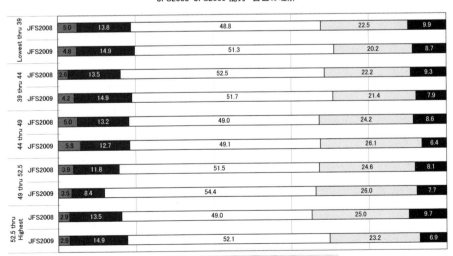

図11-1　不変性の高い項目例・1

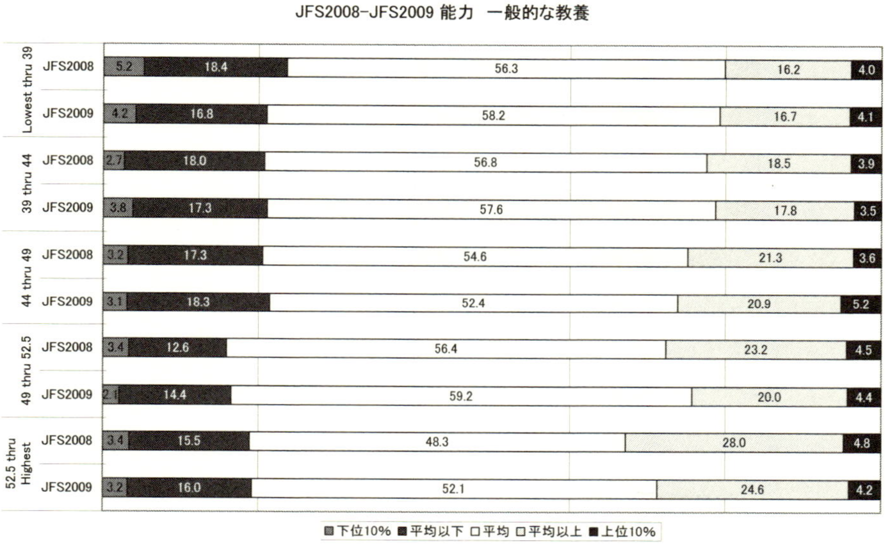

第 11 章　継続・複数学生調査の不変性と可変性に関する探索的研究　187

JFS2008-JFS2009 能力　一般的な教養

大学群	調査	下位10%	平均以下	平均	平均以上	上位10%
Lowest thru 39	JFS2008	5.2	18.4	56.3	16.2	4.0
	JFS2009	4.2	16.8	58.2	16.7	4.1
39 thru 44	JFS2008	2.7	18.0	56.8	18.5	3.9
	JFS2009	3.8	17.3	57.6	17.8	3.5
44 thru 49	JFS2008	3.2	17.3	54.6	21.3	3.6
	JFS2009	3.1	18.3	52.4	20.9	5.2
49 thru 52.5	JFS2008	3.4	12.6	56.4	23.2	4.5
	JFS2009	2.1	14.4	59.2	20.0	4.4
52.5 thru Highest	JFS2008	3.4	15.5	48.3	28.0	4.8
	JFS2009	3.2	16.0	52.1	24.6	4.2

■下位10%　■平均以下　□平均　□平均以上　■上位10%

図11-2　不変性の高い項目例・2

回答比率で分布しており、JFS2008 と JFS2009 でほとんど変動はない。ただし、大学群の偏差値の上昇に伴って「平均以上」の値が増えている点に特長がある。こうした傾向は、「学力」で顕著に見られ、「知的面での自信」や「競争心」なども同様の状況となっている。知的能力の自己評価は入学した大学の難易度によって規定される面が少なくないことがわかる。

他方、図 11-3 の「プレゼンテーションの能力」の自己評価はJFS2008 と JFS2009 で安定した値になっているものの、知的面の自信とは異なって、偏差値にあまり関係なくどの大学群でも同程度の分布になっている。ただし、これまでの分布と異なり、「平均以下」と「下位10%」の合計が50%に近く、1 年生のせいか、評価がかなり低めになっていることに注意したい。1 年生だからこそ、高校までの教育においてこうしたプレゼンテーションの能力をあまり身に付けてこなかったということもあろうが、半数近くが同年代と比べて、平均より下だと認識しているということは、過剰に低い自己評価を行っていたり、必要以上に苦手意識を持っていたりする可能性も考えられる。

188 第2部 学習成果、学習成果の測定方法

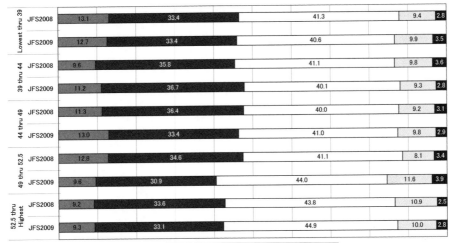

図 11-3 不変性の高い項目例・3

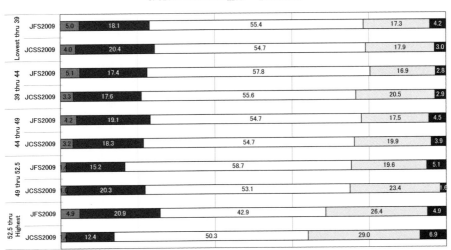

図 11-4 不変性の高い項目例・4

次に、同年度の異学年を比較したデータセット②をみてみよう。**図 11-4** は、先ほど図 11-2 で示した「一般的な教養」の自己評価である。1 年生と 3・4 年生を比較してもとくに変化はなく、学年が上がってもほぼ安定した状態にある。しかも、図 11-2 と同じく、大学群の傾向の違いは変わっていない。偏差値帯の高い大学群の方が「上位 10%」「平均以上」の比率が高まるのである。これらの結果は、入学時点において、知的面での自己評価が入学した大学によって大きく規定されていることにとどまらず、学年が上昇して学生の学習経験が増大しても、その評価は容易に変えがたいことを示唆しているのかもしれない。

これまで、能力の自己評価を中心に見てきたが、最後に価値意識も挙げておきたい。**図 11-5** は、「自分の生きたい人生を送る」ということの重要度を示している。7 割前後が「とても重要」と回答し、「少し重要」まで含めれば、9 割以上が重要と捉えている。学年が異なってもほぼ分布は同じであり、安

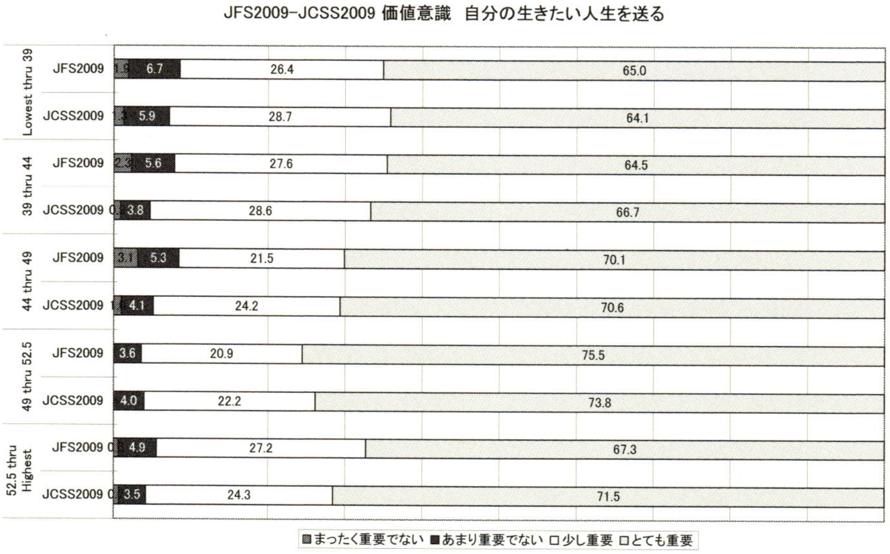

JFS2009-JCSS2009 価値意識 自分の生きたい人生を送る

偏差値帯	調査	まったく重要でない	あまり重要でない	少し重要	とても重要
Lowest thru 39	JFS2009	1.9	6.7	26.4	65.0
	JCSS2009		5.9	28.7	64.1
39 thru 44	JFS2009	2.3	5.6	27.6	64.5
	JCSS2009	0	3.8	28.6	66.7
44 thru 49	JFS2009	3.1	5.3	21.5	70.1
	JCSS2009	1	4.1	24.2	70.6
49 thru 52.5	JFS2009	3.6		20.9	75.5
	JCSS2009	4.0		22.2	73.8
52.5 thru Highest	JFS2009	0	4.9	27.2	67.3
	JCSS2009	0	3.5	24.3	71.5

■まったく重要でない ■あまり重要でない □少し重要 □とても重要

図 11-5 不変性の高い項目例・5

定した傾向といえる。大学群では、偏差値の低い大学群において重要度が若干低いようにも見られるが、それほど大きな違いはないといえるだろう。

なお、図は割愛するが、同学年を比較した JFS2008 と JFS2009 においては、例えば「多様な社会や文化を理解する」という価値意識の重要度が、年度によって違いが見られなかった。ただし、一部の大学群では重視する回答率が高く、大学群によって異なる傾向が見られた。こうした異文化理解に関するような価値意識は、当該大学の学部構成が国際関係の分野を含むかどうか、またそこに集まってくる学生のグローバル化に対する志向性が強いかどうかに左右されるものと考えられる。

4 可変性の高い項目例に見る回答の分布状況

これらに対して、可変性の高い項目の回答分布はどのようであろうか。同じく、偏差値帯で分けた大学群別に、1年生の異年度間で比較したデータセット①から検討したい。

図 11-6 は、「会社などで出世する」という価値意識の結果である。価値意識に関する項目は全体としては不変性の高い項目が多いが、これについては、どの大学群も、JFS2008 より JFS2009 において重要視する比率が低下している。2008 年のリーマンショックによる金融危機や不況といった社会の状況を反映してか、全体としてキャリア展望への期待が下がっているように窺える。ただし、偏差値の低い大学群の方が出世を重視する層がやや多いという大学群別の特徴にも留意したい。こうした結果を額面通り、野心の差として受けとめることもできるが、穿った見方をすれば、就職活動において不利な立場に立たされやすい大学の学生の意気込みとも捉えられ、反対に、がむしゃらにならなくとも有利な立場に立ちやすいと思っている大学の学生の余裕の表れとも見ることができるかもしれない。

図 11-7 は、初年次生を対象とした教育プログラム内容、すなわち初年次教育に対する満足度である。どの大学群も、初年次教育に対する満足度は JFS2008 から JFS2009 で 10 ポイント以上増大している。近年、多様化し

第11章　継続・複数学生調査の不変性と可変性に関する探索的研究　　191

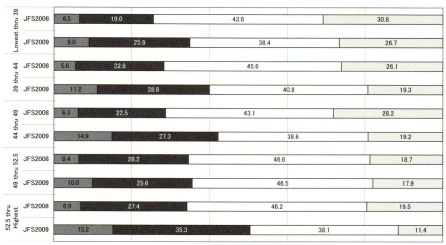

図 11-6　可変性の高い項目例・1

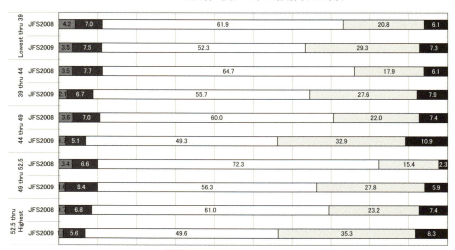

図 11-7　可変性の高い項目例・2

た大学生への対応および大学教育の改革の一環として、初年次教育の導入・実施が顕著であり、こうした教育プログラムの定着と学生へのその効果がどこの大学でも見てとれることが窺える。

　他方、同年度の異学年を比較したデータセット②はどうか。図 11-8 は、「コンピュータの操作能力」の自己評価についてである。先に表 11-6 で、不変性の高い項目が多い能力の自己評価のうち「コンピュータの操作能力」、「協調性」、「文章読解能力」の3つだけが共通して可変性が高いことが明らかになったが、これはそのひとつである。今回の結果からは、異年度間で同学年を比較した場合よりも同年度で異学年を比較した方が差が見られた。どの大学群も JFS2009 より JCSS2009 で「上位 10％」、「平均以上」、「平均」の合計値が増大している。学年の上昇に伴い、学生たちは自分の能力の向上に手ごたえを感じていると推察できるが、しかしながら、その能力の向上は「コンピュータの操作能力」という限られた範囲でしかない。

　次に、図 11-9 に「生活の安定や保証」というキャリア意識の結果を示す。どの大学群でもおおむね9割以上が「生活の安定や保証」を重視している。ところが興味深いことに、JFS2009 よりも JCSS2009、つまり高学年の学生のほうが「とても重要」という回答が大きく低下し、安定や保証を重要視していないのである。特に偏差値が高い方の大学群において、学年間の開きが大きい。3・4年次の学生、とりわけ4年次の学生が、実際に就職活動に直面し、経験する中で、キャリア意識が変化していくことは容易に想像できる。それはときに、現実と向き合って妥協を余儀なくされるといったこともあろうが、試行錯誤する中で自己理解を深め、自分が人生において重視する事柄や自分の価値観を改めて見つめなおしたりする機会になると考えられよう。

　最後に、図 11-10 は、「共通教育あるいは教養教育の授業」に対する満足度である。どの大学群でも、高学年を対象とした JCSS2009 の結果の方が「とても満足」もさることながら、「満足」も含めた満足度の比率が低い。また、大学群による違いはややあるが、偏差値帯との明確な関連性は見出せない。実は、この項目はデータセット①の JFS2008 と JFS2009 の比較でも可変性の高い項目として挙がっていた。しかし、そこでは JFS2008 よりも

第11章 継続・複数学生調査の不変性と可変性に関する探索的研究 193

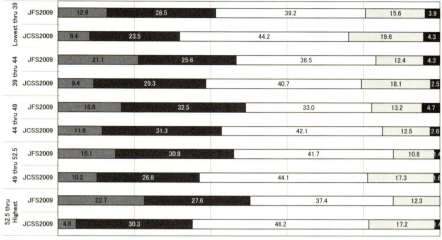

図11-8 可変性の高い項目例・3

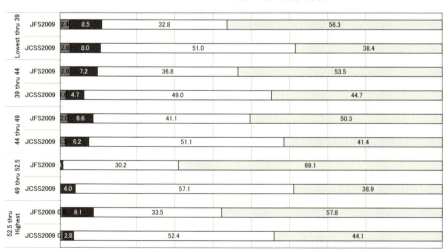

図11-9 可変性の高い項目例・4

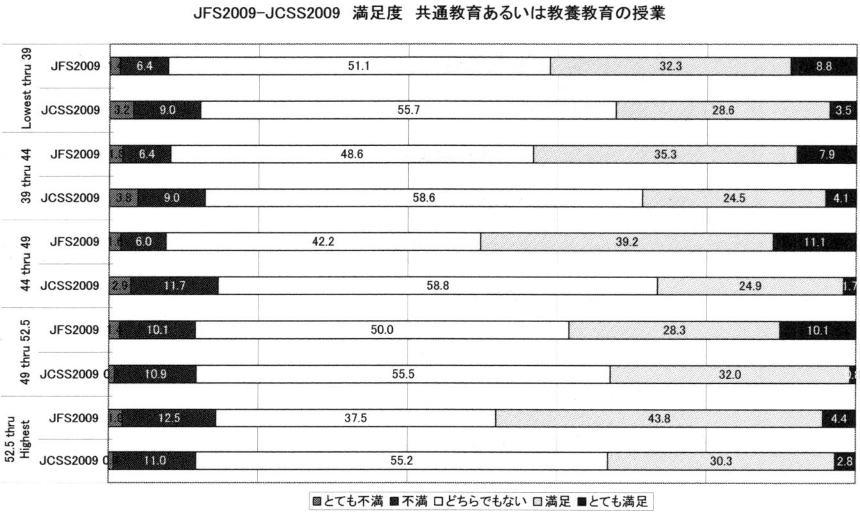

194　第2部　学習成果、学習成果の測定方法

JFS2009-JCSS2009　満足度　共通教育あるいは教養教育の授業

大学群	調査	とても不満	不満	どちらでもない	満足	とても満足
Lowest thru 39	JFS2009		6.4	51.1	32.3	8.8
Lowest thru 39	JCSS2009	3.2	9.0	55.7	28.6	3.5
39 thru 44	JFS2009		6.4	48.6	35.3	7.9
39 thru 44	JCSS2009	3.8	9.0	58.6	24.5	4.1
44 thru 49	JFS2009		6.0	42.2	39.2	11.1
44 thru 49	JCSS2009	2.8	11.7	58.8	24.9	1.7
49 thru 52.5	JFS2009		10.1	50.0	28.3	10.1
49 thru 52.5	JCSS2009		10.9	55.5	32.0	
52.5 thru Highest	JFS2009		12.5	37.5	43.8	4.4
52.5 thru Highest	JCSS2009		11.0	55.2	30.3	2.8

■とても不満　■不満　□どちらでもない　□満足　■とても満足

図11-10　可変性の高い項目例・5

　JFS2009において、「不満」と「とても不満」の合計値がどの大学群でも5ポイント前後減少しているにすぎない。それに対して、この図11-10ではJCSS2009の満足度がかなり下がっており、その差は顕著である。共通教育・教養教育を中心に履修する1年次生に比べ、高学年の学生の方が履修科目は増大し授業経験が増え、とりわけ専門教育科目の履修が増えてくることから、共通教育・教養教育への評価が相対的に下がってくるのかもしれない。こうした結果をさらに詳細に分析することにより、必要に応じて、学士課程カリキュラムの目的と構造を理解させるように履修指導を強化したり、場合によってはカリキュラムや履修時期を見直したりするといったことも対応として考えられよう。

おわりに

　以上、同種の継続調査JFS2008とJFS2009（同学年異年度間比較）、および異種の複数調査JFS2009とJCSS2009（同年度異学年間比較）を利用し、共通

して参加した大学を偏差値帯による大学群ごとに分析したうえで、回答分布に差異が見られない不変性の高い項目と、値に差異が見られる可変性の高い項目を析出し、その分布状況を検討した。結論としては能力の自己評価と価値意識は年度や学年によってあまり変化しない傾向にあるのに対して、満足度は年度や学年によって変化しやすい傾向が明らかになった。より詳細には、知的面や意欲を中心とした能力や、創作意欲、社会貢献、人生観といった価値意識は、年度が変わっても学年が変わっても、最も変動の少ない不変的な項目といえる。これに対して、利用者が限定される設備やサービス、個々の学生の履修科目に左右される教育内容や教育環境、そしてキャリア形成支援や初年次教育といった近年改革が進んできた教育内容やサービスに対する満足度は、年度や学年によって変動する可変的な項目と見られる。なお、これらの回答分布の結果の一部については、推論の域を免れないものの、大学内外の変化、大学群の特性、学年の特性などと結びつけて、ある程度不変性や可変性の理由の説明をつけることができた。

　実際、時系列で学生調査の比較を行っている先行研究においては、大学生の生活に関する意識や価値観は既存の時系列調査を見ても5年程度ではあまり変化しないのが普通であるという指摘が見られる（渡部, 2003）。他方、大学に対する満足度については2000年代に入って全般的に上がってきているといわれる。例えば、武内他（2005）では、1997年と2003年の2時点で同じ12大学を調査した結果、大学生の施設・設備への満足度や大学生活への満足度が高まっている。同様に、全国4年制大学の学生を対象に行った調査では、1997年から2007年までの10年間で、7つのカテゴリに分けた大学総合満足度がいずれも上昇し、特に、施設・設備と進路体制についての伸びが大きいとされる（ベネッセ教育研究開発センター 2008）。こうした満足度の変化の背景には90年代以降の大学改革の影響があると考えられているが、個別大学のレベルで見ても満足度の変化は少なくない。小塩他（2008）によると、所属大学で1998年から2008年にかけて毎年新入生に行った調査の結果、入学年度によって学科選択満足度の高低が見られ、それが学部学科によって特徴が異なっていることから、各学科におけるカリキュラムや人

員の変更、受験者層の変化などが反映されていると解釈している。

　もう一点、本章が主題としていた学生の学年間比較に関する先行研究では、学年が上がるにつれ、大学の授業や学習環境、対人関係に関する満足度は上昇し（武内他2004）、大学生活の多くの面で不満を持つ傾向にある第一志望以外の入学者も上級学年になると、第一志望入学者との間に見られた勉学意欲や学生生活の満足度の差が解消されていくことが示されている（岩田, 2006）。ただし、こうした学年進行による満足度の上昇は直線的なものではなく、それぞれ個別大学のケースであるが、大学入学時に比べて入学1年後には学科選択満足度が一部の学部を除き全体的に低下すること（小塩他2011）、学生生活の満足度が4年次生に比べて2年次生が低いこと（岸岡他2010）が明らかになっている。また、本研究プロジェクトの大規模データを用いた分析でも、1年次から2年次への大学満足度の落ち込みが確認され、そうした落ち込みを防止するには初年次の段階で講義や学生交流の機会を充実させることが重要であると指摘されている（木村2012）。さらに満足度以外については、本研究プロジェクトのJCSS2005のデータを用いて個別大学ごとに分析した結果、本章と同様、能力の自己評価の面では学年による有意差はほとんど見られないものの、学年が上がるにつれて正課・正課外を問わず学生の経験は豊富となり、特に1年次に低かった能力・知識の獲得状況は上昇し教育効果が見られることが明らかになっている（杉谷2009）。このように、本研究で得られた結果は以上の先行研究の知見とおおむね整合性がとれており、一定程度妥当性を示すものだといえよう。

　本章はあくまでも探索的な研究の段階にとどまるものであり、今後、さらに多くの調査や実施時期に間をおいた調査などを利用し、大学群ではなく大学単位の分析などを継続することによって、不変的な項目および可変的な項目の析出とそれらの特徴を検証することが必要である。しかしながら、今回の分析だけからでも、学生の能力の自己評価や価値意識が容易に変動しないとするならば、もし変化が見られなくてもそれを過小に評価することには慎重になった方がよいことが窺える。と同時に、今後学生の自己評価を向上させるために大学教育は何ができるのかを考えていく必要もあるだろう。また、

学生の満足度が年度や学年によってばらつきがあり、容易に変動しやすいことを考えるならば、教育改革の成果と捉え、さらに邁進することも重要であるものの、値の変動にあまり一喜一憂して過大に評価することにも留意した方がよいだろう。本研究より、こうした調査結果の解釈と調査項目の選定についての示唆を得られた意義は少なくないと考える。

参考文献

ベネッセ教育研究開発センター（2008）『学生満足度と大学教育の問題点－全国4年制大学生調査より』。

岩田弘三（2006）「第1志望以外の大学入学者の学生生活・大学満足度の学年変化」『武蔵野大学現代社会学部紀要』第7号、pp.37-50。

木村拓也（2012）「大学満足度の学年変化とその規定要因の探索－項目反応理論（IRT）と Interruptive Structural Modeling (ISM) を用いた分析」『クオリティ・エデュケーション』第4巻、pp.73-91。

岸岡洋介・山内一祥・泉谷道子・平尾智隆（2010）「学生生活の満足度を決定する要因－学生生活状況調査データの分析」『大学教育実践ジャーナル』第8号、pp.9-15。

小塩真司・願興寺礼子・桐山雅子（2008）「中部大学新入生の学科選択満足度の分析－入学年度、学部、学科による比較と影響要因の検討－」『中部大学教育研究』No.8、pp.7-13。

小塩真司・佐藤枝里・願興寺礼子・桐山雅子（2011）「大学入学時と1年後の満足度－学科選択満足度の変化と関連要因についての探索的検討－」『中部大学教育研究』No.11、pp.23-27。

杉谷祐美子（2009）「第2章　入学後の経験と教育効果の学生間比較」山田礼子編著『大学教育を科学する－学生の教育評価の国際比較』東信堂、pp.63-83

武内清・浜島幸司・大島真夫（2005）「第12章　現代大学生の素顔－『12大学・学生調査』から－」武内清編『大学とキャンパスライフ』上智大学出版、pp.293-315。

武内清・佐野秀行・伊藤素江・谷田川ルミ（2004）「現代大学生の変化と大学満足度に関する実証的研究－『12大学・学生調査』の再分析」『上智大学教育学論集』39号、pp.27-43。

渡部真（2003）「9章　生活と意識の変化」武内清編『キャンパスライフの今』玉川大学出版部、pp.133-151。

第 12 章　項目反応理論を用いた大学満足度項目の等化

木村拓也（九州大学）

はじめに ――大学満足度の問題構図

　日本における大学満足度への注目は 1991 年 7 月の大学設置基準の大綱化に伴う自己点検・評価活動の実施が義務化されたことに端を発するという見解がある（吉本・稲永, 1995:1）。そうした社会的背景を基に、早くから民間ベースで進研ゼミの経験者を中心に大学生調査を行っていたのが、1990 年代から続くベネッセの調査であり、例えば、入学難易度が高い大学ほど大学全般に対する満足度が高く、後輩へ薦める気持ちが強いことを明らかにしてきた（ベネッセ教育開発研究センター, 2008:100）。そうした見解は、大学満足度の高い大学ほど学生獲得に有利になる、という問題構図を生み出した感がある。

　一方で、研究ベースの大学生調査の嚆矢は上智大学グループによる研究であり、カレッジ・インパクト理論やチャーター理論、ハビトゥス理論などの教育社会学の理論から学生文化を検証する問題設定で行われてきた。例えば、授業熱心な教員の授業ほど学生の学習意欲を高め、大学全体の活動によい影響を与える、という結果から、「大学内部の組織的努力は学生文化の変容をもたらす」（武内, 1998:199）と結論付けており、大学満足度が大学運営によって如何様にも変容しうる可能性が示唆されている。

　また、大学満足度の減退は、即座に学習意欲の減退やひいては退学者の増加につながることから大学経営者・執行部側の関心も高く、特に、編入システムを抱えるアメリカの大学では「リテンション」(retention) 問題としてよ

り一層シビアに捉えられている（例えば、Seidman, 2005）。

1 先行研究の整理と本研究の課題

　大学満足度[1]に関する先行研究については、全般的な理解として、先に挙げた上智大学グループの研究成果から、男子より女子の大学満足度が高い、一般入試入学者よりも推薦入学者の方が大学満足度は高い、授業・学習環境・対教職員・対人関係に関する満足度は学年が上がるごとに高くなるが、生活環境については満足度が学年進行とともに下がる、ダブルスクールやアルバイトは大学満足度に悪影響がある、といった知見がある（武内他, 2004）。また、大学満足度の規定要因として、教員との人間関係が学習意欲を高め、ひいては大学満足度を高めるが、友人との人間関係は学習意欲への影響が見られない（貝舘他, 2008）といった報告や、教員との人間関係という文脈でいえば、卒論ゼミの配属の前倒しによって大学満足度が上昇したといった報告もある（勝矢他, 2006）。

　更に、大学満足度の中でも大学の本懐ともいうべき授業満足度の規定要因については特に関心が高く、研究が蓄積されており、伊藤（2008）は、授業満足度の規定要因が、FDなどで強調される「教育方法」の技術的改善のように小手先な手段だけに依拠するものではなく、授業に対する理解度であるとか興味関心であるといった「授業内容」に関連すると述べている。同様の指摘は高尾（2005）にもあるが、重回帰分析による要因分析の結果、「提供知識量」が多ければ多いほど授業満足度が高まり、授業満足度が「内容の理解度」だけに依拠しない、という知見を提供している。また、入学時の要因から授業満足度の規定要因を説明した研究には、入学動機が「勉強したいものがあった」「学問への興味」などのアカデミックな理由であれば、授業満足度が高く、「就職に有利」だとか「友達が行くから」などの非アカデミックな理由であれば、授業満足度が低い傾向にある（吉本・稲永, 1995）や、高校時代の進研模試の成績で分ければ、偏差値が高くなるほど、「授業の総合満足度」があがる（足立, 2000）といったものが挙げられる。

　一方で、犬童（1999）は、決定木（decision tree）を用い、初年次の授業の理

解度の低さゆえに不満を抱く学生や、地域参加型や主体的な参加を授業に求めている低学年時の学生、授業時間の短縮や宿題の忌避傾向学生の不満の高さなど、不満の要因の多様性を指摘している。そうした見解から類推されるのは、学生類型によって大学満足度の事情が大きく異なるのではないかということであり、こうした観点に基づいて学生類型の違いから大学満足度の構図を把握するという方向でも研究蓄積がなされている。例えば、大学全般の満足度は学生の自立心に依存し、自我や社会性が確立し、将来設計も含めてビジョンがハッキリしている学生ほど、大学生活の全体的な満足度が高く、そうでない学生、つまり、自我や社会性が未成熟で幼い途上型の人間ほど、満足度が低いという見解であったり（本田，1999；ベネッセ教育開発研究センター，2008）、本章と同じJCIRPのJCSS2005のデータを用いて、学生を学習形態ごとに類型化し、授業内外での学習を一生懸命行う学生ほど授業満足度が高く、学習タイプに関係なく大学満足度が高いのは図書館やコンピューター施設などのハード面の設備であるという見解が出されたりしている（溝上，2009）。木村他（2009）でも、本章と同じJCIRPのJCSS2007のデータを用いて、学業充実群の方が授業などの満足を高く示し、大学エンジョイ群の方が大学の設備や大学が提供するサービスなどに高い満足を示す傾向があることを明らかにした。また、世代の問題として大学満足度を捉える向きもある。大学に家族内で初めて通うものを「第一世代」(first generation)と呼ぶが、「第一世代」と「非第一世代」では大学満足度の規定要因が異なり、交友関係や大学設備には両世代とも反応するが、学業面については「非第一世代」の方がより満足するということで、学業面については、大学満足度の規定要因が家族資本であるという指摘もある（佐野，2005）。

　こうした学生分類による大学満足の構図把握と通ずるところで、冒頭にあげた中退のリスクを回避するという経営的かつ学生支援的な観点で注目を集めてきたのが「不本意入学者」「仮面浪人」の大学満足度という研究関心であり、「第一志望入学者」とそれ以外という分類での大学満足度についての検討が行われている。例えば、第一志望以外の不本意入学者が多い大学の検討事例としては、「理想どおりではない」というところに初年次学生は大学

生活の出発点があり、そこから「理想とのギャップ」を如何に生じさせることができるかに大学満足度の規定要因があるという報告がある（田川, 2011）。また、おおむね第一志望で入学する学生が多い大学ほど在学満足度が比例するなかで、第一志望で入学する学生の割合が低い大学の中に、在学中に大学満足度が第一志望で入学する学生の割合よりも大幅に増える大学の存在が指摘されていたり（浜島, 2003）、下級学年（1〜2年次）時には「第一志望以外」の学生の満足度は低いが、上級学年（3〜4年次）になると学業へのやる気も学生生活への満足度も第一志望の学生と有意差がなくなることを報告し、その要因が「授業」と「友人関係」であるという知見がある（岩田, 2006）。こうした研究からは大学満足度の学年変化の存在が窺い知れる。

だが、こうした数々の先行研究から得られた知見も状況証拠のまだ積み重ねの段階であり、大学満足度内の要因間の因果関係やその全体的な構造を厳密な意味で浮かび上がらせる段には至っていないのが現状である。特に、どういった満足がその次にどういった満足につながるかといった大学満足度の構造的な把握が管見の限りあまりなされていない感がある。規定要因のいくつかが把握できたとしても、それがどういう満足から引き起こされてどういう段階の満足なのかといった構造的な把握なしには、具体的な改革「手順」が研究結果から惹起されることはないだろう。

こうした先行研究の状況を踏まえると、大学満足度の研究課題をどの満足がその次にどの満足につながるかといった大学満足度に関する構造把握に設定する必要があるだろう。ただ、その議論の前段階としては、浜島（2003）や岩田（2006）で指摘されていたような大学満足度の学年変化について大まかな傾向をまず把握することを研究課題に設定する必要性が生じてくる。岩田（2006）では、下級学年（1〜2年次）と上級学年（3〜4年次）に分けて大学満足度を議論していた。そうした大まかな学年カテゴリーではなく、さらに詳細に学年変化を見るために、1年次から4年次の各学年に応じた大学満足度の変化を明らかにする統計的方法論の応用が求められてくる。これらの研究課題のために、統計的方法論として、大学満足度の学年間比較の把握については、調査票が異なっても共通尺度を作成することにより大学満足度など

の潜在特性の変化を明らかにすることができる教育測定論の統計手法である子項目反応理論[2] (Item Response Theory: IRT) による等化を用いることとする。

2 データ概要

本章で使用するデータは同志社大学高等教育・学生研究センターが実施しているJCIRP (Japan Cooperative Institutional Research Program) での上級生用調査JCSS (JCIRP College Students Survey) の2005および2007のデータセットと新入生用調査JFS (JCIRP Freshman Survey) の2008のデータセットである。JCIRPでは、全国国公私立大学の学生調査データを収集しており、継続参加により、各大学の大学教育効果の経年変化が測定可能となり、各大学での教育改善に活用可能となるように設計されている。サンプルサイズは、JCSS2005が8大学3961人、JCSS2007が16大学6228人、JFS2008が163大学19661人である。

JCIRPデータが置かれた状況について述べれば、科学研究費補助金による調査によって、ほぼ毎年のようにデータが収集されている。本章で使用するデータ以外にもJFS2009・2011、JCSS2009・2010・2012がすでに実施されている。このように、複数回にわたる大規模データが継続的に収集され大規模なデータセットになっているものの、複数回参加している大学はわずかながらであり、調査参加大学が毎回異なっていて、サンプルサイズも年度によってまちまちである。かつ、参加大学によって調査対象学年もまちまちであったりもする。何より、JFS（新入生用調査）とJCSS（上級生用調査）とで目的が異なる調査であり、同一内容の調査項目でもJFSとJCSS間や年度間で項目が入れ替わっている（図12-1）。さらには、今後も時代の要請・変化によって追加項目が増える可能性がある。

このような状況下では、当初JCIRPが掲げた、各大学の大学教育効果について経年変化を測定することが困難となり、各大学での教育改善に活用可能となるように設計するというポリシーが非常に実行しにくいのはいうまでもない。経年変化・学年変化に際して、個別大学単独のみに着目するのであれば単純集計結果でも事足りるかもしれないが、他大学も含めた経年変化・学年変化、あ

図 12-1 JCIRP における満足度項目の変遷

るいは、大学満足度などの複数の項目の背後に設定されている潜在特性の全体的な変化となれば、教育測定論に則った方法論の適用が必要となってくる。また、単純集計だと共通項目のみしか比較できないので、調査項目の入れ替わりが行われ、各年度で共通する項目が減っていけば、その分、経年で検証可能な項目が少なくなる。それゆえに、追加項目や削除項目についても考慮に入れるような、共通項目以外の項目も含んだ形での総合的な大学満足度の測定については、項目反応理論による共通尺度化の作業を行う必要性があろう。

3　方法——項目反応理論を用いた大学満足度項目の等化

　本章では、まず、JCIRP の JCSS2005・2007、及び JFS2008 の 3 つのデータセットを用い、共通する 27 項目をアンカー項目として項目反応理論による垂直等化 (vertical equating) を行う。まず、最初に、項目反応理論の前提である一因子性については因子分析を実行することで確認できた（図 12-2 〜 4）。
　次に、等化の数学的な基礎について簡単に説明したい。項目反応理論の定義式であるロジスティック関数は線形変換が可能であることが知られており、例えば、人を i、項目を j、等化前の潜在特性値、識別力パラメータ、困難度パラメータをそれぞれ θ_i、a_j、b_j とし、等化後の潜在特性値を $\theta_i^* = k\theta_i + l$、識別力パラメータを $a_i^* = a_i/k$、困難度パラメータをとして、$b_i^* = kb_i + l$ これらを 2 パラメーター・ロジスティックモデルの定義式に代入しても、

第12章 項目反応理論を用いた大学満足度項目の等化 205

$$P_j(\theta_i^*) = \left\{1 + \exp\left(-Da_j^*(\theta_i^* - b_j^*)\right)\right\}^{-1} = \left\{1 + \exp\left(-Da_j(\theta_i - b_j)\right)\right\}^{-1} = P_j(\theta_i)$$

となり、等化前後の項目特性曲線の式に変化が生じない。この性質を利用して、2つのデータセットを等化する際には、kとlが線形変換のための等化係数が必要となり、これらを推定することで等化が可能となる。

次に、等化係数の推定であるが、最も簡便な Mean & Sigma 法 (Marco1977) で行った。平均をπ、標準偏差をσで表すとき、b_j と b_j^* は単に線形変換した関係であることから標準化した値は当然一致するので、

$$\left(b_j^* - \pi_{b_j^*}\right)/\sigma_{b_j^*} = \left(b_j - \pi_{b_j}\right)/\sigma_{b_j}$$

因子のスクリープロット

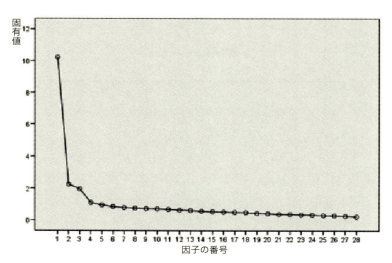

図12-2 JCSS2005の大学満足度項目（28項目）のスクリープロット

206 第2部 学習成果、学習成果の測定方法

因子のスクリープロット

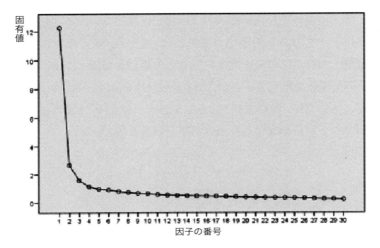

図12-3 JCSS2007の大学満足度項目（34項目）のスクリープロット

因子のスクリープロット

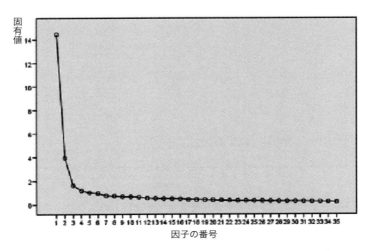

図12-4 JFS2008の大学満足度項目（34項目）のスクリープロット

となり、このとき、b_j^*について解くと、

$$b_j^* = \left(\sigma_{b_j^*}/\sigma_{b_i}\right)b_i + \left\{\pi_{b_j^*} - \left(\sigma_{b_j^*}/\sigma_{b_i}\right)\pi_{b_j}\right\}$$

よって、$b_i^* = kb_i + l$の式から、$\hat{k}$と$\hat{l}$は、

$$\hat{k} = \sigma_{b_j^*}/\sigma_{b_i}, \qquad \hat{l} = \pi_{b_j^*} - \hat{k}\pi_{b_j}$$

となり、2つのデータセット間の等化係数は、2つのデータセットの困難度パラメータの平均値と標準偏差を用いて簡易的に推定することができる。このことがこの簡便な等化方法を Mean & Sigma 法と呼ぶゆえんである。このとき、等化係数さえ一意に推定できれば、欠損項目のあるデータ間同士であっても総体的な大学満足度に対する個々人の潜在特性値が推定可能になり、たとえ異なる質問紙同士であっても、項目反応理論の前提である一因子性さえ担保できれば、経年ごと、あるいは、学年ごとなどの相対的な比較が可能となる。

分析においては、JCSS2005、JCSS2007、JFS2008 のデータセットごとに項目反応理論を実行し、識別力パラメータa_j、困難度パラメータb_j、個々人の潜在特性値θ_iをそれぞれ求め、JCSS2005/2007、JFS2008 の共通項目における困難度パラメータの平均と標準偏差を求める。共通項目の観点から基準データを JCSS2007 に設定したので、JCSS2007 と JCSS2005 の等化係数、JCSS2007 と JFS2008 の等化係数を Mean & Sigma 法で推定し、求められた等化係数を用いて等化後の大学満足度の個々人の潜在特性値θ_i^*の値を、それぞれ JCSS2005、JFS2008 で算出した。

4 結果

前節の方法による、垂直等化実施後に、JCSS2005、JCSS2007、

JFS2008の各データセットにおける各大学の潜在特性値の平均値を表したのが**図12-5**である。この図12-5で示した大学は、データ間の結果比較が明示できるよう、JCSS2005、JCSS2007、JFS2008に2回以上参加している大学のみ抽出して表示してある。これを見ると、データセットによって、大きく差がある大学があることがわかった。だが、そもそもJCSSは上級生用調査で3・4回生を対象に、JFSは新入生用調査で1・2回生を対象に設計されているが、調査実施大学の都合によりサンプルデータが必ずしも想定どおりにはなっていない。**表12-1**は、図12-5で表したJCSS2005、JCSS2007、JFS2008に2回以上参加している大学のみ各データセットにおける大学の参加者数と学年を記したものである。これを見てみても各大学において学年がまちまちであることがわかる。図12-5の大学満足度の各データセット間による落ち込みが純粋に学年によるものかの判断は、図12-5だけではできない。

そこで表12-1に見れば、D大学とF大学については、JCIRPに3回連続で継続的に参加し、各学年とも数百程度のサンプルサイズを持っていることから、この2大学を抽出し、大学満足度の学年格差を検討したのが**図12-6**である。これを見ると、やはりJCIRP全体の3万人ほどのデータで見てみても、1回生から2回生のところで大学満足度の大きな落ち込みが見られ、3回生・4回生と上がるにつれて、その満足度は回復していく傾向にあることがわかる。また、D大学については、1回生から2回生のところで大学満足度の潜在特性値の平均値について統計的有意差が見られず、落ち込みが確認できなかった。一方、F大学については、JCIRPデータと比しても全般的に大学満足度が低い大学であることがわかり、さらに、1回生から2回生のところで大学満足度の大きな落ち込みも確認できた。

5　まとめ ——大学満足度の経年変化の可視化

総括すれば、本章で大学満足度の構造について検討した結果、第一に、約3万人のJCIRP全体のデータから1回生から2回生に至る際に大学満足度

表 12-1 各データセットにおける大学の参加者数と学年

N	A大学	B大学	C大学	D大学	E大学	F大学	G大学	H大学	全国
JCSS2005			271	666	242	318	373		3961
JCSS2007	450	468	85	475	0	313		227	6228
JKS2008	112	102	98	325	48	127	286	73	19661
小計	562	570	454	1466	290	758	659	300	29850
1回生	112	101	240	667	200	135	466	230	21673
2回生	331	255	700	437	82	181	59	39	4975
3回生	2	180	128	261	5	333	64	19	2407
4回生以上	112	26	15	87	1	98	67	9	634
その他	5	3	1	14	2	11	3	3	161
小計	562	570	454	1466	290	758	659	300	29850

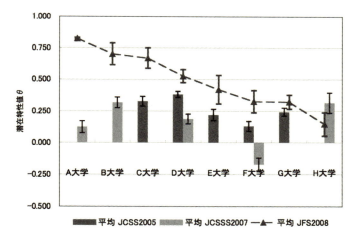

図 12-5 垂直等化実施後の各大学の潜在特性値の平均

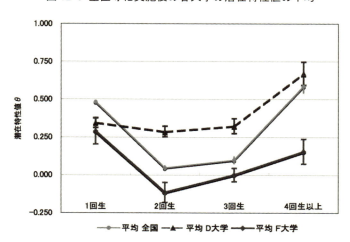

図 12-6 垂直等化実施後の学年別の潜在特性値の平均

の落ち込みが見られた、これは、浜島(2003)や岩田(2006)の上級生になるほど大学満足度があがるといった単線的な上昇構図という見解とは異とするものであった。さらにいえば、一端落ち込みがあって上がるという構造である。第二に、そうした全体的な傾向があるものの、D大学のように1回生から2回生に至る際に大学満足度が落ち込まない大学も見られたなど、全体的な傾向から外れる大学もあった。

統計的にはこうした大学満足度の学年変化が確認された一方で、こうした現象の解釈には慎重にならざるを得ない。というのも、こうした現象の裏側にある背景にも注視しなければいけないからである。例えば、大学満足度が2年次に落ち込むからといって、そのことすべて大学側だけに原因があると即座に断罪するわけにはいかないだろう。学生側の状況を鑑みれば、高校生活では学級単位で行動し、講義を受講していたスタイルから、自ら目的を持って主体的に講義を選択し、生活時間をマネイジメントする大学での生活スタイルへの転換が生じる時期であり、この大学満足度の落ち込みが単なる大学生活への適応への戸惑いである可能性も捨てきれない。あるいは、初年次の大学満足度の高さの要因が、高校生の立場から見た大学生活への憧憬の名残であり、そうした満足を最初に経験したあとで、2回生の大学満足度の落ち込みが、大学生活への憧れがいったん落ち着き、冷静に大学生活を見直していることの現れと解釈することも可能であろう。

何はともあれ、大学満足度については、その測定の是非[3]も含めて、さまざまに議論すべきことは多い。ただ、本章における大学満足度に見られる経年変化の可視化により、1回生から2回生に至る際に大学満足度の落ち込みが計量的に初めて確認されたことには、一定の研究的意義が存在するのではないだろうか。この現象の要因についての研究はまだ緒についたばかりであり、これからはその解釈についての詳細な研究が行われなければならないだろう。そのときには、大学満足度について、どういった項目について1回生と2回生で反応の違いが出てくるのかといった個別項目に対する検討が必要であるが、それは今後の課題としたい。

付記

本研究は、木村拓也「大学満足度の学年変化とその規定要因の探索 -- 項目反応理論とInterruptive Structural Modelingを用いた分析」International Society for Education(国際教育学会)編『クオリティ・エデュケーション』4号, 2012年, pp.73-92.の一部を本章に合わせて改稿したものである．

注

1 大学満足度に関する国際的な研究成果について述べれば、医療現場で重用されているQOLに対応して、Quality of College Life(QCL)なる国際的な評価尺度が存在している(Sirgy他, 2007；Sirgy他, 2010；Yu & Lee,2008；Yu &Kim2008)。管見の限り、日本では実施されていないようであるが、調査項目を見てみると、「大学内の住宅供給」(On-campus Housing)や「クラブやパーティ」(Clubs and Parties)や「大学スポーツ」Collegiate Athleticsなど米国流の大学文化に特化した調査項目が多く、国際比較すると数値の違いがそのまま各国の大学観・大学運営の違いしか表さないように思われ、共通指標としての限界を感じさせる内容である。また、海外の事例として、金(2001)は、特に中国の事例ではあるが、生活水準が大学での適応や満足度に関係があると述べている。
2 項目反応理論(IRT)については、芝(1991)、大友(1996)、渡辺・野口(1999)、豊田(2002)、村木(2011)に詳しい。
3 そうしたことも踏まえれば、大学改革で手取り足取り大学満足度を高める施策を大学が採用しすぎてしまうことにも問題が生じないわけではない。というのも、皮肉なことに、学生が主体的に学生生活を送れるようと、教職員の方があれこれ手を掛け主体的に環境を良くすればするほど、結果として学生が「受け身的/非主体的に」なり、何もやらずにさまざまな環境を手に入れ、それを享受することに対して満足してしまう、つまり「学生の顧客化の増長が引き起こす主体性の衰退」という矛盾を引き起こしてしまいかねない。この構造的矛盾にどう向き合い、教育の一貫として学生サービスをどう構築し、ときには禁欲的に手出しを節制できるかもひとつの大学改革におけるポイントではないかと考える。そのためにも、大学満足度を構造的に把握し、どれに対処すべきでどれに対処すべきでないかという教育的判断が最も重要になってくる。

引用文献

足立寛（2000）「大学満足度調査から見た大学教育の今後の課題」『大学研究』20、97-125。

ベネッセ教育研究開発センター（2008）『学生満足度と大学教育の問題点―全国4年制大学生調査より』。

浜島幸司（2003）「大学生活満足度」武内清編『キャンパスライフの今』玉川大学出版部、73-89。

本田義章（1999）「意図的学習を目指す学生を育てるために―学生満足度調査からの提案」『大学教育学会誌』1(1)、27-30。

犬童健良（1999）「学生満足度データに基づく診断と処方―現状の改善に向けての私見」『関東学園大学経済学部紀要』29(2)、1-35。

伊藤征一（2008）「授業に対する学生の満足度の構造」『星城大学経営学部研究紀要』

5, 97-108.
岩田弘三（2006）「第1志望以外の大学入学者の学生生活・大学満足度の学年変化」『武蔵野大学現代社会学部紀要』7、37-50。
貝舘好隆・永井正洋・北澤武・上野淳（2008）「大学生活の満足度を規定する要因について」『日本教育工学会論文誌』32(2)、189-196。
勝矢光昭・小林みどり・福田宏・山浦一保（2006）「学生満足度調査の結果とその分析」『経営と情報』(静岡県立大学 経営情報学部/学報)、19(1)、37-55。
木村拓也・西郡大・山田礼子（2009）「高大接続情報を踏まえた大学教育効果の測定—潜在クラス分析を用いた追跡調査モデルの提案」日本高等教育学会編『高等教育研究』12、189-214。
金龍哲（2001）「東アジア三国における学生の大学満足度に関する一考察—大学選択への評価の視点から」中国四国教育学会編『教育学研究紀要』47(1)、210-215。
大友賢二（1996）『項目応答理論入門—言語テストデータの新しい分析法』大修館書店。
溝上慎一（2009）「授業・授業外学習による学習タイプと能力や知識の変化・大学教育満足度との関連性—単位制度の実質化を見据えて」『大学教育を科学する—学生の教育評価の国際比較』東信堂、119-133。
村木英治（2011）『項目反応理論』朝倉書店。
佐野秀行（2005）「初年次学生の大学満足度に関する一考察—第一世代学生と非第一世代学生の比較から」『上智教育学研究』19、1-10。
芝祐順編（1991）『項目反応理論—基礎と応用』東京大学出版会。
田川隆博（2011）「学生満足度の分析—名古屋文理大学満足度調査より」『名古屋文理大学紀要』11号、81-86。
高尾義明（2005）「授業改善案アンケートの定量的分析—授業満足度への影響要因の検討」『流通科学大学教育高度化推進センター紀要』1、25-34。
武内清（1998）「学生文化の規定要因に関する実証的研究—15大学・4短大調査から」『大学論集』29号、187-204。
武内清・佐野秀行・伊藤素江・谷田川ルミ（2004）「現代大学生の変化と大学満足度に関する実証研究—12大学・学生調査の再分析」『上智大学教育学論集』39、27-43。
豊田英樹（2002）『項目反応理論[入門編]—テストと測定の科学』朝倉書店。
渡辺直登・野口裕之編（1999）『組織心理測定論—項目反応理論のフロンティア』白桃書房。
吉本圭一・稲永由紀（1995）「学生の授業満足度と大学教育の効果に関する一考察—九州大学10学部学生調査データ比較」九州大学大学教育研究センター『大学教育』6、1-23。
Marco, G.L.1977: Item Characteristic Curve Solutions to Three Intractable Testing Problems, *Journal of Educational Measurement*, 14, 139-160.
Seidman, A. ed. 2005: *College Student Retention—Formula for Student Success,* Praeger Publishers: Westport.
Sirgy, M.J., S. Grzeskowiak and D. Rahtz, 2007: Quality of College Life(QCL) of Students: Developing and Validating a Measure of Well-being, *Social Indicators Research,* 80(2), 343-360.
Sirgy, M.J., D-J Lee, S. Grzeskowiak, G. B. Yu, D. Webb, K. E. Hasan, J. Vega, A. Ekici, J. S. Johar and A. Krishen, et al. 2010: Quality of College Life(QCL) of Students: Further Validation of a Measure of Well-Being, *Social Indicators Research,* 99(3), 375-390.
Yu G.B. and D.J. Lee, 2008: A model of Quality of College Life(QCL) of Students in Korea: *Social Indicators Research,* 87(2), 269-285.
Yu G.B. and J.H. Kim, 2008: Testing the Mediating Effect of the Quality of College Life in the Student Satisfaction and Student Loyalty Relationship, *Applied Research Quality Life,* 3, 1-21.

第 13 章　どのような学生が「主体性」を伴う学習行動をしてきたか

——日本人版新入生学生調査（JFS2013）を活用した要因分析

西郡大（佐賀大学）

はじめに

　2014 年 12 月に「新しい時代にふさわしい高大接続の実現に向けた高等学校教育、大学教育、大学入学者選抜の一体的改革」（中央教育審議会, 2014、以下「高大接続答申」と略記）が答申され、知識偏重といわれる入試から、思考力や主体的に学習に取り組む姿勢を評価する入試への転換を図ることが高大接続改革の方向性として示された。具体的には、「主体性を持って多様な人々と協働して学ぶ態度（主体性・多様性・協働性）」「知識・技能を活用して、自ら課題を発見しその解決に向けて探求し、成果等を表現するために必要な思考力・判断力・表現力等の能力」「知識・技能」という「学力の 3 要素」を多面的・総合的に評価することが求められ、各大学の個別入試改革を進めていくうえでのひとつのイメージとして図 13-1 の資料が示された。このイメージ図に従えば、各大学の個別選抜では、学力の 3 要素の「思考力・判断力・表現力」の一部分と「主体性・多様性・協働性」を評価することが求められ、その評価手法に、小論文、プレゼンテーション、集団討論、面接、推薦書、調査書、資格試験等が具体例として挙げられている。

　しかしながら、入試を実施する現場にとって、「主体性・多様性・協働性」をどのように評価するのかというのは最も悩ましい点である。一般的に、こうした能力等を短時間で評価するのは難しく、ある程度の時間をかけ、受験生に関する多くの材料を基に丁寧に判定することが必要だと考えられる。ま

た、面接試験や集団討論のような人が人を評価する場合、「公正な評価」を行うためには、評価の信頼性や妥当性を高めるための技術的な検討が欠かせない。例えば面接試験において信頼性や妥当性を高めるためには「構造化面接」という手法が知られている（例えば、今城、2005）。しかし、評価手続きを構造化しすぎると、面接者によって個別に工夫される展開や評価の視点を一定の枠組みに押し込めてしまうことになり、面接試験に期待する評価ができなくなる可能性もある。そのため、「主体性・多様性・協働性」を評価するためには、相応のコストと技術的限界を前提とした検討が求められる。とはいっても、「主体性・多様性・協働性」を評価するために、各大学は入試制度の検討を進めていかざるを得ない。こうした実情において、「主体性」を持つと考えられる志願者に、どのような特徴があるのかを知っておくことは、入試改革における評価方法の開発等にも役立つものとなりうるだろう。

また、高大接続答申では、大学入試改革だけでなく大学入試における評価の在り方を梃子として、高等学校教育改革、大学教育改革を一体的に進めることが謳われている。すでに大学教育については、「新たな未来を築くための大学教育の質的転換に向けて」（中央教育審議会, 2012）において、主体的な学びに向けた学士課程の質的転換が示され、多くの大学では、能動的学習（アクティブ・ラーニング）などの積極的な導入がみられるようになったが、今後は、高大接続という視点からも検討が必要になるのではないかと推察される。

一方で、近年の高等教育政策の動向として、エビデンスに基づく意思決定や計画策定等に IR (Institutional Research) の活用が推進されるようになり、学内データの分析や学生調査などを実施する大学も多くなってきた。しかし、これらのデータをどのように分析し、実際の教育改革や業務改善等に活用していくかという点にはおいては、多くの大学で手探りの状況にあると考えられる。また、学生調査等を活用した分析枠組みに関する研究も少しずつ増えてきてはいるものの、まだ十分であるとはいえない。

そこで、本章では、前述した高大接続改革の動向を踏まえ、学力の3要素である「主体性・多様性・協働性」、特に「主体性」に注目する。そして、全国の大学新入生学生調査を活用して、高校時代に「主体性」を持った学習

第13章 どのような学生が「主体性」を伴う学習行動をしてきたか 215

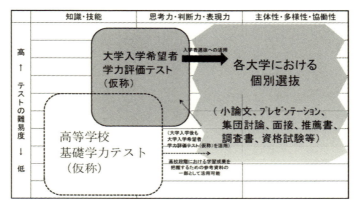

図13-1 答申で示された別添資料5

行動をしてきたと考えられる大学新入生にどのような特徴があるのかを明らかにすることで、高校教育と大学教育の「主体性の接続」を考えるための視点を提供するとともに、学生調査を用いた分析枠組みを提示する。

1 データ概要

本章で用いるデータは、2013年に実施された日本人版新入生調査 (JFS:Japanese Freshman Survey、以下、「JFS2013」と呼ぶ) である。同調査は、カリフォルニア大学ロサンゼルス校高等教育研究所 (HERI) が開発した CFS (CIRP Freshman Survey) と CSS (College Student Survey) をベースに、日本の大学生の実態を反映して独自に改良した調査票であり、学生の満足度、入試に関わる情報、高校時代の学習や生活状況、自己評価、価値観等の項目で構成されている。JCIRP (Japanese Cooperative Institutional Research Program) の事務局から全国の国公私立大学に対して JFS の案内が配布され、実施を希望する大学において調査が実施された。調査時期は、6月下旬から7月下旬であり、調査に参加した大学は91大学 (国立14校、公立8校、私立69校)、15,519名の新入生がアンケートに回答した。調査の性格上、参加大学についての詳細を示すことはできないが、さまざまな地域のさまざまな偏差値帯の大学が参加している。表13-1に分析に使用した JFS2013 のデータセットについて示す。なお、本章では、

高校から大学に進学してきた一般的な新入生を分析対象とするため、「あなたの現在の在学状況を教えてください」で「1年生（回生）」以外の選択肢を選んでいた者、入試区分において、「留学生入試」「社会人入試」「編入学」「その他試験（帰国子女など）」を回答した者を除いた14,918名のデータを利用した。

表13-1 回答者の性別と専門分野

性別	人数	割合（%）
男性	7199	48.3
女性	7249	48.6
無回答	470	3.2

専門分野	人数	割合（%）
人文学	1,319	8.8
宗教学	46	0.3
心理学	646	4.3
法学・政治学	542	3.6
経済学・経営学・商学・会計学	1,539	10.3
社会科学	1,242	8.3
理学	496	3.3
工学	1,952	13.1
農学	379	2.5
生命科学	497	3.3
獣医学	9	0.1
医学	902	6.0
医療サービス	983	6.6
家政学	831	5.6
教育学	1,894	12.7
芸術	422	2.8
その他	886	5.9
無回答等	333	2.2

2　分析の視点

JFS2013には、「主体性」に関わるものとして、高校3年生における学習行動を尋ねた項目群（11項目）がある。これらの項目群を因子分析によって因子を抽出し従属変数とした。一方、独立変数には、「性別」「入学した入試種別」「高校時代の成績（自己認識）」「将来的な学歴希望」といった属性やカテゴリーに関する項目、「自己能力観」「人生価値観」「今後のキャリア形成意識」といった自己意識の程度に関する項目、「高校3年時における具体的行動」という頻度に関する項目などを用いた。これらの変数を用いて各変数間の関係性および平均値の比較等の分析を探索的に行うことで、高校時代における主体的学習の構造にアプローチし、どのような学生が主体的学習行動を行ってきたのかを明らかにした。

3 結果

3.1 因子分析の結果

(主体的学習行動に関する尺度)

高校3年時における主体的学習行動に関する項目に対し、因子分析(プロマックス回転、最尤法)した結果、「自発的に作文の練習をした」と「自分が取り組んだ課題に対して教師に意見を求めた」という2項目が複数の因子に対して負荷量が高かったため、同項目を外して再度因子分析を行ったところ、3因子が抽出された。その結果を**表13-2**に示す。第一因子は、「自分の意見を論理的に主張した」「授業中質問した」「問題の解決方法を模索し、それを他者に説明した」の3項目で構成され、自身の意見や疑問、解決方法を主張していることから「自己主張」と命名した。第2因子は、「問題に対処するために新しい解決策を求めた」「困難なことにあえて挑戦した」「自分の失敗から学んだ」の3項目で構成され、新たな解決策や自身の成長を模索していることから「向上心」と命名した。第3因子は、「授業以外に興味のあることを自分で勉強した」「科学的研究の記事や論文を読んだ」「インターネット上の情報が事実かどうか確認した」の3項目で構成され、新たな知識の追究等が含まれることから「探究心」と命名した。これらの3つの変数を「主体性因子」と呼ぶ。各変数ともα係数は、0.68以上と一定の値が得られた。

表13-2 主体的学習行動に関する尺度の因子分析の結果

	Ⅰ	Ⅱ	Ⅲ	共通性
Ⅰ．自己主張（α =.79）				
自分の意見を論理的に主張した	.955	-.095	.014	.82
授業中、質問した	.632	.030	.010	.43
問題の解決方法を模索し、それを他者に説明した	.536	.259	-.007	.53
Ⅱ．向上心（α =.75）				
問題に対処するために新しい解決策を求めた	.027	.754	0.53	.65
困難なことにあえて挑戦した	.005	.734	.013	.56
自分の失敗から学んだ	-.008	.602	-.022	.34
Ⅲ．探求心（α =.68）				
授業以外に興味あることを自分で勉強した	-.050	.049	.698	.49
科学的研究の記事や論文を読んだ	.073	-.076	.659	.43
インターネット上の情報が事実かどうか確認した	.009	.084	.518	.34
因子間相関				
Ⅱ	.64	-		
Ⅲ	.59	.67	-	

（人生価値観に関する尺度）

　人生価値観に関する項目に対し、因子分析（プロマックス回転、最尤法）した結果、「自分の専攻分野で第一人者になる」「自分の専攻分野で仲間に認められる」「政治的な活動にたずさわる」「社会の価値観に影響を与える」「家族を養う」「困っている人の役に立つ」「科学の理論的な発展に貢献する」「人生の意味を深く考える」「精神性や信仰心を生活に反映させる」という9項目が複数の因子に対して負荷量が高かったため、同項目を外して再度因子分析を行ったところ、4因子が抽出された。その結果を**表13-3**に示す。第一因子は、「地域社会の活動に参加する」「人権意識の向上に役立つ」「環境を守るための活動に参加する」などの6項目で構成されるため「社会的貢献志向」と命名した。第二因子は、「会社などで出世する」「お金持ちになる」「企業や団体などで管理職になる」などの4項目で構成されるため「社会的成功志向」と命名した。第三因子は、「芸術作品を製作する」「文芸作品を執筆する」「舞台芸術で成

表 13-3 人生価値観尺度の因子分析の結果

		I	II	III	IV	共通性
I．社会的貢献志向（α=.86)						
地域社会の活動に参加する		.877	-.103	.010	.047	.65
人権意識向上に役立つ		.823	-.044	-.005	-.010	.64
環境をあ盛るための活動に参加する		.643	.023	.022	.050	.46
政治動向に関心を持つ		.625	.062	.073	-.082	.46
多様な社会文化を理解する		.608	-.082	.039	.186	.43
地域社会のリーダーになる		.605	.179	.079	-.126	.53
II．社会的成功志向（α=.81)						
会社などで出世する		-.018	.923	-.092	-.003	.80
お金持ちになる		-.175	.729	.003	.113	.48
企業や団体などで管理職になる		.179	.660	-.024	-.095	.54
ビジネスで成功する		.039	.583	.137	.064	.44
III．アート志向（α=.68)						
芸術作品を制作する		-.032	-.024	.892	.032	.76
文芸作品を執筆する		-.005	-.027	.856	.004	.72
舞台芸術で成功する		.074	.040	.692	-.040	.56
IV．個人的幸福追求志向（α=.72)						
自分の生きたい人生を送る		-.045	.041	.054	.788	.61
友人関係を大切にする		.145	.049	-.066	.672	.54
	因子間相関		II	III	IV	
	II	.44	-			
	III	.45	.27	-		
	IV	.21	.16	-.12	-	

功する」の3項目で構成されるため「アート志向」と命名した。第四因子は、「自分の生きたい人生を送る」「友人関係を大切にする」の2項目で構成されるため「個人的幸福追求志向」と命名した。各変数ともα係数は、0.72以上と一定の値が得られた。

(自己能力観に関する尺度)

自分の能力観に関する項目に対し、因子分析（プロマックス回転、最尤法）した結果、「コンピュータ操作能力」「体の健康」「スピリチュアリティ（精神性）」「信仰心」「文章表現の能力」「文章読解の能力」という6項目が複数の因子に対して負荷量が高かったため、同項目を外して再度因子分析を行ったところ、4因子が抽出された。その結果を表13-4に示す。第一因子は、「社交面での自信」「協調性」「リーダーシップ」などの7項目で構成されるため「実

表13-4 自己能力観尺度の因子分析の結果

	I	II	III	IV	共通性
I．実践的対応力 （α = .81）					
社交面での自信	.874	-.067	-.050	-.040	.62
協調性	.608	-.057	.039	-.013	.36
リーダーシップ	.570	.014	.150	.037	.51
他者の理解	.555	.007	.028	-.031	.31
自己の理解	.553	.112	-.059	-.023	.32
情緒面での安定度	.501	.054	-.118	-.118	.26
プレゼンテーションの能力	.488	.107	.176	.176	.45
II．基礎学力 （α = .77）					
学力	-.171	.950	.041	-.026	.77
一般的な教養	.161	.579	-.095	.062	.45
外国語の能力	.027	.535	.046	.005	.33
知的面での自信	.301	.525	-.003	.015	.55
数理的な能力	.008	.431	.089	.000	.23
III．精神的頑健性 （α = .83）					
やる気	.071	-.051	.775	-.025	.63
ねばり強さ	-.017	.060	.767	-.080	.56
競争心	-.087	.117	.669	.040	.47
チャレンジ精神	.178	-.056	.621	.078	.60
IV．クリエイティブ （α = .68）					
芸術的な能力	-.131	.102	-.081	.760	.50
創造性	.071	-.102	.090	.739	.36
因子間相関		II	III	IV	
II	.53	-			
III	.69	.41	-		
IV	.69	.46	.48	-	

践的対応力」と命名した。第二因子は、「学力」「一般的な教養」「外国語の能力」などの5項目で構成されるため「基礎学力」と命名した。第三因子は、「やる気」「ねばり強さ」「競争心」などの4項目で構成されるため「精神的頑健性」と命名した。第四因子は、「芸術的な能力」「創造性」の2項目で構成されるため「クリエイティブ」と命名した。各変数ともα係数は、0.68以上と一定の値が得られた。

(今後のキャリア形成意識に関する尺度)

今後のキャリア形成意識に関する項目に対し、因子分析（プロマックス回転、最尤法）の結果、2因子が抽出された（表13-5）。第一因子は、「自己を表現する仕事」「創造性や独創性」「リーダーシップを発揮できる可能性」などの5項目で構成されるため「積極的キャリア形成志向」と命名した。第二因子は、「高収入の可能性」「生活の安定や保証」「世間的な知名度や地位」などの5項目で構成されるため「世俗的キャリア形成志向」と命名した。各変数ともα係数は、0.75以上と一定の値が得られた。

因子分析の結果得られた各変数の1項目当たりの平均値、標準偏差および相関係数を**表13-6**に示す。

表13-5 今後のキャリア形成意識尺度の因子分析の結果

	I	II	共通性
I．積極的キャリア形成志向 （α = .82)			
自己を表現する仕事	.803	-.082	.59
創造性や独創性	.759	-.065	.53
リーダーシップを発揮できる可能性	.648	.053	.46
さまざまな領域の仕事をする可能性	.626	.079	.45
社会を変えるための仕事	.574	.065	.37
II．世俗的キャリア形成志向 （α = .75)			
高収入の可能性	-.118	.860	.66
生活の安定や保証	-.091	.627	.35
世間的な知名度や地位	.223	.529	.44
就職時の選択肢の多さ（つぶしがきく）	.124	.513	.34
自由な時間	.082	.456	.25
因子間相関			
II	.48	-	

第13章 どのような学生が「主体性」を伴う学習行動をしてきたか

表 13-6 各変数の1項目当たりの平均値、標準偏差および相関係数

変数名	N	Mean	SD	1	2	3	4	5	6	7	8	9	10	11	12	13
1. 自己主張	14,771	2.22	0.71	1												
2. 向上心	14,728	2.52	0.69	.55	1											
3. 探究心	14,730	2.02	0.69	.47	.51	1										
4. 社会的貢献志向	14,516	2.43	0.66	.29	.34	.27	1									
5. 社会的志向	14,621	2.62	0.72	.15	.12	.10	.40	1								
6. アート志向	14,654	1.72	0.74	.18	.13	.29	.41	.24	1							
7. 個人的幸福追求志向	14,684	3.60	0.58	.10	.22	.02	.24	.21	-.06	1						
8. 汎用的能力	14,622	2.97	0.66	.40	.36	.20	.27	.20	.10	.18	1					
9. 基礎学力	14,707	2.76	0.66	.30	.29	.23	.17	.16	.10	.03	.52	1				
10. 精神的頑健性	14,680	3.14	0.83	.34	.47	.18	.31	.17	.09	.19	.61	.42	1			
11. クリエイティブ	14,771	2.78	0.85	.26	.26	.25	.20	.11	.36	.07	.45	.37	.38	1		
12. 積極的キャリア形成志向	14,617	2.65	0.67	.33	.34	.25	.59	.42	.39	.21	.33	.20	.38	.36	1	
13. 世俗的キャリア形成志向	14,575	3.05	0.56	.09	.09	.05	.27	.62	.14	.29	.13	.11	.09	.10	.44	1

※ 変数の 1, 2, 3, 4, 5, 6, 7, 12, 13 は最大値4点　　※ 変数の 8, 9, 10, 11 は最大値5点

3.2 主体性因子と相関のある高校3年時の活動

「自己主張」「向上心」「探究心」と関連のある高校3年時の活動(以下、「高3行動」と略記)を抽出するために、12項目からなる高校3年時の具体的活動に関する項目との相関分析を行った(表 13-7)。その結果、大きい関係性とはいえないが、「自己主張」と「授業以外での教師との会話」($r=.25$)、「向上心」と「勉強や宿題」($r=.20$)、「探究心」と「趣味としての読書」($r=.21$)に $r=.2$ 程度の相関関係が確認された(表の下線部)。

表 13-7 主体性因子と高3時の行動との相関関係

	自己主張	向上心	探究心
勉強や宿題	.12**	<u>.20**</u>	.02
友人との交際	.05**	.01	-.01
授業以外での教師との会話	<u>.25**</u>	.18**	.12**
運動やスポーツ	.08**	.09**	-.01
アルバイト	.03**	-.04**	.04**
ボランティア活動	.13**	.09**	.14**
部活動や同好会	.06**	.10**	.00
テレビ鑑賞	-.08**	-.08**	-.09**
家事手伝い	.12**	.08**	.14**
趣味としての読書	.07**	.03**	<u>.21**</u>
TV・PCでのゲーム遊び	-.07**	-.11**	.10**
インターネット上での友人との交流	.04**	.00	.11**

3.3 重回帰分析による規定要因の分析

「自己主張」「向上心」「探究心」を従属変数として重回帰分析（ステップワイズ法）を行った。独立変数には、因子分析によって得られた「自己能力観」「人生価値観」「今後のキャリア形成意識」の下位尺度、そして、3.2節の分析結果により相関が確認された項目を設定した。まず、「自己主張」を規定する要因として標準化係数（β）を見たところ、「自己能力観（実践的対応力）」（$\beta=.24$ ** $p<.001$）が最も高く、「キャリア形成意識（積極的キャリア志向）」（$\beta=.20$ ** $p<.001$）、「高3行動（授業以外での教師との会話）」（$\beta=.19$ ** $p<.001$）、「自己能力観（基礎学力）」（$\beta=.14$ ** $p<.001$）が続いた（**表 13-8**）。

表 13-8 自己主張を規定する要因

変数	β	R^2：自由度調整済み決定係数
自己能力観（実践的対応力）	.24	0.25
キャリア形成意識（積極的キャリア形成志向）	.20	
高3行動（授業以外での教師との会話）	.19	
自己能力観（基礎学力）	.14	

「向上心」では、「自己能力観（精神的頑健性）」（$\beta=.31$ ** $p<.001$）が最も高く、「人生価値観（社会的貢献志向）」（$\beta=.15$ ** $p<.001$）、「高3行動（勉強や宿題）」（$\beta=.15$ ** $p<.001$）、「キャリア形成意識（積極的キャリア形成志向）」（$\beta=.11$ ** $p<.001$）、「自己能力観（実践的対応力）」（$\beta=.09$ ** $p<.001$）が続いた（**表 13-9**）。

表 13-9 向上心を規定する要因

変数	β	R^2：自由度調整済み決定係数
自己能力観（精神的頑健性）	.31	0.30
人生価値観（社会的貢献志向）	.15	
高3行動（勉強や宿題）	.15	
キャリア形成意識（積極的キャリア形成志向）	.11	
自己能力観（実践的対応力）	.09	

「探究心」では、「高3行動（趣味としての読書）」（$\beta=.19$ ** $p<.001$）が最も高く、「人生価値観（社会的貢献志向）」（$\beta=.17$ ** $p<.001$）、「自己能力観（基礎学力）」（$\beta=.15$ ** $p<.001$）、「人生価値観（アート志向）」（$\beta=.14$ ** $p<.001$）、「自己能力観（クリエイティブ）」（$\beta=.10$ ** $p<.001$）が続いた（**表 13-10**）。

第13章 どのような学生が「主体性」を伴う学習行動をしてきたか　223

表13-10 探究心を規定する要因

変数	β	R^2：自由度調整済み決定係数
高3行動（趣味としての読書）	.19	
人生価値観（社会的貢献志向）	.17	
自己能力観（基礎学力）	.15	0.19
人生価値観（アート志向）	.14	
自己能力観（クリエイティブ）	.10	

3.4　属性ごとの平均値の比較（t検定・分散分析）

「自己主張」「向上心」「探究心」について、「性別」、「入学した入試種別」の属性項目、「高校時代の成績（自己認識）」（「あなたの高校での成績はどのあたりでしたか」に対する「上位の方」「中の上くらい」「中くらい」「中の下くらい」「下位の方」という回答）、「将来的な学歴希望」（「あなたは将来的にどの程度まで進学を考えていますか」に対する「大学を卒業する」「大学院や専門職大学院の修士課程を修了する」「大学院の博士課程を修了する」という回答）の項目に対する回答カテゴリーごとに平均値を比較した。

まず、「性別」について t 検定による結果を**表13-11**に示す。「自己主張」に有意な差は見られなかったが、「向上心」において男子よりも女子が高く（$t(14306)=1.32, p<.001$）、「探究心」において女子よりも男子の方が高い傾向がみられた（$t(14266)=6.17, p<.001$）。

表13-11 性別に見る主体性因子の平均値

	自己主張		向上心		探究心	
	男性	女性	男性	女性	男性	女性
N	7,115	7,193	7,103	7,166	7,108	7,160
Mean	2.22	2.21	2.49	2.55	2.06	1.99
SD	0.72	0.69	0.70	0.66	0.72	0.65

次に、「入学した入試種別」について一元配置による分散分析を行った（**表13-12〜14**）。「自己主張」において有意差は見られなかった。「向上心」（$F(7,14720)=3.47, p<.001$）と「探究心」（$F(7,14722)=9.76, p<.001$）では有意差が見られ、Bonferroni による多重比較を行った結果、「向上心」では、「一般入試（国公立大学の前・中・後期日程、及び私立大学の一般入試）[A] ＞ 指定校推薦 [E]、AO 選考 [H]」、「大学入試センター試験（単独）利用型入試（ただし、私立大学のみ）

[C] > 指定校推薦 [E]」、「公募推薦 [G] > 指定校推薦 [H]」、「探究心」では、「一般入試（国公立大学の前・中・後期日程、及び私立大学の一般入試 [A]）< 指定校推薦 [E]、公募推薦 [G]」、「大学入試センター試験（単独）利用型入試（ただし、私立大学のみ）[C]、内部進学（学部付属校からの進学）[D]、指定校推薦 [E]、公募推薦 [G]、AO 選考 [H] > スポーツや課外活動の推薦 [F]」の順に差が見られた。

さらに、「高校時代の成績（自己認識）」について一元配置による分散分析を行った（**表 13-15 〜 17**）。「自己主張」（$F(5,14730) = 91.98, p<.001$）、「向上心」（$F(5, 14687) = 90.87, p<.001$）、「探究心」（$F(5,14689) = 21.90, p<.001$）の 3 変数すべてに有意差が見られた。Bonferroni による多重比較を行った結果、「自己主張」では「上位の方 > 中の上くらい > 中くらい、中の下くらい > 下位の方」、「向

表 13-12 入学した入試種別に見る自己主張の平均値

自己主張	A	B	C	D	E	F	G	H
N	6,748	1,031	721	422	2,383	367	2,017	1,082
Mean	2.20	2.25	2.24	2.28	2.19	2.23	2.24	2.21
SD	0.70	0.70	0.71	0.69	0.71	0.75	0.70	0.74

表 13-13 入学した入試種別に見る向上心の平均値

向上心	A	B	C	D	E	F	G	H
N	6,740	1,028	718	423	2,370	360	2,010	1,082
Mean	2.54	2.51	2.54	2.54	2.44	2.51	2.54	2.21
SD	0.68	0.68	0.67	0.66	0.68	0.74	0.68	0.74

表 13-14 入学した入試種別に見る探究心の平均値

探究心	A	B	C	D	E	F	G	H
N	6,738	1,029	717	422	2,372	363	2,012	1,077
Mean	1.99	2.02	2.04	2.09	2.04	1.89	2.10	2.09
SD	0.69	0.68	0.69	0.71	0.66	0.66	0.69	0.72

分類	入学試験の種類
A	一般入試（国公立大学の前・中・後期日程、及び、私立大学の一般入試）
B	一般入試と大学入試センター試験の併用型入試（ただし、私立大学のみ）
C	大学入試センター試験（単独）利用型入試（ただし、私立大学のみ）
D	内部進学（学部付属校からの進学）
E	指定校推薦
F	スポーツや課外活動の推薦
G	公募推薦
H	AO 選考

上心」では、「上位の方＞中の上くらい＞中くらい＞中の下くらい＞下位の方」、「探究心」では、「上位の方＞中くらい、中の下くらい、下位の方」、「中の上くらい、中くらい、中の下くらい＞下位の方」という順で差が確認された。

表 13-15 高校時代の成績別に見る自己主張の平均値

自己主張	上位の方	中の上くらい	中くらい	中の下くらい	下位の方
N	2,736	4,078	3,407	2,155	1,956
Mean	2.40	2.27	2.19	2.15	1.99
SD	0.76	0.68	0.66	0.66	0.72

表 13-16 高校時代の成績別に見る向上心の平均値

向上心	上位の方	中の上くらい	中くらい	中の下くらい	下位の方
N	2,728	4,066	3,404	2,144	1,952
Mean	2.67	2.58	2.51	2.45	2.28
SD	0.71	0.64	0.64	0.66	0.76

表 13-17 高校時代の成績別に見る探究心の平均値

探究心	上位の方	中の上くらい	中くらい	中の下くらい	下位の方
N	2,728	4,071	3,396	2,150	1,953
Mean	2.09	2.06	2.02	2.02	1.89
SD	0.73	0.68	0.65	0.67	0.70

最後に、「将来的な学歴希望」について一元配置による分散分析を行った（表13-18）。なお、各選択肢は、「大学を卒業する」を「学士」、「大学院や専門職大学院の修士課程を修了する」を「修士」、「大学院の博士課程を修了する」を「博士」と表記した。「自己主張」が $F_{(3,14683)} = 31.15$, $p<.001$、「向上心」が $F_{(3,14638)} = 31.70$, $p<.001$、「探究心」が $F_{(3,14640)} = 61.97$, $p<.001$ と、3変数すべてに有意差が見られた。Bonferroniによる多重比較を行った結果、「自己主張」「向上心」「探究心」の3変数とも、「博士＞修士＞学士」という順で差が確認された。

表 13-18 最終学歴希望からみる主体性因子の平均値

	自己主張			向上心			探究心		
	学士	修士	博士	学士	修士	博士	学士	修士	博士
N	12,165	1,773	523	12,125	1,768	522	12,127	1,771	521
Mean	2.19	2.29	2.44	2.49	2.60	2.71	1.99	2.11	2.35
SD	0.70	0.68	0.79	0.68	0.66	0.73	0.67	0.70	0.80

4　考察

本研究では、高校時代に「主体性」を伴う学習行動をしてきたと考えられる学生にどのような特徴があるのかを明らかにするために、さまざまな大学の学部新入生が回答したJFS2013を利用した分析を行った。同調査における主体的学習行動に関わる項目からは、「自己主張」「向上心」「探究心」という「主体性」に関わる3因子が抽出された。以下にその特徴を示す。

①「自己主張」を伴う学習行動をしてきたと考えられる学生像

大学卒業後は、積極的に自分のキャリア形成を志向するとともに、自己能力観として、実践的対応力や基礎学力を有していると認識しており、高校3年時には授業以外で教師との会話に時間を費やした傾向が見られる。また、性別や入学した入試種別などによる違いは見られないが、高校時代の成績が相対的に良かったと認識し、将来的な学歴として、大学卒で終わらず大学院進学（博士課程まで）を想定している者ほど、自己主張を伴う学習行動をしてきた傾向が確認された。

②「向上心」を伴う学習行動をしてきたと考えられる学生像

大学卒業後は、積極的に自分のキャリア形成を志向し、社会的貢献を志向するとともに、自己能力観として、精神的頑健性と実践的対応力を有していると認識しており、高校3年時には勉強や宿題に時間を費やした傾向が見られる。性別では、男子よりも女子の方が向上心が強く、入学した入試種別においては、一般入試の方が指定校推薦やAO選考よりも向上心が高いことが示された（なお、指定校推薦よりも公募推薦の方が高い）。また、高校時代の成績が相対的に良かったと認識し、将来的な学歴として、大学卒で終わらず大学院進学（博士課程まで）を想定している者ほど、向上心を伴う学習行動をしてきた傾向が確認された。

③「探究心」を伴う学習行動をしてきたと考えられる学生像

人生的な価値観として、社会貢献やアートに関する志向性を持つとともに、自己能力観として、基礎学力とクリエイティブな力を持っていると認識し、高校3年時に、趣味としての読書に時間を費やしてきた傾向が見られる。性別では、女子よりも男子の方が探究心が強く、入学した入試種別においては、一般入試よりも指定校推薦や公募推薦の方が探究心が強い（ただし、スポーツや課外活動の推薦は他の推薦制度よりも低い）。また、高校時代の成績が相対的に良かったと認識し、将来的な学歴として、大学卒で終わらず大学院進学（博士課程まで）を想定している者ほど、向上心を伴う学習行動をしてきた傾向が確認された。

　これら3つの因子の特徴を比べると、「性別」「入学した入試種別」「自己能力観」「人生価値観」「今後のキャリア形成意識」においては、各因子で違いが見られるものの、「高校時代の成績（自己認識）」「将来的な学歴希望」については共通的な傾向が見られる。つまり、高校時代の成績が良かったと認識する者ほど、将来的に大学院までの学歴（特に博士課程）を得たいと考えており、高校時代に主体的な学習行動を行ってきたと解釈できる。

　では、これらの結果は、高校教育と大学教育の「主体性の接続」を考えるための材料として、どのように活用できるであろうか。冒頭で述べたように、高大接続改革が進められる中、今後の大学入試では、「主体性・多様性・協働性」を評価するために、多面的・総合的な評価が求められている。当然のことながら、「主体性・多様性・協働性」は、身長や体重など、直接的に観測できるような変数とは異なり、さまざまな行動や考え方といった観測できる情報から間接的にしか評価できない構成概念である。仮に、「主体性」を面接試験で評価しようと考えた場合、「主体性」を評価するための観点や質問内容を検討しなければならないが、本研究で得られた知見が部分的に活用できると考える。例えば、主体性に関する下位概念として「向上心」を評価観点とした場合、将来的なキャリア意識や自己能力観に関わる内容、高校における成績の認識に関して尋ねる質問項目を検討することがひとつの手段として考えられる。また、入試方法として、「探究心」を重視したい場合は、一般入

試よりも公募推薦や指定校推薦の方が受験者集団としては適していると見ることもできるだろう。こうした視点は、大学入試の場面だけでなく、大学入学後の初年次教育やキャリア教育においても、どのような方向性でカリキュラムを検討していくかを議論するめのひとつの素材となりうる。もちろん、大学の入学難易度や学問分野の違いによって、本研究の結果をそのまま適用することには慎重になる必要があるが、自大学の調査データに限定して同様の分析枠組みで分析すれば、より実態に即した結果が得られるものと考える。

本研究で示した結果は、先行研究等を踏まえて「主体性」という構成概念を定義し、同概念を測定するために実施した調査から得られた結果ではない。しかし、各大学で教育改革や入試改革について実際に議論する場合、自大学の状況がどのようになっているか現状を把握することから始まると考えられる。その材料としてJFSのような学生調査を利用するならば、本研究で示した分析アプローチは、具体的検討のひとつの枠組みとなりうる。一般的に学生調査には、学生の実態把握という共通の目的はあるものの、部分的に見れば、複数の目的が含まれる。そのため、入試、教務、キャリア、価値観、経験、満足度などのさまざまな項目で構成される。こうした項目によって得られた情報をどのように組み合せて分析するかという点で見れば、一定の分析枠組みが必要になるだろう。それにより、各大学が独自で収集すべき情報の選定や検討のための作業仮説の設定などが可能になるものと考える。しかし、学生調査等を活用する際の枠組み（または研究蓄積）は必ずしも多くはない。大学生調査の歴史はまだ浅く、これから少しずつ発展していくものと推察する。それに合わせて分析・活用の枠組みも蓄積されていく必要があるだろう。こうした研究蓄積が、IRの実質的な活用につながることを期待したい。

参考文献

中央教育審議会(2012)「新たな未来を築くための大学教育の質的転換に向けて」(答申)。
中央教育審議会 (2014)「新しい時代にふさわしい高大接続の実現に向けた高等学校教育，大学教育，入学者選抜者の一体改革について―すべての若者が夢や目標を芽吹かせ，未来に花咲かせるために―」(答申)。
今城志保 (2005)「採用面接評価の実証的研究：応募者, 面接者, 組織が面接評価に及ぼす影響の多水準分析」『産業・組織心理学研究』vol19.No1,3-16。

第14章　学習成果志向の高等教育政策における日本人大学生の学習成果の検証[1]

山田礼子（同志社大学）

はじめに

　今日、世界の高等教育は教育の質に対する責任を果たさなければならないという重要な問題に直面している。事実、多くの国の高等教育機関にとって、「質保証」は共通の課題となっている。質保証がこのように重要な問題として浮上している背景には、アカウンタビリティという問題の登場との関係が深い。ズメタ（Zumeta, 2011）は、アカウンタビリティを「法的、政治的、財政的、個人的あるいは単なる道徳的な結びつきの結果として、誰かあるいは複数の関係者に対しての自らの行動への責任」と定義している。

　アカウンタビリティは、社会のあらゆる面と関係していると指摘する研究者は少なくない。1990年代初期に、世界の多くの国に新自由主義政策が共通して進行したことに関連して、ヴァンヴフトとウェスターハイデン（Van Vught & Wester Heidjen, 1994）は、政府と他の利益団体が、財政縮小に関連してアカウンタビリティという概念で懸念を示したことが始まりであると指摘している。バーデルとマコーネル（Berdal & McCornel, 1994）は、アカウンタビリティという概念は、政治家が彼らの票に関係する選挙区に対して責任のある業績を示すことあるいは、それによって対応していることを示すことから生じているという解釈を示している。それゆえ、大学にこの概念を適応するとすれば、アカウンタビリティは、評価と業績の測定、さらに、大学の全ての機能のモニタリングに関与する概念となる（Albornoz, 1996）。したがって、一般市民

が高等教育機関により関与するようになり、教育上および研究上の成果を求めるようになることは必然であると受け止められている。もし、効果とより高い教育機関の業績という尺度を満たさない場合には、大学は一般市民にとって、批判の対象にもなりうる。こうした概念に基づけば、学習成果は、質を確保し、かつ機関のアカウンタビリティを示すためにより重要になると理解できよう。

同時に、21世紀におけるグローバル化の進行は、世界中に高等教育のアカウンタビリティ概念の浸透が加速化することにもつながる。現在、高等教育機関の質保証と国際競争力の強化は、世界中で主な関心事になっている(Yung-Chi Hou, 2012)。このように、世界中で、高等教育政策は市場を意識した経済中心主義や規制緩和の方向性へと移り、そうした方向性により強く影響を受けることになる。

新自由主義の枠組みから見ると、教育と研究は、国家が発展していくうえでは不可欠であるとみなされるが、一方では実際の新自由主義政策の下では、公的資金はより削減され、高等教育に投与される資金についても、科学技術あるいは市場に関連の深い分野に集中する傾向が見られる。日本もこのような傾向からは例外ではなく、世界で散見される共通の改革の方向性は日本の文部科学省(MEXT)の政策にも反映されている。2015年には文部科学省の通達を巡って、人文・社会科学分野の政策的な軽視ではないかという議論が沸きおこったことは記憶に新しい。

こうした背景を念頭に置きつつ、本章では、第一に、21世紀の知識基盤社会における最近10年の日本の高等教育政策の動向を提示し、第二に、学生への間接評価として定着してきた標準調査であるJCSSデータを用いて、学習成果と学習行動のレリバンスに関する分析結果を示し、最後に、日本の学士課程教育が学生への教授法など教育改善に対応しているかどうかをデータから検討する。

1 日本における最近10年間の高等教育政策動向

中央教育審議会答申（2005）『わが国の高等教育の将来像』は 21 世紀を知識基盤社会と定義し、知識基盤社会においては、高等教育は個人のためにだけでなく、国家の発展にとっても重要であると位置づけた（中央教育審議会, 2005）。具体的には、高等教育機関がエリートの育成にも力を入れ、同時に多くの学生の学習成果を改善するという 2 つの機能を果たさなければならないことを確認したことを意味している。それゆえ、政府は、高度な研究と教育プログラムを提供する卓越した中心となる機関やセンターに対してより多くの予算を投じてきた（中央教育審議会, 2005）。高度な研究や教育プログラムを推進する機関やセンターに対して多大な金額が投資されたことがこの間の政策の特色でもあるが、一方で、高等教育機関が研究中心からより教育に焦点を置く方向へと導く政策を取ってきたこともこの 10 年間の高等教育政策の特徴でもあった。その意味では、2008 年に公表された中央教育審議会による『学士課程教育の構築に向けて（答申）』は、こうした研究中心から教育中心への大きな政策転換を確認するという意味でも、画期的であったといえよう。

最近の教育改革の原点は、2008 年答申に遡ることができるが、2008 年答申に至るまでの過程を振り返ると、2007 年 7 月に大学設置基準が改正され、「1. 大学は、学生に対して、授業の方法及び内容並びに一年間の授業の計画をあらかじめ明示するものとする。2. 大学は、学習の成果に係る評価及び卒業の認定に当っては、客観性及び厳格性を確保するため、学生に対してその基準をあらかじめ明示するとともに、当該基準にしたがって適切に行うものとする」旨記載され、授業計画と成績評価基準の明示が、設置基準レベルで義務化された。この過程を経て、2008 年には、学士課程答申が提示され、それまでの高等教育の審議の結実として、学士課程教育の構築が日本の将来にとって喫緊の課題であるとし、その問題意識として最初に、「グローバルな知識基盤社会、学習社会において、我が国の学士課程教育は、未来の社会を支え、より良いものとする『21 世紀型市民』を幅広く育成するという公共的な使命を果たし、社会らかの信頼に応えていく必要がある」ことが明記された。

学習については学生の幅広い学び等を保証し、「21世紀型市民」に相応しい「学習成果」の達成が強く求められている。すなわち、「『21世紀型市民』に相応しい資質・能力を育成する上で、(中略) その際、幅広い学び等は、一般教育や共通教育、専門教育といった科目区分の如何によらず、学生の自主的活動や学生支援活動をも含め、それらを統合する理念として学士課程の教育活動全体を通じて追求されるべきものである。(中略) 当該大学の人材養成の目的等に即して、いかにすれば、専攻分野の学習を通して、学生が「学習成果」を獲得できるかという観点に立って、教育課程の体系化・構造化に向けた取り組みを進めていくことが課題となる。このためには、各学部、各学科等の分野に即した『学習成果』に関し、各大学において学生が到達すべき目標を示し、それらを通じて質を保証していく取り組みを進めつつ、学士課程全体を通じた『学習成果』、目標を明確化するよう努力する必要がある」と明記され、学習成果を示すことが質の保証の具体策として位置づけられ、具体的に、各専攻分野を通じて培う「学士力」の参考指針として、1.知識・理解、2.汎用的技能、3.態度・志向性、4.統合的な学習経験が挙げられた。1.の知識・理解では、(1) として多文化・異文化に関する知識の理解、(2) 人類の文化、社会と自然に関する知識の理解が提示され、2.の汎用的技能では、(1) コミュニケーション・スキル、(2) 数量的スキル、(3) 情報リテラシー、(4) 論理的思考力、(5) 問題解決力が挙げられ、3.態度・志向性では、(1) 自己管理力、(2) チームワーク、リーダーシップ、(3) 倫理観、(4) 市民としての社会的責任、(5) 生涯学習力が提示された。

「学士力」を学士課程教育における教育課程を通じて身に着けていくことが期待され、従来から実施されてきた座学中心の講義以上に、初年次教育やサービス・ラーニングをはじめとする新しい内容で構成された教育や方法が重要となる。ティーチングとラーニングを相互作用として捉え、そうした過程を振り返りながら、成果へと結びつけていくことが、高等教育のユニバーサル化が進行している状況では不可欠となるという認識が確認されたのが本答申の本質でもあった。また、本答申は、多様化と柔軟性の強調というそれまでの路線から質保証へと高等教育政策を転換する出発点でもあった。ここ

での質保証は、学習成果の評価および入学、教育課程編成、そして学位授与に関する大学の方針を統合する包括的な改革を網羅していた。本答申以降、大学は、質保証を強化するために「入学」、「教育課程編成」、「学位授与」方針の明確化が求められるようになった。

2　中央教育審議会 2012 年答申における新たな視点

　2012年には、中央教育審議会による答申『新たな未来を築くための学士課程教育の質的転換に向けて―生涯学び続け、主体的に考える力を育成する大学へ―』が公表された。本答申では、グローバル化や少子高齢化等の社会の急激な変化が、社会の活力の低下、経済状況の厳しさの拡大、産業構造の変化などさまざまな形で日本社会に大きな影響を与えていることを前提とし、現在は社会および個人にとって将来の予測が困難な時代と位置づけている。予測困難な時代に立ち向かい、時代を生き抜く力を学生が確実に身に着けるための大学教育改革が、学生の人生と日本の未来を確固たるものにするための根幹であり、そのために、学士課程教育の質的転換をすすめることが不可欠であるとの共通認識が本答申の基底である。本答申に先立ち公表された『審議のまとめ』「予測困難な時代において生涯学び続け、主体的に考える力を育成する大学へ」においても、学生の主体的な学習時間を実質的に増加させ、学びの成果につなげること、その際に、学習行動調査等によって測定することが方法として提案されている。答申では、日本の大学生の学習時間の少なさが公式に指摘されたという点で大いに注目された。「卒業の要件は原則として4年以上の在学と124単位以上の修得であることを踏まえると、学期中の1日当たり8時間程度であるべき総学習時間が、調査によると一日4.6時間となっている」ことが大きな問題として捉えられ、かつ理学、保健、芸術分野での学習時間が相対的に多い一方で、社会科学分野が少ないことも指摘されている。本まとめでは、「生涯学び続け、主体的に考える力」を意味する主体的な学習は、十分な学習時間を通じて醸成されると認識されている。すなわち、学生の主体的な学びを確立させるための始点が、十分な学習時間

の確保であり、そのために、学士課程教育課程の改善の責任が大学にあることを明確にしたのも新しい点である。

　2012年答申は、2008年答申において提示されていた学士課程教育の質的転換のための方策について、各大学が大学支援組織や文部科学省、企業・地域社会等と連携しながら、改革サイクルの中で、実際に実行するための具体的な方法を明確にするところまで踏み込んでいる。本答申をまとめるにあたっては、同年4－5月に実施した全国の学長・学部長を対象にした「学士課程教育の現状と課題に関するアンケート調査」から2,600人の回答および7月までに全国の多様な12大学で行った「大学教育改革地域フォーラム」での参加者からの意見等が貴重な視座となっていることは、従来の答申作成とは異なる過程でもある。こうした調査結果も反映しながら、本答申では、①主体的に考える力を習得するには、事前の準備、授業の受講、事後の展開といった能動的な学習過程に要する十分な「学習時間」の確保、②主体的な学びを確立させるためには、初等教育から高等教育までの接続という考え方に基づき、主体的な学習の方法や教育方法を開発・実践していくことの必要性が提示されていることが新しい視点である（2012:5-18）。

　同時に本答申では、アセスメント・ポリシーの確立が新たに加えられている。「アセスメント・ポリシー」とは、学生の学習成果の評価（アセスメント）について、その目的、達成すべき質的水準および具体的実施方法などについて定めた学内の方針のことを意味すると記述されている。具体的に学生の学習成果の評価に当たっては、学習時間の把握といった学習行動調査（学生調査）やアセスメント・テスト（学習到達度調査）あるいはルーブリック等、どのような具体的な測定手法を用いたかを合わせて明確にすることが、大学が直ちに取り組むことが求められる事項として挙げられていることも新しい動向であった。ここまで過去10年間の日本における高等教育政策の動向を検討してきたが、特徴は学習成果志向の政策への転換であったとまとめることができよう。

3　先行研究の整理と問題の設定

2012年中教審答申においては、大学生の平均学習時間は1日当たり授業内外を含めて8時間であるべきであると提示されている。しかしながら、大学生の平均学習時間は1日当たり4.6時間であり、自然科学や医療科学関係の学生と比較した際に、社会科学系の学生の学習時間が相対的に短いことが指摘されていることは先述したとおりである。

近年、国公立大学におけるカリキュラムには学習成果が埋め込まれるようなことが奨励されている。私立大学においては、学生人口の減少という問題に直面していることから、自律的に学習成果をカリキュラムに埋め込むような努力が重ねられてきた。それゆえ、本章では国公私立という設置形態によって学習時間、あるいは学びに差異が存在しているのかについても検証する。具体的には、専攻分野別および設置形態による学生のプロフィールを把握したうえで、学生の学びの経験がいかに国公私立学生の学習成果へとつながっているのかを検証していく。

日本国内において学生がどのような領域の能力を向上させたかという問いは、大学教育の学習成果が教育の質保証の一環として注目される中で検討の対象となってきた。近年の研究としては, 東京大学による全国調査に基づいた一連の研究（両角, 2009; 谷村, 2009; 小方, 2011）が挙げられる。これらの研究では、学生の能動的学習や授業外学習時間が学生の能力向上に寄与していること、能動的学習や授業外学習を促すには, 課題型授業や参加型授業などの授業特性が影響していることが明らかにされている。

分野別における能力獲得の差異についても検討がなされ、例えば、古田 (2010) は獲得した知識・技能のタイプには文科系―理科系を軸にした特徴が見られ、職業に有用だとみられる一般的な知識・技能については文科系の学生の自己評価が高いことを明らかにしている。

一方、国外においても学生がどのような領域の能力を向上させているかという問いは, 大学教育の質保証と関連して注目を浴びている。米国での学習成果に関連したカレッジ・インパクト研究は、近年では、カリキュラム、専門分野等の大学を形成している環境要因のみならず、学生のエンゲージメントや経験という視点からのアプローチへと移行しつつある。パイクとクーは

学生の「エンゲージメント」をアクティブおよび協同学習、教員と学生の相互作用、学術的な挑戦度、教育上の経験、学生を支援するキャンパス環境での経験という5つの側面に分類している。パスカレラとテレンジーニは(2005)、この5つの分類を用いて、学習成果との関係を分析した結果、学生のアクティブ・ラーニングが最も影響力の高い変数であると主張している。

上記の日本のこれまでの研究は、学生がどのような能力を向上させるかに関して、学生の専攻する分野の授業形態や、教授方法の影響の度合いという視点を欠いていた。それぞれの学問分野の特性から、獲得が求められる能力は異なるうえ、大学生活の過ごし方、および教員の関与や教授方法についても分野による差異の存在は経験的に実感されているが、実証的にそのような視点を組み入れた検証はなされていない。外国の先行研究は、専門分野別に基本的に学士課程が形成されていないという構造的な差異が潜在的に存在しているという問題がある。本研究では、特に日本の先行研究で検証されていない専攻分野別という視点を組み入れ、問題設定として、

- 専攻分野によって獲得した知識と技能に差異が存在しているのか。
- 国公私立大学という設置形態によって学生の学びの実態には何か差異が存在しているのか。もし差異があるとすれば、専攻分野と設置形態との関係性は何であるか。
- 専攻分野によって学生の経験に何らかの差異があるのかどうか。

を探ることを目的とする。

4　分析に用いるデータと研究の枠組み

本研究ではJCSS（日本版大学生調査）2010データを使用する。JCSS2010は、学生の自己診断による継続的な標準調査であるJCIRP（日本版大学生研究プログラム）の上級生を対象とした調査である。JCSSは学生の背景、大学での経験、満足感、学習成果、学習行動、学習時間等の学生の自己評価をベースにした36の質問項目と299の変数から成り立っている。JCIRPは、2004年からの試行調査を含めて継続的に実施されており、過去のデータ蓄積とその分析を通じて標準的な調査として位置づいていることから、ここ10年間におけ

る大学生の経験の傾向と変化を把握することは可能である。

カレッジ・インパクト研究との関連で本章を位置づければ、基本的分析枠組である IEO モデルのうち、本研究では E と O の関係に焦点を絞る。特に、E（環境）である国公立大学と私立大学という設置形態、専門分野および学生自らおよび教員の働きかけを介しての経験である E（環境）が情緒・認知面における成果にどのような関係があるのかを把握することに焦点を当てる。特に、E の部分では、学生自身の経験および教員の働きかけによる経験が学習の量や質にいかなる関係を持つのか、設置形態や専門分野による特性はあるのか、そして専門分野および経験の結果としての学習の量や質が情緒・認知面における成果にどのような影響を及ぼすのかを、把握することに狙いを置く。

日本におけるカレッジ・インパクト研究の流れの中にこれまでの一連の研究を位置づけ、蓄積してきた。したがって、本研究の基本的な分析の枠組みは IEO モデルであるが、今回は E と O との関係性をより詳細に、学生自らおよび教員の働きかけによるエンゲージメントが学習の量や質といかなる関係性を持つのか、専門分野による特性はどのようなものなのか、そして専門分野およびエンゲージメントの結果としての学習の量や質が情緒・認知面における成果にどのような影響を及ぼすのかを把握する。分析の枠組みは図 14-1 に示す。

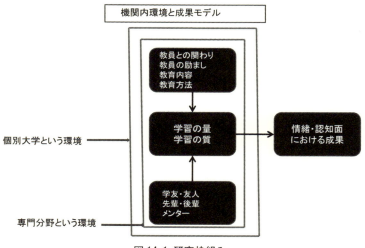

図 14-1 研究枠組み

5 調査結果

表 14-1 回答者のプロフィール

専攻分野	N	%	設置形態	N	%	学年	N	%	ジェンダー	N	%
人文系	1237	16	国公立	2368	28.5	下級学年	2728	33.3	男性	3527	43.2
社会科学系	3320	42.8	私立	5932	71.5	上級学年	5454	66.7	女性	4630	56.8
自然科学系と工学系	1290	16.6	合計	8300	100	合計	8182	100	合計	8157	100
医療系	1904	24.6									
合計	7751	100									

　JCSS2010 には国公私立 82 大学（学部）（国立 17 学部、公立 6 学部、私立大学 59 学部）が参加した。国公立の参加者の割合は 28.5％、私立大学は 71.5％ である。当該比率は毎年文部科学省の学校基本調査に提出することが義務付けられているデータとほぼ変わりはないことから、JCSS2010 データは一般的な日本の大学生を代表していると考えられる。専門分野別およびジェンダーの比率は表 14-1 に提示しているとおりである。女子学生比率が男子学生比率よりも高いが、この理由としては看護部門といった医療系分野の参加者の大多数が女子学生であることが影響していることを付言しておく（表 14-1）。

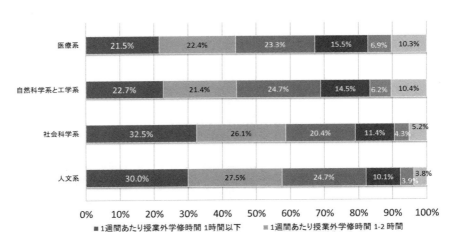

図 14-2 専攻分野による 1 週間の授業外学習時間

図 14-2 には専攻分野別による授業外学習時間が示されている。日本の大学では単位制が導入されており、通常卒業単位は 4 年間を通じて 124–128 単位の習得が必要とされている。大学設置基準では、1 学期の 1 単位当たり 15 時間の授業内での学習と 30 時間の授業外での学習を定めている。金子 (2013) は、単位制の算定基準に基づけば、休日を除いて 1 日当たり約 8 時間の授業内外での学習が不可欠であると主張している。JCSS2010 では授業内外に区別した学習時間およびその学習内容にまで踏み込んだ質問を提示しているわけではないため、授業外学習で何を学習しているかは本結果から把握することはできないが、図 14-2 が示しているように、日本の大学生の学習時間は全体的に大学設置基準が提示している望ましい学習時間に達していないことがわかる。医療系、自然科学、工学系の学生の学習時間は人文、社会科学学生よりも授業への出席時間や学習時間が長いことが文科省によって提示され、分野別での学習時間の多寡の存在が問題として提示されている (2012)。本結果でも、同様に医療系、自然科学・工学系学生の学習時間が人文、社会科学系の学生よりも多いことが判明している。

専攻分野別に授業内外での学習時間に差異があることが確認されたが、それでは、専攻分野によって学習成果の修得状況には差異があるのだろうか。JCSS2010 の入学後の能力変化すなわち学習成果に関する 19 項目（1~5 段階での自己評価）を主成分分析（バリマックス法）した結果、4 つの因子が抽出され（因子負荷量 0.400 以上、累積寄与率 56.6%）、それぞれを「人間関係力」「古典的知識と技能」「現代的知識と技能」「基礎学力」と命名した[2]。

表 14-2 には専攻分野別の学習成果の一要因分散分析結果を示しているが、人文系の学生が、「人間関係」、「古典的知識と技能」、「現代的知識と技能」の 3 領域において学習成果の修得が高い結果となっている。一方、自然科学と工学分野を専攻する学生の「基礎学力」習得状況が最も高いことが示されているが、基礎学力の構成要素に数理的能力が含まれていることが要因ではないかと推察される。一方、自然科学と工学分野を専攻する学生の「人間関係力」と「現代的知識と技能」の修得に関する自己評価は最も低い。自然科学と工学分野のカリキュラムは社会科学や人文系と比較すると、理論や概

表14-2 一要因分散分析結果　専攻分野別学習成果

	人文系		社会科学系		自然科学と工学系		医療系		最大値	最小値	df	F
	平均値	SD	平均値	SD	平均値	SD	平均値	SD				
人間関係	18.39	2.93	18.04	3	17.89	3.1	18.04	2.9	25	5	3	6.27*
古典的知識と技能	26.5	3.1	25.9	3.5	26.4	3.3	25.6	3.4	35	7	3	25.2*
現代的知識と技能	17.67	2.7	17.24	2.6	16.76	2.5	16.48	2.5	25	5	3	63.4*
基礎学力	6.2	1.4	6.1	1.4	6.7	1.4	6.1	13	10	2	3	65.4*

*p<.001

念のみならず実験が体系的にかつ往還して身に着くように構築されていることが特徴として挙げられる。それゆえ、教員中心の講義形式の授業とは別に設定された演習形式の実験との組み合わせという特徴が、高い基礎学力の自己評価に反映されているのではないか。本結果は、Malek等が2012年に提示した自然科学分野を専攻する学生はより抽象的な概念に授業を通じて接し、かつ理論などを教員中心で講義する授業形式を経験している度合いが高いという先行研究結果とも合致している。自然科学と工学分野における「基礎学力」の修得に関する高い自己評価と教員中心の授業形式との関係性については、今回の分析では十分に検証できていないが、先行研究においてもハードサイエンス分野や工学系では概念や理論を教授する際に教師中心の教授法が頻繁に取り入れられているとの指摘がなされている（Malek et al., 2012）。

一方、人文系や社会科学系においては、カリキュラムがより柔軟に構築されていることもあり、教師と学生の相互のやり取りがしばしば教室内で観察される。いわゆる、アクティブ・ラーニング方式が導入されている場合もあることから、こうした教室内での授業方法の差異が異なる学習成果結果をもたらしているのではないかという仮説が生じる。

表14-3には設置形態別、専攻分野別の3因子の学習成果に対する2要因分散分析結果を示しているが、設置形態別、専攻分野別の主効果が確認されている。「人間関係力」の修得については、国公立大学における人文および社会科学を専攻する学生は私立大学の同分野を専攻する学生よりも自己評価が高い一方、私立大学の自然科学・工学、および医療系を専攻する学生は、国公立大学の同分野を専攻する学生よりも自己評価が高い。同様に、「古典

表 14-3 二要因分散分析結果：設置形態、専攻分野別学習成果

専門分野		人文系		社会科学系		自然科学と工学系		医療系		主効果				交互作用	
		国公立	私立	国公立	私立	国公立	私立	国公立	私立	設置形態		専門分野			
人間関係	平均値	18.71	18.33	18.19	17.97	17.71	18.05	18.02	18.05	0.408		6.492	***	3.243	*
	SD	2.814	2.951	2.909	3.043	3.153	2.98	2.832	2.911						
古典的知識と技能	平均値	27.7	26.3	26.72	25.55	26.3	26.46	25.26	25.64	24.689	***	31.094	***	22.99	***
	SD	2.801	3.143	3.208	3.499	3.196	3.44	3.61	3.289						
現代的知識と技能	平均値	18.44	17.54	17.5	17.12	16.95	16.58	16.66	16.44	35.303	***	53.373	***	2.409	
	SD	2.369	2.754	2.51	2.663	2.478	2.516	2.654	2.453						

*p<.0.5, **p<.0.1, ***p<.001

的知識と技能」の修得においても、国公立大学の人文および社会科学を専攻する学生の自己評価が私立大学の同分野専攻の学生よりも高い。一方で、私立大学の自然科学・工学、および医療系を専攻する学生は国公立大学の同分野を専攻する学生よりも修得についての自己評価が高い。

　私立大学の自然科学、工学、医療分野を専攻する学生が「人間関係力」と「古典的知識と技能」の修得において高い自己評価結果を示している要因には、設備投資に十分な資金が必要とされるこうした分野では、国公立大学に対して政府あるいは地方自治体からの資金が歴史的に優先的に配分されてきたのに対し、後発組である私立大学の同分野は、教育に重点を置くことで対応しようとしてきたからではないか。「人間関係力」（F=3.243 p<.05）と「古典的知識と技能」（F=22.99 p<.001）における専攻分野と設置形態の交互作用は有意となっている。

　JCSS2010は、学生の経験、教員の学生への関与、そして授業方法という変数にも焦点を当てているが、分野間の差異は存在するのだろうか。表14-4は教室内で学生中心の教授法アプローチが如何に使用されているかの結果を示している。結果からは、学生中心の教授法アプローチがすべての分野においてそれほど活発に使用されていないことが示されている。分野別の特徴とその背景としては、次のような5点が挙げられる。①人文系と医療分野の学生は社会科学系や、自然科学と工学系の学生よりも文献や資料を自分自

身で調べる機会が多い。②人文分野の学生は他分野の学生よりも最も自分の考えや調べた内容を発表する機会が多い。この結果の理由としては、人文系におけるクラスサイズは社会科学系と比較すると相対的に小さく、それゆえ、インタラクティブな方法がより頻繁に使用されることが関係しているのではないか。③医療分野の学生は他の分野の学生よりも最も役に立つ知識や技能を教室内で学ぶ機会に恵まれている。医療分野のカリキュラムは仕事内容に直結していることがこの回答の要因として考えられる。④自然科学と工学、医療分野の学生は実験や実習を通じて経験的に学ぶ傾向が強いが、これは当該分野がより実践的な学習経験を近年導入するようになってきている環境にあることが関係している。⑤自然科学と工学分野でのTAの活用度合いが高い。その背景としては、当該分野における大学院生比率が高く、彼らが所属する学部教育にTAとして関与する頻度が高いという現状が大いに関係している。

表14-4 教室内における学生中心の教育方法の使用状況

	合計		人文系		社会科学系		自然科学と工学系		医療系	
	平均値	SD	平均値	SD	平均値	SD	平均値	SD	平均値	SD
学生が自分自身で文献や資料を検討する	2.98	0.82	3.14	0.77	2.90	0.81	2.99	0.78	3.04	0.84
学生が自分の考えや研究を発表する	2.78	0.78	3.04	0.70	2.79	0.76	2.60	0.77	2.76	0.79
実験、実習等から学生が体験的に学ぶ	2.67	0.97	2.32	0.95	2.51	0.93	2.92	0.92	3.00	0.95
仕事に役立つ知識やスキルを学ぶ	2.65	0.89	2.32	0.82	2.63	0.84	2.33	0.78	3.09	0.88
授業中に学生同士が議論する	2.60	0.82	3.69	0.82	2.65	0.79	2.33	0.78	2.73	0.84
教員は提出物に添削やコメントをつけて返却する	2.51	0.82	2.50	0.80	2.41	0.83	2.63	0.77	2.57	0.82
授業の進め方に学生の意見が取り入れられる	2.44	0.79	2.51	0.78	2.49	0.79	2.28	0.76	2.43	0.80
授業補助者(TA)による補助がある	2.30	0.95	1.91	0.90	2.25	0.90	2.89	0.84	2.25	0.95
学生が授業でのディスカッションのテーマを決める	2.17	0.83	2.26	0.86	2.21	0.82	1.95	0.78	2.18	0.84

最大値4

考察とまとめ

　専攻分野による学習時間、教室内で使用されている授業方法と学習成果の関係性などをデータから検証してきたが、図14-1で提示した研究枠組みでは、教員や友人との関係すなわち、大学という環境における適応も何らかの学習成果に影響を及ぼしていることを前提としている。この視点を踏まえて、大学環境への適応に関する質問項目を分析したところ、すべての専攻分野の学生は「他の学生との友情を深める」を最も高く自己評価していることが判明した。大学という環境に適応する際の最も重要な鍵は、他の学生と仲良くやれることとしばしば指摘され、次に教員と知り合うことも重要であるとされている。本調査結果においても、すべての分野の学生が「教員と知り合った」を自己評価として第二番目に高くマークしていた。人間関係とネットワークの構築が大学生活への適応への重要な要素であるといえるだろう。

　一方で「時間を効果的に使うこと」と「戦略的に考える技能を学ぶ」という項目は、自然科学と工学分野の学生が高く自己評価しており、人文系と社会科学系の学生はこの技能の修得についてはそれほど高くないことが結果として得られたが、この回答傾向には、学問分野の特徴がかなり反映されているように思われる。すでに指摘しているように、自然科学と工学系のカリキュラムは、知識は段階的に学び蓄積されていかねばならないという当該分野の特質を反映して体系的に構築されている。一方、人文系や社会科学系のカリキュラムは、必ずしもコアカリキュラムが存在していないことから、比較的柔軟性を伴っている。実際に、本調査結果から人文系の学生の44.9%および社会科学系の学生の42.6%が学際的な授業を履修しているのに対し、自然科学、工学系の学生の35.5%および医療系の学生の39%が学際的な授業を履修していることが明らかになったように、学際的な授業の履修度合いの差異にはカリキュラムの特徴が反映されているとみなされよう。

　教員の学生への関与については、すべての専攻分野の約50%の教員が（人文、50%、社会科学　48%、自然科学と工学、53.6%、医療系　46.3%）、教室内外で学生の学習あるいはその進捗状況に対してアドバイスを与えていることが結果と

して得られた。特に、自然科学、工学分野の教員は全般的に学生の学習状況に対して他の分野の教員よりも頻繁に関与していることが判明した。具体的には、自然科学・工学系の教員が関係している研究プロジェクトへの学生が参加する比率は35.9%であるのに対し、他の3分野での比率は20%以下となっている。また、学生の将来の職業や大学院進学などの目標を支援する当分野の教員比率は45.9%であるのに対し、他の3分野の教員が関与する割合は37%である。これらの数字からは、前述したように自然科学と工学という学問分野が体系的であるが故に、大学院に進学するめには、集中的な学習経験が不可欠となり、結果として、教員が学生の学習が一定の水準に達成するかをチェックするあるいは支援する機会が設定されていることが反映されていると推察される。

　大学という環境と学習成果の関係性を明らかにすることを目的として、JCSS2010データを分析してきたが、図14-1に示したような関係性を検証することができ、専攻分野によるカリキュラムおよび教室内で採用されている教育方法アプローチの差異が学習成果にも影響を及ぼしているという結果が得られるなど新しい発見もあった。しかしながら、大学という環境のさまざまな要素を着実に学習成果に結びつけていくには課題を乗り越えていかねばならない。そのひとつには、学習成果の測定に関する手法の開発が不可欠である。本章では、学習成果を学生の自己評価という主観的な尺度を用いて測定してきたが、これだけでは十分とはいえない。さらには、日々進化し、取り入れられている教授法の効果の検証である。日本の大学は近年学生の主体的な学習を促進するために、カリキュラム改革や教授法の開発や導入などを積極的に行ってきている。その中でも、アクティブ・ラーニングは,「学生の主体的な学びにつなげるための手法」としても多くの教員が導入している代表的な手法といっても過言ではない。こうした教授法が学習成果に果たす役割や効果あるいはカリキュラム改革の成果などを継続的に検証することが求められている。そのためにも、学生調査結果を継続的に実施し、その結果と成績、アウトプットであるテスト、レポート、卒業研究等の学習成果の直接指標と組み合わせて測定するなど新たな測定方法の開発や安定した検証

結果による成果検証が求められているといえよう。

注

1 本章は筆者の"Gains in Learning Outcomes of College Students in Japan: Comparative Study between Academic Fields", *The International Education Journal: Comparative Perspectives*, Vol.13, No 1, 2014 pp.100-118. を、加筆修正した。
2 「人間関係力」の構成項目は「人間関係を構築する能力」(.840)、「他の人と協力して物事を遂行する力」(.784),"コミュニケーションのスキル (.762)、「リーダーシップ」(.640) と「時間を効果的に管理する力」(.505)"、古典的知識と技能は、「専門分野の知識」(.731),"分析や問題解決能力」(.669)、「一般的な教養」(.619)、「批判的に考える力」(.547), 「IT 技能」(.500)、「文章力」(.419)「プレゼンテーション力」(.418) から構成されている。 現代的知識・技能は、「異文化の人々に関する知識」(.695)、「異文化の人々と協力する力」(.691)",「地域社会が直面する問題の理解」.683)、「国民が直面する問題の理解」(.655)";から構成されている。「基礎学力」は、「数理的能力」(.707)"「外国語の能力」(.673) である。これら 4 つの因子の信頼性はそれぞれ α 0.80、0.76、0.8、0.72 となりすべて 0.72 以上であることから因子の信頼性は確認されている。

参考文献

Albornoz, O. (1996). "Autonomy And Accountability in Higher Education," In Z. Morsy., & P.G. Altbach. (Eds.), *Higher Education In an International Perspective* (pp. 36-45). New York: Garland Publishing.
Astin, A. W. (1993). *Assessment for Excellence: The Philosophy and Practice of Assessment and Evaluation in Higher Education*. Phoenix, Arizona: ORYX Press.
Berdahl, R. O., & T. R. McConnell. (1994). "Autonomy and accountability: Some fundamental issues," in P.G. Altbach., R.O. Berdahl., & Gumport, P.J. (Eds.), *Higher Education in American Society* (pp. 55-72). Amherst, NY: Prometheus.
Malek, A., Karim, A., Abdullah, N., Malek, A., Rahman, A., Noah, S. M., Marzuki, W., Jaafar, W., Othman, J.,Borhan, L., Badushah , J., & Said, H. (2012). A Nationwide Comparative Study Between Private and Public University Students' Soft Skills, *Asia Pacific Education Review* (Online Journal), retrieved from http://www.springerlink.com/content/55042l1772u5r7p6/.
Pascarella, E, T., Terenzini, P, T. (2005). *How College Affects Students*. San Francisco, Calif: Jossey-Bass.
Pike, G. R., Kuh, G. D. (2005). A typoloty of student engagement for American colleges and universities, *Research in Higher Education*, Vol. 46, No. 2. pp.185-209.
Van Vught, F., & Westerheidjen, D. (1994). "Towards a General Model of Quality Assessment in Higher Education," *Higher Education*, No. 28, pp.355-371.
Yamada,R. (2014). "Gains in Learning Outcomes of College Students in Japan: Comparative Study Between Academic Fields,"*The International Education Journal: Comparative Perspectives*, Vol.13(1),pp.100-118.
Yung-chi Hou, A. (2012). "Impact of Excellence Programs on Taiwan Higher Education in Terms of Quality Assurance and Academic Eexcellence, Examining the Conflicting Role of Taiwan's Accrediting Agencies," *Asia Pacific Education Review*, Vol.13, pp.77–88.
Zumeta, W. M. (2011). What Does it Mean to Be Accountable? Dimensions and Implications of Higher Education's Public Accountability, *The Review of Higher Education*, Vol. 35, No.1, pp.131-148.
古田和久 (2010)「大学教育の効果と学習成果」『クオリティ・エデュケーション』第 3 号、pp.59-75.

金子元久（2013）『大学教育の再構築―学生を成長させる大学へ』219 頁、玉川大学出版部。
中央教育審議会（2005）『わが国の高等教育の将来像（答申）』、189 頁。
中央教育審議会（2008）『学士課程教育の構築に向けて（答申）』、257 頁、文部科学省。
中央教育審議会（2012）『新たな未来を築くための大学教育の質的転換に向けて―生涯学び続け、主体的に考える力を育成する大学へ―(答申)』、172 頁、文部科学省。
両角亜希子（2009）「大学生の学習行動の大学間比較―授業の効果に着目して」『東京大学大学院教育学研究科紀要』49、191-206 頁。
小方直幸(2011)「第 2 章 学生調査を用いた教育改善に向けた理論的フレームワークの構築」東北大学高等教育開発推進センター編『教育・学習過程の検証と大学教育改革』東北大学出版会、47-62 頁。
谷村英洋（2009）「大学生の学習時間分析―授業と学習時間の関連性」『大学教育学会誌』31 巻 1 号、128-135 頁。

終章　高等教育の質評価の将来

山田礼子（同志社大学）

　本書では、「グローバル化社会における高等教育の質と教育を通じての学生の成長」をテーマに、一貫して高等教育の質を巡っての議論、教育の質を巡っての国際動向の比較、そして学習成果測定方法に焦点を当ててきた。序章で述べているように、4年間で計4回にわたって開催した国際会議を通じて、高等教育の質と学生の認知的・情緒的な成果の測定と大学教育の関係性について海外研究者とともに本質的な議論を行い、その成果が本書にまとめられた。

　第1部は、各国の政策動向と質保証を巡っての理論面ともいえる内容から成り立っている。現在、世界、とりわけ先進国においては知識基盤社会を構築すべく、社会システムの変革、高等教育や人材育成システムの変革をめざして既存のシステムを再構築し、政策も科学技術を支える高等教育や産業への進展を重点的に進めることが共通している。「教育の質を保証」するという非常に困難な課題が、日常的に大学関係者の間で話題になるのもこうした現状を反映しているといえなくもない。同時に、1990年代以降の世界各国の高等教育政策を語る場合に共通しているキーワードが「アカウンタビリティ」であるが、本書で扱っている国々の事例においても、アカウンタビリティへの対応として教育の質保証が論じられている。教育の質保証は、外部質保証と内部質保証という2つの枠組みに分類することができるが、外部質保証については、その仕組みとしての評価システムが代表である。近年、急速に世界中で注目されている外部評価の仕組みとしては、「大学ランキン

グ」の存在を無視できない。グローバル化の進展に伴って、留学や研修を含めて世界の高等教育機関で学生が移動する機会、研究者や教員が移動する機会、共同研究の機会、および学術・交流協定の数の増加が散見される。その際に機関を選択する情報として「大学ランキング」の活用が顕著になってきた。しかし、本書でも舘や小林が指摘しているように、大学ランキングの指標の選定や尺度の重みづけは、必ずしも明示的とはいえないし、英語での公表が当然として捉えられている分野での研究評価としては標準的なものかもしれないが、ローカル性が強い分野においても同様に機能することができるのか、教育の成果つまり質を世界共通で測定することの合意がなされていない現在、ランキングが教育の成果や質を正確に反映しているかどうかについてはまだ確実な合意はなされていない。その意味では、大学ランキングには改善していくべき要素が多いことも認識する必要があろう。

　また、外部評価の仕組みとしては、アクレディテーションもしくは認証評価が代表的であることには一定の合意がある。米国では、21世紀に向けての人材育成を目標として高等教育機関が学生の成果をどう具体的に測定できるように、高等教育を改革するかが課題となったスペリングス委員会報告以降、米国の高等教育機関では、より具体的かつ明確な成果を示すことがアカウンタビリティであるとされ、高等教育の認証評価を担っている地域基準協会も個別の機関に対して学習成果を何らかの指標を用いて明示することを要求するようになっているのが最近の動向である。学習成果志向を反映して、さまざまな方策が提示され、実施されてきている。そもそも、米国では、連邦政府が高等教育機関の設置認可、学位に関わる水準、予算配分等の事項の権限を有しているわけではなく、州政府がそれらの権限を有し、かつ学生の入学、在籍、履修、卒業・終了に係る基準においては、大学機関の自律性も保証されてきた。それゆえ、各大学あるいは地域毎の独自性、すなわち管轄地域にある大学の歴史と直面している問題や状況の差異そのものが、各地域基準協会が実施するアクレディテーションの個性として機能してきたともいえる。スペリングス・レポートの公表以前では、地域基準協会は、質保証については一律的、あるいは一元的な方向性で定め、枠をはめるのではなく、

各機関がその機関に応じたミッションを定義し、目標を設定し、達成することを推進していくことを示唆する Institutional Effectiveness という言葉で表現し、アクレディテーションを実施してきた。しかし、スペリングス・レポートにより、学習成果や機関の達成度は「透明性」「アカウンタビリティ」という基準でくくられ、より機関ごとの比較を意識した形での情報公開が求められるようになったため、地域基準協会の多くが、管轄地域にある大学機関に対して明確な学習成果の提示を要求している。機関の特徴や個性は尊重するけれども、明確な学習成果の提示という方向はいずれも地域基準協会にも一致して見られる動向である。

　こうした学習成果志向のアクレディテーションに応えた内部質保証の改革事例が 2 章で示されている研究大学である UCLA の学士課程教育改革である。UCLA は研究を重視する高等教育機関としての使命を明確にすることにより、1「学士課程教育をキャップストーン学習によって構造化すること」、2「専門分野融合的な教育と研究を推進すること、」3「授業でのテクノロジー利用により学生の学習を促進すること」という学習成果に対応する改革を打ち出し、西部地区基準協会（WASC）もその方向性に賛同している。それまで高い卒業率や入学時の SAT 等の平均点の高さといったことから、学習成果をそれほど意識してこなかった大学がいかにインプット重視および量的アウトプット重視モデルから内部質保証へと舵を切っていることが示されている。

　国家による質保証の枠組みを構築しているイギリス、スコットランドの例にならって、国家による高等教育の資格枠組みの整備の導入の可能性が指摘されてきたが、そうした新しい国家による資格枠組みもしくは質保証の枠組みの導入が開始された事例としてオーストラリアが挙げられる。オーストラリアでは、これまでの高等教育の成果測定基準は質保証ないし継続的な改善を目的として構築されたものであったが、今後提案されるオーストラリア高等教育の基準枠組みでは高等教育部門の明確な基準の開発が重要な点となる。まだ、導入段階であり、その成果は明確になってはいないが、アカウンタビリティへの対応として国家主導で進捗している事例といえるだろう。

　国家主体での質保証の枠組みが構築されているイギリスでは、質保証の重

要なステークホルダーとして学生が位置づけられている。学生が教育の質の改善に参画することでより改善が進められるという理念が実質的に担保されていることは、多くの国にとっては参考になる点が多いと思われる。

一方、かつては社会主義国家として国が管理してきた大学というイメージが流布していた東ヨーロッパの大学であったが、「ベルリンの壁の崩壊」以降、一旦旧来の制度が解体されたものの、近年急速にグローバル化に対応して、質保証と研究力向上のために改革を進めていることが示されている。東ヨーロッパの大学の多くは、実質的にはグローバル市場における「大学ランキング」を意識しての改革であり、内部質保証というような視点での改革ではないかもしれない。しかし、学生の国際間での移動が進展するなかで、今後は内部質保証へと向かう息吹も感じられ、その方向がどこへ向かうのか興味深い。

さて、日本については近年、政府のコントロールが強化され、社会へのアカウンタビリティに応えることが必然となってきている。政府のコントロールは国立大学法人においてより強く意識されるが、学習成果志向の政策は国公私立を問わずすべての高等教育機関に当てはまるといえるだろう。実際、日本においては、多様化した学力・学習目的をもった学生への大学の教育力が期待され、その結果としての高等教育の質保証を出口管理によって達成することが強く求められている。多くの大学が国際通用性の象徴ともいえるGPA（Grade Point Average）制度の活用による卒業判定を実質化するようになってきた。

大学全体としてディプロマポリシー、カリキュラムポリシー、アドミッションポリシーを策定するためのガイドラインが文科省によって示され、その対応に現在多くの大学が追われているが、学習成果を如何に保証するかについては、さまざまな研究や試みが行われてきた。

主に医学教育の分野で行われている卒業判定試験などもその証左である。学習成果の測定については、現在日本を含めた多くの国々でさまざまな研究が蓄積され、かつその研究の進展がみられる。我々は、そうした学習成果の測定、いわゆるアセスメントについては標準試験、ポートフォリオ、卒業研

究など直接の成果物である直接評価や、その参照基準であるルーブリックと学生による学習成果の獲得や学習面および人間的な成長に対する自己評価からなる間接評価に分類できるとしたうえで、学士課程教育がいかに学生の成長や学習成果につながるかというカレッジ・インパクトを実証的に検討することに主眼を置きながら、そのための方法として学生調査を開発し、実施してきた。本書の第2部では蓄積されてきたJCIRPデータを用いての分析あるいはそこから浮かびあがった課題への見通しを中心に提示してきた。

短期大学生調査結果の提示や新たな調査開発の過程は、大量の質問項目を必要としないでも、真に必要な項目のニーズを精査し、そのニーズに沿って質問項目を作成することで当該高等教育機関も、教育改善へのプロセスへと関わり、そしてその調査結果を次の教育改善につなげていくことに関与していくことの可能性を示唆している。

本書では具体的に国際ベンチマーキングともいえる調査結果（日韓、あるいは日米韓）を提示しなかったが、韓国では学生の自主的な学内外での活動が学習成果に結びつき、日本では教員の学生への関わりが学習成果に影響を与えているというカレッジ・インパクトの差異が知見として得られたことを申し添えたい。間接評価を通じて、従来の日本のカレッジ・インパクト研究が着目してこなかった大学という環境が学生の成長に及ぼす重要性の把握が間接評価の有効性の知見といえるだろう。

標準的な学生調査を開発するには質問項目の精査と検証が不可欠である。能力の自己評価と価値意識は年度や学年によってあまり変化しない傾向にあるのに対して、満足度は年度や学年によって変化しやすい傾向があるなど、質問項目には可変性と不変性があるという知見は、標準的調査を開発するうえで必要な作業全体につながる基盤を提示していると評価できる。

日本および国際版学生調査の開発を通じて学習成果の間接評価の有効性は、カレッジ・インパクトの知見からある程度検証することができたが、一方で間接評価による限界も確認した。「大学教育の質と学習成果」との関係の検証とその測定には、学生調査という間接評価だけでは限界があることは、近年米国の多くの研究者が指摘している。例えば、本書でも紹介しているがポー

ター（2010）は米国での一般的学生調査である NSSE が大学における学生の学習経験を真に反映していないと批判している。その他、間接評価や学生による自己評価の妥当性について疑問を呈している研究も多々あることは否定できない。批判に対応して、現在米国では、大学教育の質と学習成果の測定には、学生調査と標準試験やルーブリック、ポートフォリオ等の直接評価の両方を多用している。同時に、韓国との共同研究を通じて、グローバル化した 21 世紀の知識基盤社会で求められる学習成果には、国境を越えての共通性の存在という課題を認識した。しかし、これまで日本の学習成果測定研究において、間接評価と直接評価の統合という手法が試みられてきたことはほとんどなく、クロスナショナルな学習成果の把握と評価手法の研究も未だ実施されていない。そうしたことを踏まえると、日本発の学生調査を海外で実施し、その中に直接評価を統合し、クロスナショナルに検証することが学習成果研究の次なる課題として浮上してきていると思われる。

各国の高等教育政策における学習成果志向政策の重視については、本書での論稿が提示しているように、共通点が多い。しかし、それを実際のクロスナショナルな研究として形のあるものにしていくには、学習成果とは何か、高等教育の質とは何かについての国境を越えての合意を見出し、そのうえで、参加国が一定程度共有できる直接評価や間接評価の測定方法を開発する必要がある。間接評価としての学生の自己評価項目自体にも、各国の文化的背景が反映されることになり、分析するにあたっての偏りをどうするかといった問題が生じる。直接評価としての標準テストの開発においても同様で、その困難さについては AHELO という先進事例が示している。しかし、クロスナショナルな学習成果測定研究を進展していくには、各国の研究者が同じテーブルについて上記の問題点や学習成果についての合意を見出すことが重要なステップであるだろう。ぜひ、我々研究グループもこうした目標に向かって引き続き努力していきたいと考えている。

執筆者紹介

J. N. ホーキンス（2章）

カリフォルニア大学ロサンゼルス校教育学情報学大学校、社会科学・比較教育学専攻。名誉教授、イーストウェストセンターディレクター、桜美林大学理事。米国とアジアの比較高等教育に関する多角的な研究の第一人者。
主要著作：*Higher Education Regionalization in Asia Pacific*, (2012)（共編著、East West Center）; *Rethinking U.S.-Japan Educational Exchanges*, (2000)（共編著、SUNY Press）ほか。

S. アルコウディス （3章）

メルボルン大学　高等教育研究センター、准教授・副センター長。
主要著作：Arkoudis, S. & Doughney, L. (2016) Improving English Language Learning Outcomes in *Australian Universities*. Some Critical Issues (297-314). in. Ng, C., Fox, B. and Nakano, M. (eds.) *Education in the Asia-Pacific Region: Issues, Concerns and Prospects*. (Springer. Baik, C.); *The First Year Experience in Australian universities: Findings from two decades*, 1994-2014. (2015)（共編著, Melbourne: Melbourne Centre for the Study of Higher Education）, http://melbourne-cshe.unimelb.edu.au/__data/assets/pdf_file/0016/1513123/FYE-2014-FULL-report-FINAL-web.pdf.; The Interaction for Learning Framework: Enhancing Interaction Between Domestic and International Students in Higher Education(2014). *Journal of Oceanian Education Studies,* Vol. 20, 27-41.

V. D. ラスト（5章）

カリフォルニア大学ロサンゼルス校　教育学・情報学大学院、社会科学・比較教育学専攻。名誉教授。
主要著作：Rust, D.V. & Xuehong L.(2011). The Evolving Nature of Comparative Education Research in John N. Hawkins & W. James Jacob (eds.), *Policy Debates in Comparative, International, and Development Education*. (Palgrave Macmillan), pp.13-28; Rust, D.V., Johnstone,B.,Allaf,C. (2009). Reflections on the Development of Comparative Education in *International Handbooks of Education*, Vol 22, Springer, pp.121-138; *Higher Education, Policy and the Global Competition Phenomenon*.（共編著，PalgraveMacmillan），pp.265.

沖　清豪（おき　きよたけ）（3章翻訳）

早稲田大学文学学術院教授。国立教育研究所教育経営研究部高等教育研究室研究員を経て、現職。
主要著作：『データによる大学教育の自己改善―インスティテューショナル・リサーチの過去・現在・展望―』（共編著、学文社、2011年）。「全面展開はどこまで維持できるか？―早稲田大学・文学部の事例―」吉田文・田口真奈編『模索されるeラーニング―事例と調査データにみる大学の未来―』（2005年、東信堂）。「イギリスの学校評価」（共同執筆）窪田眞二・木岡一明編著『学校評価のしくみをどう創るか：先進5ヵ国に学ぶ自律性の育て方』（2004年、学陽書房）。「イギリスの大学院」江原武一・馬越徹編著『講座「21世紀の大学・高等教育を考える」第4巻：大学院の改革』（2004年、東信堂）など。

木村　拓也（きむら　たくや）（12 章）

九州大学基幹教育院人文社会科学部門 准教授（教育計画論、教育測定評価論）。京都大学助教、長崎大学助教・准教授を経て現職。東北大学より博士（教育学）。
主要著作：『拡大する社会格差に挑む教育』（共編著、東信堂、2010 年）。『混迷する評価の時代――教育評価を根底から問う』（共編著、東信堂、2010 年）。「高大接続情報を踏まえた大学教育効果の測定――潜在クラス分析を用いた追跡調査モデルの提案」『高等教育研究』第 12 号（共著、玉川大学出版部、2009 年）。「大学入学者選抜と『総合的かつ多面的な評価』――46 答申で示された科学的根拠の再検討」『教育社会学研究』第 80 号（単著、東洋館出版社、2007 年）。

小林　雅之（こばやし　まさゆき）（4 章）

東京大学・大学総合教育センター教授。広島修道大学助教授、放送大学助教授、東京大学・大学総合教育研究センター助教授を経て現職。博士（教育学）。
主要著作：『教育機会均等への挑戦』（編著、2012 年、東信堂）。『大学進学の機会』（単著、2009 年）。『進学格差』（単著、2008 年、筑摩書房）、『教育の政治経済学』（共著、2000 年、放送大学教育振興会）など。

堺　完（さかい　おさむ）（8 章・9 章）

日本私立学校振興・共済事業団私学経営情報センター専門員。同志社大学社会学研究科教育学専攻博士後期課程単位取得退学。修士（教育学）。
主要著作：「短大生調査を用いた短大の自己点検・自己評価に資する地域別比較の検討」『短期高等教育研究』第 6 号（共著、短期大学コンソーシアム九州研究センター、2016 年）。「短期大学におけるエンゲージメントの構造－重回帰分析、分散分析、多重対応分析を用いた検討－」『短期高等教育研究』第 5 号（共著、短期大学コンソーシアム九州研究センター、2015 年）。

杉谷　祐美子（すぎたに　ゆみこ）（11 章）

青山学院大学教育人間科学部教育学科教授。早稲田大学第一・第二文学部助手、日本学術振興会特別研究員、青山学院大学文学部教育学科専任講師、同准教授等を経て現職。専門は高等教育論、教育社会学。修士（文学）。
主要著作：『大学の FD Q&A』（共編著、玉川大学出版部、2016 年）。『第 2 回大学生の学習・生活実態調査報告書』（共著、ベネッセコーポレーション、2013 年）。『大学の学び　教育内容と方法』（編著、玉川大学出版部、2011 年）。

舘　昭（たち　あきら）（1 章）

桜美林大学教授。大学改革支援・学位授与機構名誉教授。
主要著作：『東京大学の真実―日本近代大学形成の検証と洞察』（東信堂、2015 年）。『原点に立ち返っての大学改革』（東信堂、2006 年）。

執筆者紹介　255

田中　正弘（たなか　まさひろ）（7章）

筑波大学大学研究センター准教授（比較教育学）。広島大学高等教育研究開発センターCOE研究員、島根大学教育開発センター講師、弘前大学21世紀教育センター准教授を経て現職。PhD in Education (Institute of Education, University of London)。

主要著作："Japanese Law Schools in Crisis: A Study on the Employability of Law School Graduates", *Asian Journal of Legal Education*, (2016) 3(1), 38-54。田中正弘（2013）「成績評価の内部質保証制度構築に関する比較研究―イギリスの事例を鏡として―」『高等教育研究』第16集, 243-261頁。"The Mobility of Universities", *Comparative Education*, (2009)45(3), 405-418.

中世古　貴彦（なかせこ　たかひこ）（5章翻訳）

九州大学教育改革企画支援室特任助教（高等教育論）。国立大学法人東京大学職員、独立行政法人国立美術館職員を経て現職。東京大学修士（教育学）。

主要著作：「メルボルン・モデルのインパクト　ワールドクラス研究大学はなぜコースワーク大学院を拡大したのか」『基幹教育紀要』第2巻（共著、九州大学基幹教育院、2016年）。「学生生活実態調査等に見る大学院のいま：東京大学大学院の事例」『IDE現代の高等教育』Vol. 552（単著、IDE大学協会、2013年）。

西郡　大（にしごおり　だい）（13章）

佐賀大学アドミッションセンター教授／インスティテューショナル・リサーチ室長。東北大学大学院教育情報学教育部博士課程修了。博士(教育情報学)。

主要著作：『〔シリーズ　日本の教育を問い直す1〕　拡大する社会格差に挑む教育』（分担執筆、東信堂、2010年）「面接試験の印象を形成する受験者の心理的メカニズム～大学試験における適切な面接試験を設計するために～」『日本テスト学会誌』(第5号、2009年)。

森　利枝（もり　りえ）（2章翻訳・9章）

大学改革支援・学位授与機構研究開発部教授。専門は比較高等教育論。

主要著作：『大学のIR』（共著、慶應義塾大学出版会、2016年）。「米国高等教育における教学マネジメントへの学外統制メカニズム―単位制度の運用を手がかりに―」、『高等教育研究』第17集（玉川大学出版部、2014年）。Accreditation systems in Japan and the United States, *New Directions for Higher Education*, No. 145 (Jossey-Bass, 2009)。

安野　舞子（やすの　まいこ）（10章）

横浜国立大学高大接続・全学教育推進センター准教授（高等教育研究）。創価大学教育・学習活動支援センター助教、横浜国立大学大学教育総合センター講師を経て現職。カリフォルニア大学ロサンゼルス校（UCLA）教育学大学院よりPh.D. (Education)。

主要著作：「大学生のリーダーシップ・アイデンティティ発達過程についての一考察」『産業・組織心理学研究』第30巻　第1号（共著、2016年）。「大学におけるリーダーシップ・

プログラムの開発に関する考察 ―米国の事例を手がかりに―」『大学教育研究ジャーナル』第12号（共著、2015年）。『大学教育アセスメント入門：学習成果を評価するための実践ガイド』（共訳、ナカニシヤ出版、2013年）。

山崎　慎一（やまざき　しんいち）（8章）
桜美林大学グローバルコミュニケーション学群助教。桜美林大学大学院国際学研究科国際関係専攻博士後期課程修了。博士（学術）。
主要著作：「短大生調査を用いた短大の自己点検・自己評価に資する地域別比較の検討」『短期高等教育研究』第6号（共著、短期大学コンソーシアム九州研究センター、2016年）。「アメリカ連邦政府における教育統計部局の発展と全米規模の大学情報収集システムの開発過程」『大学史研究』25号（東信堂、2013年）。

山本　眞一（やまもと　しんいち）（6章）
桜美林大学大学院アドミニストレーション研究科教授。文部省高等教育局、初等中等局、大臣官房、埼玉大学大学院政策科学研究科助教授、同教授・大学研究センター長、広島大学高等教育開発センター教授、同センター長、桜美林大学教授を経て、現職。
主要著作：『SD（スタッフ・ディベロップメント）が育てる大学経営人材』（文葉社、2004年）。『大学の構造転換と戦略』2002年ジアース教育新社、『大学の構造転換と戦略 Part2』（ジアース教育新社、2002年）。*Industrializing Knowledge*（共著、MIT Press、1999年）。『生涯学習・日本と世界』（共著、エムティ出版、1995年）。『現代の大学院教育』（共著、玉川大学出版部、1995年）など。

山田　礼子（やまだ　れいこ）（はじめに・序章・14章・終章）　編者、奥付参照

事項索引

【ア行】

アウトカム（学習成果） 21
アカウンタビリティ 14, 229, 247
アカウンタブル 19
アカデミズム 28
アカデミック 28
アカデミック・キャピタリズム 96
アクティブ・ラーニング 14, 161, 162, 172, 175, 236
──型授業 164, 167, 168, 171, 172, 175
アクレディテーション 32, 33, 36, 37, 40, 41, 44, 45, 48, 50, 51, 71, 117, 248
アセスメント 19, 250
アセスメント・テスト（学習到達度調査） 234
アセスメント・ポリシー 234
アドミッションポリシー 250
『新たな未来を築くための学士課程教育の質的転換に向けて―生涯学び続け、主体的に考える力を育成する大学へ―』 233
イギリス高等教育質保証規範 119
インプット 21
インプット重視 249
英語力習熟度（ELP） 56
エマージング・グローバル・モデル 97
エンゲージメント 11
欧州高等教育圏 100
オーストラリア資格枠組み（AQF） 58
オーストラリア質保証機構（AUQA） 56

【カ行】

外部質保証 13, 51, 53, 247
学外試験委員 121
学士課程学位 58
学士課程教育 230
『学士課程教育の構築に向けて（答申）』 231
学習エンゲージメント 167
学習行動 5
学習行動調査（学生調査） 234
学習時間 234
学習成果 3, 38-41, 44-46, 48, 49
学習成果の評価（アセスメント） 234
学士力 3
学生参画 117
学生中心の質保証 122
学生調査 148, 251
学生の経験 122
学生の声 123
学生評価者 118
学力の3要素 213
課題型授業 235
科目試験 10
カリキュラムポリシー 250
カレッジ・インパクト 3, 199, 251
間接評価 10
間接評価アセスメント 6
機関評価 5
機関の基準（Provider standards） 58
機関ベンチマーク 7
規制緩和 230
キャップストーン 42, 43, 249
教育効果 4
教育測定論 203
教育の質保証 247
教授学習の基準（Teaching and learning standards） 59
協同学習 236
教養教育 156
批判的思考力（クリティカル・シンキング） 12
グローバル化 89, 91, 98, 102, 103, 115, 230
形成的評価 75
経年変化 210
研究評価 248

コアカリキュラム	243
構成概念	227
高大接続改革	15
高等教育システム	84
高等教育質・基準機構（TEQSA）	57
高等教育質保証機構	117
高等教育政策	252
高等教育認可過程	58
高等教育の基準枠組み	55, 58
高等教育の資格枠組み	249
高等教育の質	13
高等教育の質保証	13
項目反応理論	6, 203, 204
国際化	89, 91, 101, 102
国際性	102
国際通用性	250
国際比較	8
国際ベンチマーキング	251
国立大学	115
国立大学運営費交付金	71
国立大学の法人化	14
国立大学法人評価委員会	70
コミュニティ・カレッジ	33, 38, 40
コンピテンシー研究	7

【サ行】

サービス・ラーニング	232
査定	19
参加型授業	235
参照基準	251
ジェンダー	238
資格の基準（Qualification standards）	58
資格枠組	55
事後チェック	69
市場型	69
市場型大学評価	71
事前コントロール	69
質保証	55, 89, 91, 98, 99, 230
質保証枠組	55
ジャーナリズム	28
上海交通大学	21, 72, 91-93, 103
修士号	58
18歳人口	106
授業外学習	235
授業外学習時間	168, 235
授業満足度	200
主体性・多様性・協働性	213
認知的・情緒的成長過程	7
情報の基準（Information standards）	58
女子学生	154
初年次教育	232
私立	90, 96
新自由主義	229
新入生調査（JFS）	3
垂直等化（vertical equating）	204
スペリングス委員会	248
スペリングス・レポート	248
成果指標（パフォーマンス・インディケータ）	74
成果測定	55
制度型	69
制度型大学評価	71
西部地区基準協会（WASC）	249
世界大学学術ランキング	91
世界大学ランキング	72
設置認可	70
全英学生自治会連合	122
専攻科	158
全国学生調査	128
全国基準	58
潜在クラス分析	6
専門分野融合的	249
卒業研究	10, 250
卒業試験	10
卒業論文	10

【タ行】

第一世代	201
大学改革支援・学位授与機構	73
大学基準協会	73
大学教育改革地域フォーラム	234
大学自治	107, 114
大学生調査（JCSS）	3, 163
大学生調査（CSS）	4
大学生調査研究プログラム（JCIRP）	3, 136, 147, 163
大学設置基準	231
——の大綱化	70

大学総合ランキング	80
大学評価	69
大学評価・学位授与機構	73
大学ポートレート	86
大学満足度	199, 208, 210
大学ランキング	13, 20, 69, 247
大規模データ	12
大卒サーティフィケート	58
大卒ディプロマ	58
タイムズ高等教育（THE）	21, 72, 103
タイムズ世界大学ランキング	91, 93
卓越性	97
短期大学	148, 155, 157-159
短期大学学生調査（JJCSS）	3
短期大学基準協会	14, 148, 159
短期大学基準協会調査研究委員会	136
男子学生	154
地域基準協会	249
知識基盤社会	115, 230
中央教育審議会答申	231
中期計画・中期目標	70
直接評価	10
ティーチング	14
データベース	8
出口管理	250
等化係数	207
透明性	249
独立監査	56

【ナ行】

内的な質保証制度	57
内部質保証	13, 46, 51, 53, 117, 247
21世紀型市民	231
日本版大学生調査研究プログラム	163
ニューズウィーク誌	78
認証評価	89, 98, 99, 114, 248
認証評価機関	98, 99
認知的・情緒的成長	5
能動的学習（アクティブラーニング）	214

【ハ行】

博士号	58
パフォーマンスレベル	10

バブル経済	107
ピア・レビュー	80
評価システム	247
標準試験（テスト）	10, 250
標準的調査	4, 6
評判	21, 92, 103
評判 reputation	80
プロジェクト	10
プロセス	42
ベルリン原則	86
ベンチマーク	57, 99, 177
ポートフォリオ	250
ボローニャ・アコード	89, 100
ボローニャ・プロセス	99-101

【マ行】

学びのプロセス	11
マルチレベル分析	6
名声のための競争	97
文部科学省	230

【ヤ・ラ・ワ行】

ユニバーサル化	232
ラーニング	14
ラーニング・アウトカム	3
ランキング	13, 32, 89, 91-93, 101
リーグ・テーブル	79
リーダーシップ力	175
リテンション	199
リベラルアーツ・カレッジ	32
留学生	97, 101, 102
流動性	89, 101
量的アウトプット重視	249
ルーブリック	10, 234, 251
冷戦	107
レポート	10
連邦・州政府教育大臣審議会（MCEETYA）	56
ワールドクラス	89-91, 96-98, 103
わが国の高等教育の将来像	231

【欧字】

AHELO	252

CAAP (Collegiate Assessment of Academic Proficiency) 11
CIRP (Cooperative Institutional Research Program) 11, 147, 148
GPA (Grade Point Average) 10, 250
GRE (大学院入学適性試験) 11
IEO モデル 4, 167
Interpretive Structural Modeling 9
IR (Institutional Research) 214
Japanese Cooperative Institutional Research Program (JCIRP) 3, 147, 148, 163, 177, 201
JCIRP データ 251
JCSS 147, 148, 150, 163, 164, 169, 172, 175, 177, 201
JCSS2005 196
JCSS2009 178-185, 192, 195
JFS 147, 177
JFS2008 178-182, 184-187, 190, 194, 195
JFS2009 178-187, 190, 192, 195
JJCSS 133, 147, 148, 151, 152, 154, 155, 157, 159
KCSS (韓国版大学生調査) 7
MAPP (Measure of Academic Proficiency and Progress) 11
NSSE (National Survey of Student Engagement) 11, 250
SAT 247
TA 240
UCLA 高等教育研究所 (HERI) 4
US ニューズ & ワール・ドレポート (USNWR) の『ベスト・カレッジズ』 20
US ニューズ・アンド・ワールド・レポート誌 72

人名索引

【ア行】

アスティン	171
アルトバック	93, 97
ヴァンヴフト	229
ウェスターハイデン	229

【カ行】

金子元久	7
クー	7, 235

【サ行】

サアカシュヴィリ	91
サルミ	97
シェワルナゼ	91
スペリングズ	35
ズメタ	229

【タ行】

テレンジーニ	10, 236
トロウ	52

トンプソン	25

【ハ行】

バーデル	229
パイク	235
パスカレラ	7, 10, 236
バンタ	10
ベネット	21
ポーター	251

【マ行】

マコーネル	229
マズール	167
溝上慎一	161
メドヴェージェフ	92

【ヤ・ラ・ワ】

ユーウェル	40-42
吉本圭一	7
ローザ	19

編者紹介

山田　礼子（やまだ　れいこ）

同志社大学社会学部教授、高等教育・学生研究センター長、前学習支援・教育開発センター所長。前中央教育審議会大学分科会大学教育部会専門委員。国立大学法人評価臨時委員。日本高等教育学会事務局長、大学教育学会副会長、初年次教育学会前会長。1978年同志社大学文学部社会学科卒業。
1991年カリフォルニア大学ロサンゼルス校教育学大学院博士課程修了。
1993年同大学より Ph.D. 取得。プール学院大学助教授、同志社大学助教授を経て、現職。
主要著作：『大学の IR：意思決定支援のための情報収集と分析』（編著）慶応義塾大学出版会　2016年『*Measuring Quality of Undergraduate Education in Japan: Comparative Perspective in a Knowledge Based Society*』2014年　Springer（編著）『学士課程教育の質保証へむけて—学生調査と初年次教育からみえてきたもの』2013年（単著）東信堂。『学びの質保証戦略（高等教育シリーズ）』2012年（単著）玉川大学出版部。『大学教育を科学する—学生の教育評価の国際比較』2009年（編著）東信堂。その他日英論文多数。

高等教育の質とその評価—日本と世界

2016年9月10日　　初　版第1刷発行　　　　　　　　　　〔検印省略〕

編者Ⓒ山田礼子／発行者　下田勝司　装丁：桂川潤　　印刷・製本／中央精版印刷株式会社

東京都文京区向丘1-20-6　　郵便振替 00110-6-37828

〒113-0023　TEL (03)3818-5521　FAX (03)3818-5514　　発行所　株式会社　東信堂

Published by TOSHINDO PUBLISHING CO., LTD.
1-20-6, Mukougaoka, Bunkyo-ku, Tokyo, 113-0023, Japan
E-mail : tk203444@fsinet.or.jp　http://www.toshindo-pub.com

ISBN978-4-7989-1383-4 C3037　　Copyright Ⓒ Reiko YAMADA

東信堂

大学の自己変革とオートノミー ―点検から創造へ	寺﨑昌男	二五〇〇円
大学教育の創造 ―歴史・システム・カリキュラム	寺﨑昌男	二五〇〇円
大学教育の可能性 ―教養教育・評価・実践	寺﨑昌男	二五〇〇円
大学は歴史の思想で変わる ―FD・評価・私学	寺﨑昌男	二八〇〇円
大学改革 その先を読む	寺﨑昌男	一三〇〇円
大学自らの総合力 ―理念とFD そしてSD	寺﨑昌男	二〇〇〇円
大学自らの総合力Ⅱ ―大学再生への構想力	寺﨑昌男	二四〇〇円
アウトカムに基づく大学教育の質保証 ―チューニングとアセスメントにみる世界の動向	深堀聰子	三六〇〇円
高等教育質保証の国際比較	杉本和弘・米澤彰純・羽田貴史編	三六〇〇円
高等教育の質とその評価―日本と世界	山田礼子編著	二八〇〇円
学士課程教育の質保証へむけて ―学生調査と初年次教育からみえてきたもの	山田礼子	三二〇〇円
大学教育を科学する―学生の教育評価の国際比較	山田礼子編著	三六〇〇円
一年次(導入)教育の日米比較	山田礼子	二八〇〇円
新自由主義大学改革 ―国際機関と各国の動向	細井克彦編集代表	三八〇〇円
新興国家の世界水準大学戦略 ―世界水準をめざすアジア・中南米と日本	米澤彰純監訳	四八〇〇円
東京帝国大学の真実	舘昭	四六〇〇円
原理・原則を踏まえた大学改革を ―日本近代大学形成の検証と洞察	舘昭	二〇〇〇円
学生支援の場当たり策からの脱却こそグローバル化の条件	大島壽美子	二八〇〇円
学生支援GPの実践と新しい学びのかたち	清水栄子	二四〇〇円
アカデミック・アドバイジング その専門性と実践 ―日本の大学へのアメリカの示唆	清水栄子	二四〇〇円
CT(授業協力者)と共に創る劇場型授業 ―新たな協働空間は学生をどう変えるのか	筒井洋一・山本以和子・大木誠一編著	二〇〇〇円

〒113-0023 東京都文京区向丘1-20-6
TEL 03-3818-5521 FAX 03-3818-5514 振替 00110-6-37828
Email tk203444@fsinet.or.jp URL:http://www.toshindo-pub.com/

※定価：表示価格（本体）＋税

東信堂

溝上慎一 監修 アクティブラーニング・シリーズ（全7巻）

① アクティブラーニングの技法・授業デザイン　水野正朗編　一六〇〇円
② アクティブラーニングとしてのPBLと探究的な学習　溝上慎一・成田秀夫編　一八〇〇円
③ アクティブラーニングの評価　石井英真・井下千以子・成田秀夫編　一六〇〇円
④ 高等学校におけるアクティブラーニング：理論編　溝上慎一編　一六〇〇円
⑤ 高等学校におけるアクティブラーニング：事例編　溝上慎一編　二〇〇〇円
⑥ アクティブラーニングをどう始めるか　成田秀夫　一六〇〇円
⑦ 失敗事例から学ぶ大学でのアクティブラーニング　亀倉正彦　一六〇〇円

アクティブラーニングと教授学習パラダイムの転換　溝上慎一　二四〇〇円
大学生の学習ダイナミクス――授業内外のラーニング・ブリッジング　河井亨　四五〇〇円
大学のアクティブラーニング　河合塾編著　三三〇〇円
「学び」の質を保証するアクティブラーニング――3年間の全国大学調査から　河合塾編著　二〇〇〇円
「深い学び」につながるアクティブラーニング――全国大学の学科調査報告とカリキュラム設計の課題　河合塾編著　二八〇〇円
アクティブラーニングでなぜ学生が成長するのか――経済系・工学系の全国大学調査からみえてきたこと　河合塾編著　二八〇〇円
初年次教育でなぜ学生が成長するのか　河合塾編著　二八〇〇円
主体的な学び 創刊号　主体的学び研究所編　一八〇〇円
主体的な学び 2号　主体的学び研究所編　一六〇〇円
主体的な学び 3号　主体的学び研究所編　一六〇〇円
主体的な学び 4号　主体的学び研究所編　二〇〇〇円
「主体的学び」につなげる評価と学習方法――カナダで実践されるICEモデル　Sヤング＆R.ウィルソン著　土持ゲーリー法一監訳　一八〇〇円
ポートフォリオが日本の大学を変える――ティーチング／ラーニング／アカデミック・ポートフォリオの活用　土持ゲーリー法一　二五〇〇円
ティーチング・ポートフォリオ――授業改善の秘訣　土持ゲーリー法一　二〇〇〇円
ラーニング・ポートフォリオ――学習改善の秘訣　土持ゲーリー法一　二五〇〇円

〒113-0023 東京都文京区向丘1-20-6　TEL 03-3818-5521　FAX 03-3818-5514　振替 00110-6-37828
Email tk203444@fsinet.or.jp　URL:http://www.toshindo-pub.com/

※定価：表示価格（本体）＋税

東信堂

転換期を読み解く——潮木守一時評・書評集	潮木守一	二六〇〇円
大学再生への具体像——大学とは何か【第二版】	潮木守一	二四〇〇円
フンボルト理念の終焉？——現代大学の新次元	潮木守一	二五〇〇円
いくさの響きを聞きながら——横須賀そしてベルリン	潮木守一	二四〇〇円
「大学の死」、そして復活	潮木守一	二八〇〇円
大学教育の思想——学士課程教育のデザイン	絹川正吉	二八〇〇円
大学教育の在り方を問う	絹川正吉	二三〇〇円
北大 教養教育のすべて——エクセレンスの共有を目指して	山口博史・小笠原正明・安藤厚 編著	二四〇〇円
国立大学法人の形成	細川敏幸	二六〇〇円
国立大学・法人化の行方——自立と格差のはざまで	大﨑 仁	三六〇〇円
大学は社会の希望か——大学改革の実態からその先を読む	天野郁夫	二〇〇〇円
転換期日本の大学改革——アメリカと日本	江原武一	三六〇〇円
大学の管理運営改革——日本の行方と諸外国の動向	江原武一	三六〇〇円
大学経営とマネジメント	新藤豊久	二五〇〇円
大学戦略経営論——中長期計画の実質化によるマネジメント改革	篠田道夫	三四〇〇円
大学の財政と経営	丸山文裕	三二〇〇円
私立大学マネジメント	（社）私立大学連盟編	四七〇〇円
私立大学の経営と拡大・再編——一九八〇年代後半以降の動態	両角亜希子	四二〇〇円
大学の発想転換——体験的イノベーション論二五年	坂本和一	二五〇〇円
30年後を展望する中規模大学	市川太一	二〇〇〇円
大学のカリキュラムマネジメント——マネジメント・学習支援・連携	中留武昭	三三〇〇円
戦後日本産業界の大学教育要求——経済団体の教育言説と現代の教養論	飯吉弘子	五四〇〇円
アメリカ連邦政府による大学生経済支援政策	犬塚典子	三八〇〇円
アメリカ大学管理運営職の養成	高野篤子	三三〇〇円
【新版】大学事務職員のための高等教育システム論——より良い大学経営専門職となるために	山本眞一	一六〇〇円

〒113-0023 東京都文京区向丘1-20-6　TEL 03-3818-5521　FAX 03-3818-5514　振替 00110-6-37828
Email tk203444@fsinet.or.jp　URL:http://www.toshindo-pub.com/

※定価：表示価格（本体）＋税

東信堂

未曾有の国難に教育は応えられるか――「じひょう」と教育研究六〇年	新堀通也	三二〇〇円
新堀通也、その仕事	新堀通也先生追悼集刊行委員会編	三六〇〇円
ポストドクター――若手研究者養成の現状と課題	北野秋男編	三六〇〇円
日本のティーチング・アシスタント制度――大学教育の改善と人的資源の活用	北野秋男編著	二八〇〇円
「再」取得学歴を問う	吉田文編著	二八〇〇円
航行を始めた専門職大学院――専門職大学院の教育と学習	橋本鉱市	二六〇〇円
学級規模と指導方法の社会学――実態と教育効果	山崎博敏	三二〇〇円
夢追い形進路形成の功罪――高校改革の社会学	荒川葉	二八〇〇円
進路形成に対する「在り方生き方指導」の功罪――高校進路指導の社会学	望月由起	三六〇〇円
教育から職業へのトランジション――若者の就労と進路職業選択の社会学	山内乾史編著	二六〇〇円
教育と不平等の社会理論――再生産論をこえて	小内透	三二〇〇円

《シリーズ 日本の教育を問いなおす》

拡大する社会格差に挑む教育	西村和雄・大森不二雄 倉元直樹・木村拓也編	二四〇〇円
混迷する評価の時代――教育評価を根底から問う	西村和雄・大森不二雄 倉元直樹・木村拓也編	二四〇〇円
教育における評価とモラル	西戸瀬信之編	二四〇〇円

《大転換期と教育社会構造:地域社会変革の社会論的考察》

第1巻 教育社会史――日本とイタリアと	小林甫	七八〇〇円
第2巻 現代的教養Ⅰ――生活者生涯学習の地域的展開	小林甫	六八〇〇円
第2巻 現代的教養Ⅱ――技術者生涯学習の生成と展望	小林甫	六八〇〇円
第3巻 学習力変革――地域自治と社会構築	小林甫	近刊
第4巻 社会共生力――東アジアと成人学習	小林甫	近刊

〒113-0023 東京都文京区向丘1-20-6
TEL 03-3818-5521 FAX03-3818-5514 振替 00110-6-37828
Email tk203444@fsinet.or.jp URL:http://www.toshindo-pub.com/

※定価：表示価格（本体）＋税

東信堂

アメリカ公立学校の社会史——コモンスクールからNCLB法まで	W・J・リース著/小川佳万・浅沼茂監訳	四六〇〇円
アメリカ 間違いがまかり通っている時代——公立学校の企業型改革への批判と解決法	D・ラヴィッチ著/末藤美津子訳	三八〇〇円
教育による社会的正義の実現——アメリカの挑戦（1945-1980）	D・ラヴィッチ著/末藤美津子訳	五六〇〇円
学校改革抗争の100年——20世紀アメリカ教育史	D・ラヴィッチ著/末藤美津子・宮本健市郎・佐藤隆之・木村松子訳	六四〇〇円
アメリカ学校財政制度の公正化	末藤美津子	三四〇〇円
現代アメリカの教育アセスメント行政の展開——マサチューセッツ州（MCASテスト）を中心に	竺沙知章	四八〇〇円
［増補版］現代アメリカ公民教育におけるサービス・ラーニング	唐木清志	四六〇〇円
スタンダードに基づくカリキュラムの設計	石井英真	四六〇〇円
ハーバード・プロジェクト・ゼロの芸術認知理論とその実践——知性とクリエイティビティを育むハワード・ガードナーの教育戦略	池内慈朗	六五〇〇円
アメリカにおける学力形成論の現代的展開	浜田博文編著	二八〇〇円
アメリカにおける学校認証評価の現代的展開	桐谷正信	三六〇〇円
アメリカにおける多文化的歴史カリキュラム	山本須美子	四五〇〇円
EUにおける中国系移民の教育エスノグラフィ	大友秀明	五三〇〇円
現代ドイツ政治・社会学習論——「事実教授」の展開過程の分析	日本教育制度学会編	二八〇〇円
現代教育制度改革への提言 上・下	日本教育制度学会編	各二八〇〇円
日本の教育をどうデザインするか	上田学編著	二八〇〇円
現代日本の教育課題——21世紀の方向性を探る	村田翼夫編著	三六〇〇円
バイリンガルテキスト現代日本の教育	岩槻知也他編著	三六〇〇円
社会性概念の構築——アメリカ進歩主義教育の概念史	田中智志	三八〇〇円
人格形成概念の誕生——近代アメリカの教育概念史	田中智志	三六〇〇円
グローバルな学びへ——協同と刷新の教育	山田肖子・森下稔編著/田中智志編著	二〇〇〇円
学びを支える活動へ——存在論の深みから	田中智志編著	二〇〇〇円
教育の共生体へ——ボディ・エデュケーショナルの思想圏	田中智志	三五〇〇円
社会形成力育成カリキュラムの研究	西村公孝	六五〇〇円
社会科は「不確実性」で活性化する——未来を開くコミュニケーション型授業の提案	吉永潤	二四〇〇円

〒113-0023 東京都文京区向丘1-20-6
TEL 03-3818-5521 FAX 03-3818-5514 振替 00110-6-37828
Email tk203444@fsinet.or.jp URL:http://www.toshindo-pub.com/

※定価：表示価格（本体）＋税